前言
Foreword

国际商法是随着国际经济贸易的发展而不断发展变化的，特别是20世纪90年代以来，国际经济一体化、区域经济集团化、经济发展知识化、国际商务电子化的特点，使得国际商法从内容到形式已经并且继续在发生重大的变化。

本书从高职高专教育特点出发，以高职高专人才培养目标为指导，以培养高端技能型专门人才为根本任务，按照“基础适度够用、加强实践环节、突出技能培养”的原则来编排教材内容。通过对当代世界经济影响极大的大陆法系、英美法系等若干发达国家的商事法律，以及有关国际商事交易的国际公约和国际贸易惯例的比较研究，吸收了国际商法的最新规则和国内国际商法研究的最新成果。本书具有如下特点：第一，教材内容涉及国际商事方面的国际商事公约、国际商事惯例和主要国家的民商法。通过学习和训练，学生能较全面地了解和掌握国际商事方面的有关法律、惯例和判例，并能提高综合分析问题、解决问题的实际能力。第二，教材充分反映了国际商法的体系，但在编写的过程中，更注重实际的应用性。有关商法理论部分的论述简明扼要，穿插了最新的国际商法的相关案例，使教材内容通俗易懂，较适合高职高专学生的学习理解和实际应用。第三，教材的体例灵活多样，每章设有学习目标、案例导入、正文内容、小资料、小案例、资料卡、关键词汇、本章小结、思考题、案例分析题等环节，特别是案例导入与案例分析的编写，更加有利于激发学生的学习兴趣。

本书分为九章，各章内容如下：第一章国际商法导论；第二章商事组织法；第三章国际商事代理法；第四章国际商事合同法；第五章国际货物买卖法；第六章国际产品责任法；第七章国际票据法；第八章国际知识产权保护法；第九章国际商事仲裁法。

本书由秦皇岛职业技术学院马三生教授任主编，辽宁经济职业技术学院王玲副教授、秦皇岛职业技术学院李娜任副主编。参加本书编写的人员及分工如下：马三生（第一章）、王玲（第二章、第六章）、江苏联合职业技术学院苏州建设交通分院童结红（第三章）、李娜（第四章、第八章）、秦皇岛职业技术学院古晓燕（第五章、第九章）、秦皇岛职业技术学院刘姝瑶（第七章）。

全书由马三生总纂定稿。本书聘请秦皇岛职业技术学院赵春荣教授担任主审。

本书在编写过程中，参阅了许多文献并得到了西安交通大学出版社的大力支持，在此深表谢意！

由于编写时间仓促，编者水平有限，书中偏颇、疏漏在所难免，敬请广大读者提出宝贵意见，以便进一步修订完善。

编者

2012 年 1 月

目录

Contents

第一章 国际商法导论

学习目标

知识目标

- 知晓国际商法的概念和渊源
- 了解世界两大法律体系
- 了解我国的商事立法
- 掌握 WTO 的基本原则

技能目标

- 能够运用 WTO 的基本原则分析实际问题

案例导入

萨洛蒙诉萨洛蒙有限公司案

英国制靴匠萨洛蒙于 1892 年将其靴店改组注册为有限公司。依照章程规定，该公司的资产全部折为股本，萨洛蒙本人持股20 001股，1 股 1 镑，其妻子、女儿和 4 个儿子各持股 1 股，总计20 007股，另外萨洛蒙发行浮动担保公司债10 000镑。后该公司因经营失败而清理，公司总资产仅值6 000镑，而对其他债权人的负债就高达7 000镑。该案历经数审，均判决公司资产全部清偿给其他债权人，萨洛蒙不服，上诉至英国上议院。1897 年上议院作出终审判决：从法律上讲，该公司注册成立后，即具有独立于萨洛蒙的主体资格，而萨洛蒙既是公司股东，又是担保公司的债权人，应优先于其他债权人而受到清偿。最终其他债权人分文未得。

思考题：

1. 萨洛蒙制靴店属于什么类型的企业？它与萨洛蒙有限公司有何本质区别？
2. 萨洛蒙有限公司的主体资格是独立于萨罗蒙个人的，还是两者混为一谈？
3. 本案形成的判例在全球公司法上有何意义？

第一节 国际商法概述

一、国际商法的概念

国际商法（international commercial law）是指调整国际商事交易和商事组织的各种法律

规范的总称。

国际商法中的“国际”是跨越国境的意思。在具体国际商事关系中，至少有一个要素与国外有关联，包括三方面的内容：第一，国际商事关系的双方（或多方）当事人的国籍不同，或者双方当事人的营业地处于不同的国家。前者称为国籍标准，后者则称为营业地标准。第二，国际商事关系的客体是居于国外的物。这里所讲的物，既包括有形可触摸的有形物体，例如，电视、桌子、家具等；也包括无形的物，包括专利、版权、商标等无形财产权。第三，设立、变更或终止商事关系的事实发生在国外，如国际贸易中的货物买卖合同中的货物交货地点一般均在国外。

随着国际经济的发展，商事活动日益多样化、复杂化，国际商法的调整范围比以往更为广泛，它不仅指国际货物买卖及有关的行为，还包括国际技术转让、国际工程承包、国际租赁等。一般认为，国际商法调整的范围包括以下内容：

(1)国际商法的基础和核心——合同法、代理法。国际商事交易是通过订立各种商事合同实现的，研究商法首先应该从合同法入手。国际商事交易规模的扩大和复杂化使代理成为商事交易中必不可缺的活动。在商事主体中甚至出现了代理商，代理商以商人的身份出现于市场，代理法自然成为国际商法的重要组成部分。

(2)直接调整国际商事行为的法律规范——国际货物买卖法、票据法。

(3)有关管理国际商事行为的法律规范——国际商事组织法、海上货物运输与保险法、国际产品责任法。

(4)处理国际商事争议的法律规范——国际商事仲裁法。

小资料

与国际商法易混淆的概念

商法

一般所说的商法其实是国内商法，属于国内法的范畴；而国际商法属于国际法的范畴。不过，技术性和同源性决定了国际商法与商法同一化的可能性最大，速度最快。

国际经济法

尽管国际商法与国际经济法都调整跨国商事关系，但本质上国际商法属于私法，其主体不包括国家和国际组织；而国际经济法则属于公法范畴，还调整涉及国家和国际组织参与的经济关系。

二、国际商法的产生与发展

根据史料记载，公元前 15 世纪古巴比伦王国的《赫梯法典》中就有关于商品价格管理的规定。在古希腊时期制定的《罗得法》中也有关于海商法的一些规定。在古罗马时期，随着商品经济的发展，关于调整涉外商事关系的法律规范日益丰富。但是，由于古代各国的商事交往并不十分频繁，上述法规也比较简单，而且与其他法规相混杂，因此，那时并不存在独立的商法。

随着国家间商事交往的不断增多，国际商法逐渐产生和发展起来，大致经历了以下三个阶段：

1.“商人习惯法”阶段

大多数法学家认为，真正作为一项专门法律的国际商法产生于欧洲中世纪的“商人习惯法”(law merchant)。在11—15世纪，欧洲地中海沿岸的城市国家之间国际贸易迅速发展。而当时存在的封建法和寺院法不但不能为商业交易提供必要的保护，反而限制了贸易的迅速发展。在这种情况下，意大利的佛罗伦萨等地首先出现了保护商人利益的商人行会(merchant guild)。这种商人自治组织从封建领主那里买得自治权，组织商人法庭，使用他们在商事交往中形成的习惯规则，处理商人之间的纠纷，“商人习惯法”因而得名。“商人习惯法”后来随着世界贸易中心转移至大西洋沿岸而波及法国、西班牙、荷兰、德国及英国等地。经过几百年的沿用与发展，在中世纪地中海一带形成较为系统的国际商事规则，现代商法的许多制度也源于这些规则，如诚实信用原则、商事合伙制度、商事代理制度、保险制度、海商制度、票据制度等。

“商人习惯法”包括商事合同、汇票、海上保险、破产等方面的规则，尤以“海商法”最为发达。其典型特征是：①国际性，即它不局限于在一国适用，而是普遍适用于各国从事商业交易的商人；②自治性，即它的解释和运用不是由一般法院的专职法官来执掌，而是由商人自己组织的法院来执掌；③简易性，即不拘泥于形式，纯粹为商人之间的习惯约束规则，强调按公平合理的原则来处理案件。这是国际商法发展的第一个阶段。

2. 国际商法本国化阶段

16世纪以后，随着欧洲一些国家封建割据势力日益衰弱和统一的民族国家的形成，一些封建法和寺院法被废除。同时，随着资本主义生产关系的产生和商人地位的上升。国家统治阶级开始注重商事立法，反映商品经济关系的“商人习惯法”逐渐得到确认，表现为欧洲各国纷纷采用各种方式把“商人习惯法”纳入本国的国内法，使之成为国内法的一部分。例如，1673年法国国王路易十四颁布了《商事条例》，其内容包括商人、票据、破产、商事裁判、管辖等规定。1681年又颁布了《海事条例》，其内容包括海上裁判所、海员及船只、海事契约、港口警察以及海上渔猎等规定。这是欧洲最早的商事单行立法，为各大陆法国家的商法典制定奠定了基础。拿破仑于1807年颁布了《法国商法典》，这是近代资本主义国家的第一部商法典，为荷兰、比利时、希腊、土耳其、西班牙、葡萄牙等国相继效仿。德国从18世纪开始也制定了一系列有关商事的法律，如1727年《普鲁士海商法》、1751年《普鲁士票据法》、1776年《普鲁士保险法》和1794年《普鲁士普通法》等。1897年颁布的《德国商法典》，对很多大陆法系国家有很大影响。

18世纪中叶，“商人习惯法”也被吸收到英美法的普通法中去，成为普通法的一部分。自19世纪以来，英国先后制定了一些有关商事活动的单行法规，如1882年《票据法》、1890年《合伙法》、1893年《货物买卖法》等。美国从1896年起也陆续颁布了大量示范性法规，包括《统一流通票据法》、《统一买卖法》等。

这是国际商法发展的第二个阶段。在这个阶段，由于中世纪的“商人习惯法”被各国的国内法所吸收或取代，使其具有国家的强制性特点，而失去了原有的国际性或跨国性。但是，由于各国在处理涉外商事案件时，仍在一定程度上参考并适用上述的“商人习惯法”，使其仍具有一定的国际性特征并为这些国家商法典的制定以及现代国际商法的产生奠定了基础。

3. 现代国际商法的迅速发展阶段

第二次世界大战以后，特别是20世纪60年代以后，国际商法的发展进入了新的历史阶段。在这一阶段，由于世界经济的发展使得各国之间的经贸关系日益密切，经济全球化的趋势日益明显，各国之间的相互依赖程度大大增强。国际经济贸易的发展趋势，在客观上要求建立一套调整国际经济贸易关系的统一的商法，以便为各国的经济交往提供良好的法律环境。同时，各国在经贸往来中也逐渐形成了一些普遍遵循的贸易惯例和习惯做法，为国际商法的统一创造了有利条件。经过各政府间国际组织和非政府国际组织坚持不懈的努力,在国际贸易领域逐步扫除了法律上的障碍。国际商会(ICC)制定的《国际贸易术语解释通则》、《跟单信用证统一惯例》,联合国国际贸易法委员会(UNCITRAL)主持制定的《联合国国际货物销售合同公约》、《联合国国际贸易法委员会仲裁规则》,国际统一私法协会(UNIDROIT)支持制定的《国际商事合同通则》等,都是国际贸易统一法的突出成果。这些国际贸易惯例和国际公约的问世及应用,为国际商法的统一和独立奠定了良好的基础。

这是国际商法发展的第三个阶段。在这个阶段,随着国际经济贸易的迅速发展,国际商法的国际性和统一性的价值和意义重新得到确认。进入21世纪的今天,随着国际政治关系的进一步缓和,世界经济一体化的迅速发展,国际商法的法律规则将更加全球化、统一化,国际商法的领域也将更加多元化。

三、国际商法的渊源

国际商法的渊源,主要是指国际商法产生的依据及其表现形式,它包括国际法规范和国内法规范。

1. 国际法规范

国际商法中的国际法规范是指两个或两个以上的国家共同制定或普遍认可的跨国商事规范,称国际条约或公约;而国家间普遍承认的商事惯例则称国际商事惯例。

(1)国际条约或公约。国际条约或公约是国际商法的重要渊源。两个国家共同制定的商事规范称为条约,如通商航海条约、贸易协定、贸易议定书、相互保护和促进投资协定、避免双重征税的协定等。多个国家共同制定的商事规范称为公约,如《联合国国际货物销售合同公约》、《世界贸易组织协定》等。根据"条约必须信守"的国际法准则,国际条约对缔约国有法的约束力,如我国《民法通则》第142条规定:"中华人民共和国缔结或者参加的国际条约同中华人民共和国的民事法律有不同规定的,适用国际条约的规定,但中华人民共和国声明保留的条款除外。"但由于国际商事规则具有的国际性和规律性,国际条约中规定的商事规则往往也得到非缔约国的遵守,特别是一些历史悠久、参加国众多的国际公约。

按照国际条约或公约的内容,其可以分为两类:一类是属于实体法内容的国际条约或公约,即对国际商事交易双方的实体权利和义务作出具体规定的条约或公约,如1967年《世界知识产权组织公约》、1978年《联合国海上货物运输公约》、1980年《联合国国际货物销售合同公约》等;另一类是属于冲突法性质的国际条约或公约,即规定如何解决各国法律冲突的规范,如1985年《国际货物销售合同法律适用公约》、1980年《合同之债法律适用公约》等。

(2)国际商事惯例。国际商事惯例是指国际商业活动中具有稳定性的通例和习惯。

贸易惯例不是法律,不具备法律的普遍约束力,但是,按照各国的法律,一旦当事人在合同中采用了某项惯例,它对合同双方当事人就具有约束力。因此,国际商事惯例是国际商法的重要渊源和补充。

构成对国际商事交易有约束力的惯例必须具备三个条件:①该惯例具有确定的内容,具体包含了确定参加国际商事活动的当事人权利和义务规则;②该惯例已成为国际长期商事活动中反复使用的习惯;③该惯例是各国普遍承认并具有约束力的通例。

目前,受到全球普遍承认的或在一定重要区域内被普遍接受的国际商事惯例主要有:国际商会制定的《国际贸易术语解释通则》2000 年修订本(INCOTERMS2000),《跟单信用证统一惯例》2007 年修订本(UCP600)等。

关于国际条约或公约与国际商事惯例的生效,一般来说,国际条约或公约分为自动生效和非自动生效两种。前者是指一经缔约国批准即自动产生效力,当事人可直接作为法律依据;后者是指即使缔约国批准也不对其国民产生直接约束力,只有经该国立法机关制定和实施有关法律后,才对其国民具有法律约束力。国际商事惯例则具有民间性和非官方性,因此不需要国家立法机关的批准,而由国际商事交易的当事人约定适用,当事人也可以对其进行修改。

2. 国内法规范

由于国际经贸关系具有多样性和复杂性,以及现有的国际条约或公约和国际商事惯例在体系及内容上尚有许多不完善之处,仅凭现有的国际条约或公约和国际商事惯例仍不足以满足实践中的需求,在处理某些国际商事纠纷时,还需借助法律冲突规则的指引,适用有关国家的国内法加以解决。同时,尽管各国已参加或承认大量的国际公约或商事惯例,但由于文化背景和自身利益不同,各国仍在很多的商事领域内保留了独占的立法权,即使在国际公约或商事惯例管制的领域,很多国家也以国内法的形式加以确认,因此,国内法成为国际商法的另一主要法律渊源。

第二节 世界两大主要法律体系

法系是法学中经常使用的一个概念,主要是指具有某种历史共性或共同历史传统的法律的总称,即根据法在结构、形式、历史传统等外部特征以及法律实践的特点、法律意识和法在社会生活中的地位等因素对法进行划分,具有某种共性或传统的法律构成一个法系。目前,在世界范围内对各国法律影响最大的法系是大陆法系和英美法系。

一、大陆法系

1. 大陆法系的概念

大陆法系(civil law system),主要因最初在欧洲大陆各国实行而得命,又称罗马法系、民法法系、罗马—德意志法系。大陆法系于 13 世纪形成于西欧,是在罗马法(Roman Law)的原则和形式的基础上形成和发展起来的法律体系。在大陆法系内部,各个国家和地区的法律制度有所不同,大体上有两个分支——以《法国民法典》为代表的法国法(又称拉丁法系)和以《德国民法典》为代表的德国法(又称日耳曼法系)。

2. 大陆法系的分布范围

大陆法系是欧洲国家中历史悠久、分布广泛、影响深远的法系,以法国和德国为代表,并被其他许多国家移植和采用,从而逐渐发展为世界性的法律体系。目前,属于这一法系的国家,除法国和德国以外,还有许多欧洲国家,如瑞士、意大利、奥地利、比利时、卢森堡、荷兰、西班牙、葡萄牙等。北欧各国即挪威、瑞典、丹麦、芬兰和冰岛的法律,统称为斯堪的纳维亚法系,基本上也属于大陆法系。

在资本主义、帝国主义时期,随着殖民主义的扩张,各宗主国把自己的法律体系带到了各个殖民地,在殖民地建立了相应的法律秩序。因此,大陆法也随之向世界各地扩展。目前,除欧洲外，整个拉丁美洲，非洲的一部分国家，如刚果、卢旺达、布隆迪等国，近东的某些国家，以及日本、土耳其等一些国家的法律均属于大陆法系。北非各国的法律，如阿尔及利亚、摩洛哥、突尼斯等国的法律，也受大陆法系的强烈影响。

此外，在属于英美法系的国家中，某些国家和地区，如美国的路易斯安那州、加拿大的魁北克省、英国的苏格兰地区的法律，也为大陆法系。

3. 大陆法系的渊源

(1)法律。法律是大陆法的主要渊源。大陆法的法律主要包括宪法、法典、法律和条例等。一般来说，宪法处于最高地位，具有最高的权威性。但是，在大陆法系国家，各国宪法的效力和地位也有差异。在有些国家，宪法可以按一般立法程序制定和修改；而另一些国家则规定，宪法必须经特殊程序才能制定和修改，并且制定了一套监督违宪的制度。法典是指把同一类内容的各种法规和原则收集起来，加以系统化，汇编为一个单一的法律文件。大陆法系国家都制定了一系列法典，这些法典是大陆法的主要渊源。除了由立法机关——国会或议会——制定的法律以外，在大陆法系国家还有许多由行政机关制定的成文法，一般称之为条例。

(2)习惯。尽管法学界仍有争议，但一般来说，大陆法系国家都承认习惯是法的渊源之一。至今习惯仍发挥一定的作用，某些法律往往需借助于习惯才能为人们所理解，立法者在法律中所使用的某些概念也需要参照习惯才能搞清楚其含义。

(3)判例。大陆法系国家原则上不承认判例具有与法律同等的效力，判例一般只对被审理的个案有效，对日后法院审理同类案件并无约束力。但是 20 世纪以来，大陆法系国家无视判例作用的态度已有所改变，判例在一定范围内有其约束力和参考价值。

(4)学理。一般来说，学理不是法的渊源。但是，在大陆法发展的过程中，学理起着重要作用，具体表现在三个方面：第一，为立法者提供法学理论、词汇和概念，通过立法者的活动制定法律；第二，解释法律，分析和评论判例；第三，通过法学家的论著和培训法律人才，影响法律实施进程。

4. 大陆法系的特点

(1)全面继承罗马法。大陆法系吸收了许多罗马私法的原则、制度，还接受了罗马法学家的整套技术方法，以及思维、推理的方式。

(2)实行法典化，法律规范的抽象化、概括化。

(3)明确立法与司法的分工，强调制定法的权威，一般不承认法官的造法功能。

(4)大陆法学在推动法律发展中起重要作用，大陆法学创立了法典编纂和立法的理论基础，法律适应社会发展需要的任务由法学家来完成。

小资料

大陆法系国家的法院组织

大陆法系各国的法院组织虽然各有特点，但法院的层次基本相同。一般来说，各国的法院分为三级，即一审法院、上诉法院和最高法院。一些国家根据诉讼性质和标的数量来设立不同的一审法院。上诉法院主要受理对一审法院判决不服的上诉案件，但对可以提出上诉的条件，各国有不同的规定。对于最高法院，有的国家是上诉审法院或再上诉审法院，有的国家则规定其只能维持或撤销原判决，不能进行实体审理。有些国家除普通法院以外，还设有一些专门法院，如商事法院、亲属法院和劳动法院，专门受理有关商务关系、家庭关系和劳资关系的案件。但商事法院只限于一审，所以并不成为与普通法院并行的体系。有些国家则设有行政法院并构成独立的审级层次。有些国家除设有行政法院系统外，还设有其他一些独立的司法机关，如德国设有劳动法、税法的最高联邦法院，瑞士设有关于海关法、军事法、社会保险法等的联邦法院。有些大陆法系国家实行联邦制，其法院组织体系更为复杂，往往在州法院之上还设有联邦法院。

二、英美法系

1. 英美法系的概念

英美法系(common law system)，又称普通法系，形成于英国，是以英国中世纪的普通法为基础而发展起来的法律制度体系，是西方国家中与大陆法系并列的一种历史悠久和影响较大的法系。普通法系虽然以英国的普通法为基础，但并不仅指普通法，它是指在英国的三种法律，即普通法、衡平法和制定法的总称。由于其中的普通法对整个法律制度的影响最大，所以英美法系又称为普通法系。

美国法律作为一个整体也属于普通法系，但从 1776 年独立以来，美国开始有了自己的法律。美国法律在 19 世纪后期开始独立发展，并已经对世界的法律产生了很大的影响。因此，英美法分为英国法和美国法两个支系。

2. 英美法系的分布范围

英美法系形成于英国，随着英国殖民扩张而逐步扩展到美国以及其他过去曾受英国殖民统治的国家和地区，主要包括：加拿大、澳大利亚、新西兰、爱尔兰、印度、巴基斯坦、马来西亚、新加坡。

我国的香港地区也采用英美法。香港原有的法律包括普通法、衡平法、条例、附属立法、习惯法，这些法律目前基本不变。现在香港实行《基本法》、上述原有法律以及香港特别行政区立法机关制定的法律三类。其中《基本法》是宪法性质的法律文件，但香港仍深受英美法系的影响。

由于历史的原因，有一些国家的法律属大陆法与英美法的混合物。如南非，原属大陆法系国家，后又受英美法系影响，是大陆法与英美法的混合物；菲律宾原是西班牙殖民地，属大陆法系国家，后来随美国势力渗入，又引进英美法系的因素；斯里兰卡的情况也是如此。

3. 英美法系的渊源

(1)判例法(case law)。判例法是英美法系的主要渊源之一，也是英美法系赖以生存和发展的基础，它是法官在审判实践中逐渐发展起来的以判例表现出来的法律规则，即从判例中挖掘和创制法的规则。判例法的一个主要特点是：法院在判决中所包括的判决理由必须得到遵循，即对做出判例的法院本身和对下级法院日后处理同类案件均具有约束力。这是 19 世纪上半叶在英国确立起来的"先例约束力原则"。先例约束力原则并非要求法院判决的令文都构成先例而具有法律约束力。法院的判决一般分为两个部分：一部分是法官做出该判决的理由；另一部分是法官在解释判决理由时阐述的与判决有关的法律规则，称为题外的话。根据普通法原则，只有前者即判决理由才构成先例并具有约束力，后者并不构成先例，但是具有一定程度的说服力。

资料卡

判例法的产生

英美法主要由英国法律演变进化而来。英国法律系统的诞生可追溯到公元1033年诺曼底人征服英国的年代。在那之前,均由各部族自行解决各自的纠纷。威廉大帝在英国称帝后建立了皇家法庭,在以后的年代里又逐渐建立起一套通行于全国的法律,此乃普通法的雏形,普通法由此得名。随着法律系统的完善,各种官司纷至沓来,其中比较重要的案子被编入年报(year book),供法官在决定类似案件时作为凭据。如果有前所未遇的纷争,法官必须做出新的裁决。但法官们依旧借助于旧案的法律原则,作为新案判决的依据。一代又一代,在将近10个世纪的历史长河中,这项传统一直在沿用着,因而普通法也被称为判例法。

资料来源:尹尊声,海闻.美国商法浅谈[M].上海:上海人民出版社,1995.

(2)成文法(written law)。成文法是英美法系另一重要渊源。英国的成文法包括由立法机关——议会——制定的法律和由行政机关依据法律制定的条例。美国的成文法则分为联邦成文法和州成文法。在联邦成文法中,美国宪法占有非常重要的地位。美国最高法院认为,宪法是一切法律的支援,凡是违反宪法的法律或判例,美国各法院均有权不予执行。自19世纪末以来,美国联邦和各州都加强了立法活动,特别是在社会、经济立法方面,出现了成文法取代普通法的趋势。但是,无论是在英国还是美国,成文法都要通过判例法才能发挥作用,因此,在英美法系中,真正发挥作用的不是法律条文本身,而是经过法院判例予以解释的法律规则。虽然这种传统在20世纪以来已经有了很大改变,但是在成文法的实施中仍有一定的影响。

(3)习惯法(custom law)。习惯法目前在英国法律中所起的作用极小,根据至今仍生效的颁布于1265年的一项法律,只有那些在1189年就已经存在的地方习惯,才有约束力。

4.英美法系的特点

(1)以判例法为主要法律渊源。各国受英国法的影响,法律渊源一般都分为普通法、衡平法和制定法,其中判例法的地位都很高。

(2)以日耳曼法为历史渊源。普通法系的核心——英国法,是在较为纯粹的日耳曼法——盎格鲁—撒克逊法的基础上发展起来的。

(3)法官对法律的发展所起的作用举足轻重。判例法是在法官的长期审判实践中逐渐创立出来的,法官的判决本身具有立法的意义,普通法系素有"法官造法"之称。

(4)以归纳为主的推理方法。法官和律师在适用法律时,通过对存在于大量判例中的法律原则进行抽象、概括、归纳、比较,然后才能将其最适当地运用到具体案件中去。

(5)不严格划分公法和私法。

小资料

英美法系中的陪审团制度

陪审制是指从一般市民中随机选出若干名陪审员,委派其参与刑事诉讼或民事诉讼的审理,并独立于法官作出事实认定以及决定法律适用的司法制度。陪审制的起源至少可以追溯到公元9世纪初的法兰克帝国,是一种为了确认过往的权力而由地方的主要人物提供证言的制度。目前，陪审制主要存在于美国、英国等为主的普通法国家及地区。

美国联邦法院的陪审团制度由《宪法》第七修正案而来，用以保证公民享有陪审团审判的权利。各州法院则由州宪法作出相应的规定。原告与被告皆可率先提出陪审团审判的要求。若各方均未提出，即被视为放弃。一般来说，比较重要的案子才会使用陪审团。

美国的陪审团分为两种，即大陪审团和小陪审团。大陪审团只适用于刑事案，是刑事案起诉程序的重要一环。联邦大陪审团必须由16～23人组成，最多为23人。大陪审团的作用是在刑法制度中制衡，以便不要让过多的权力集中在行政长官手里。这一传统由英国普通法制度因袭而来。大陪审团的主要任务是决定以下两项内容：①有无可能成立的理由以相信某一特定的犯罪事实；②有无可能成立的理由以相信嫌疑人即是作案人。小陪审团人数较少，由6～12人组成。这是我们通常所说的陪审团。小陪审团的任务是在刑事案件中决定某嫌疑犯是否有罪，在民事案件中决定是否需要赔偿及赔偿数目。陪审团的人选通常以特定地区的社会安全号码或汽车驾驶执照号码随机抽样，以便机会均等，避免甄选过程中的政治或种族倾向。但在实际挑选过程中，很难达到真正的机会均等和公平。因为，双方律师均可向候选人发问，以决定该人在此案件上是否会有偏见，或与某一方当事人或证人有任何关系。这两个原因占据其一，即可要求该人回避，这是有理由的回避，不受人次限制。此外，还有无须指明理由的“绝对回避”，但这种绝对回避双方均以用三次为限。由于小陪审团更带有“操生杀大权”的色彩，因而其成员甄选过程往往是原告与被告律师法庭交战的序曲。

资料来源：尹尊声，海闻.美国商法浅谈[M].上海：上海人民出版社，1995.

三、大陆法系和英美法系的区别

大陆法系和英美法系有各自的特点，其区别如下：

1.法律的主要渊源不同

大陆法系继承和发展了罗马法，以成文法即制定法作为主要的法律渊源，包括立法机关制定的各种规范性法律文件、行政机关颁布的各种行政法规以及本国参加的国际条约，判例一般不被作为正式法律渊源(除行政案件外)，对法院审判无约束力；英美法系继承和发展了日耳曼习惯法，以判例法作为法律的主要渊源，即上级法院的判例对下级法院在审理类似案件时有约束力。

2.法律的结构不同

大陆法系的一些基本法律一般采用系统的法典形式对某一法律部门所涉及的规范作出统一的系统规定，法典构成了法律体系结构的主干；而英美法系一般很少制定法典，其法律体系在结构上是以单行法和判例法为主干而发展起来的，习惯用单行法的形式对某一类问题作出专门的规定。

3.法律的分类不同

大陆法系的基本结构是在公法和私法的分类基础上建立的。传统意义上的公法是指宪法、行政法、刑法以及诉讼法；私法主要是指民法和商法。英美法系的基本结构是在普通法和衡平法的分类基础上建立的，特别是在民法中，这种二元性结构更为突出。从历史上看，普通法是代表立法机关(协会)的法律，衡平法主要是代表审判机关(法官)的法律(判例法)，衡平法是对普通法的补充规则。

4. 诉讼的程序不同

大陆法系倾向于职权主义，其诉讼程序以法官为重心，突出法官的职能，法官在诉讼中起积极的作用，具有纠问程序的特点，而且，多由法官和陪审员共同组成法庭来审判案件。英美法系倾向于当事人主义，比较重视诉讼程序，其诉讼程序以原告、被告及其辩护人和代理人为重心（即控辩双方对抗式辩论），法官在诉讼中的作用是消极中立的。英美法系存在陪审团制度，陪审团主要负责作出事实上的结论和法律上的基本结论（有罪或无罪），法官负责作出法律上的具体结论（判决）。

5. 法官的权限不同

大陆法系国家的法律主要由立法机构制定和创造，法官只能援用成文法中的规定来审判案件，法官对成文法的解释也需受成文法本身的严格限制，故法官只能适用法律而不能创造法律。英美法系国家的法律主要是由高等法院的法官以判例的形式发展起来的，法官可以援用成文法，也可以援用已有的判例来审判案件，因此，在某种意义上说，英美法系国家的法律是由法官发明和创造的。

6. 法律的推理方式不同

大陆法系重视实体法，其法意识是一般性的和抽象性的。法官以演绎的逻辑方法审理案件，用典型的三段式论证：以法规为大前提、以事实为小前提、再引出结论。英美法系以诉讼法为中心，其法意识是具体和实际的。法官在审理案件时，对案件的事实及所有因素进行详细的分析，与以往判例进行比较与审查，最终得出判决结果。因此，在英美法系中，详细记录具体案件的判例是法官对案件作出判断的重要参考。

第三节　中国现代商事立法的产生和发展

一、新中国民商法简介

1949 年新中国成立后，国家废除了旧中国的一切法律法规，逐步建立起社会主义的法律体系。但由于当时我国实行高度集中的计划经济体制，国家主要通过计划调拨方式对社会物质产品进行分配和调节，我国社会主义民商法的产生和发展缺少良好的商品经济环境。党的十一届三中全会的召开标志着我国进入了改革开放的新时期。从 1979—1988 年，我国先后颁布的《中外合资经营企业法》、《外资企业法》和《中外合作经营企业法》，开创了新中国商事立法的先河。1981 年颁布的《经济合同法》、1985 年颁布的《涉外经济合同法》、1987 年颁布的《技术合同法》及相关的一系列行政法规、地方法规及规章，标志着我国已经初步建立比较完备的商事合同法律制度。1982 年 8 月颁布的《商标法》、1984 年 3 月颁布的《专利法》和 1990 年 9 月颁布的《著作权法》，使我国知识产权法已经完备。

与我国发展社会主义商品经济和改革开放同步，1986 年 4 月制定并颁布的《民法通则》，主要调整平等主体的公民之间、法人之间、公民和法人之间的财产关系和人身关系。虽然《民法通则》还称不上一部完整的民法典，但它作为新中国第一部调整民事关系的基本法，是我国民商法发展史上的一座里程碑，具有划时代的意义。

在确立社会主义市场经济体制以来，我国已制定和颁布了大量的商事法律、法规。如

1992 年 11 月颁布的《海商法》，1993 年 12 月颁布的《公司法》，1995 年颁布的《票据法》、《保险法》、《商业银行法》，1997 年颁布了《合伙企业法》，1998 年 4 月颁布的《证券法》，1999 年 3 月颁布的《合同法》，1999 年 8 月颁布的《个人独资企业法》，2006 年 8 月颁布的《企业破产法》，2007 年 3 月颁布的《物权法》。至此，我国比较完备的商事法律制度已初步形成。

二、中国商法的构成

目前，我国商法主要由规范商事主体和商事交易的九种法律规范构成，即商业登记法、公司法、合同法、票据法、保险法、海商法、破产法、证券法和知识产权法。这些法律规范的对象如下：

(1)商业登记法：主要规范商业登记的内容、条件与程序。

(2)公司法：主要规范公司的设立、组织机构、股份的发行与转让，公司债券，公司财务会计，公司的合并与分立，公司的破产、解散和清算，外国公司的机构以及法律责任。

(3)合同法：主要规范合同的订立、效力、履行、变更和转让、终止及违约责任和十几种具体类型的有名合同。

(4)票据法：主要规范票据的种类、形式和内容，票据的出票、背书、承兑、保证、付款、追索权、涉外票据的法律适用以及法律责任。

(5)保险法：主要规范保险合同、保险公司、保险经营规则、保险代理人和保险经纪人以及法律责任。

(6)海商法：主要规范船舶、船员、海上运输合同、船舶的租用合同、船舶的碰撞、海难救助、共同海损、海上赔偿责任限制、海上保险合同及涉外关系的法律适用。

(7)破产法：主要规范破产条件和破产程序。

(8)证券法：主要规范证券的发行和交易活动。

(9)知识产权法：主要规范知识产权的取得、使用和保护。

第四节 世界贸易组织(WTO)及其基本法律原则

世界贸易组织(World Trade Organization，WTO)是致力于监督世界贸易和使世界贸易自由化的国际组织，现有 154 个成员。WTO 的前身为 1947 年创立的关税与贸易总协定(General Agreement on Tariffs and Trade，GATT)，中国是关税与贸易总协定的创始国之一。

一、WTO 的基本原则

WTO 的基本原则是在继承关税与贸易总协定基本原则的基础上，进行必要的补充和修改而来的。它源自于 1994 年的关税与贸易总协定、服务贸易总协定和历次多边贸易谈判所达成的一系列协议，其最主要的几项原则如下：

1. 最惠国待遇原则

最惠国待遇是指缔约一方现在和将来给予任何第三方的优惠，也给予所有缔约方。在国际贸易中，最惠国待遇是指签订双边或多边贸易协议的一方在贸易、关税、航运、公民法律地位等方面，给予任何第三方的减让、特权、优惠或豁免时，缔约另一方或其他缔约方也可以得到相同的待遇。

2. 国民待遇原则

国民待遇是指在贸易条约或协议中,缔约方之间相互保证给予对方的自然人(公民)、法人(企业)和商船在本国境内享有与本国自然人、法人和商船同等的待遇,即把外国的商品当做本国商品对待,把外国企业当做本国企业对待。其目的是为了公平竞争,防止歧视性保护,实现贸易自由化。

3. 无歧视待遇原则

无歧视待遇原则又叫无差别待遇原则,是 WTO 最重要的原则之一。它规定缔约方在实施某种限制或禁止措施时,不得对其他缔约方实施歧视待遇。无歧视待遇原则要求每个缔约方在任何贸易活动中,都要给予其他缔约方以平等待遇,使所有缔约方能在同样的条件下进行贸易。

4. 互惠原则

互惠是指两国或多国之间在贸易利益或特权方面的相互或相应让与。互惠原则体现在关税、运输、非关税壁垒削减和知识产权方面的相互保护等方面。

5. 关税减让原则

关税和非关税措施是国家管制进出口贸易的两种常用方式。与名目繁多的非关税措施相比,关税的最大优点是它具有公开性和可计量性,能够清楚地反映关税对国内产业的保护程度。在 WTO 中,关税是唯一合法的保护方式。不断地降低关税是 WTO 最重要的原则之一。

6. 取消数量限制原则

数量限制是非关税壁垒中最常用的方法,是政府惯用的手段,常被用来限制进出口数量。WTO 倡导贸易自由化,主张取消任何非关税壁垒。数量限制的主要形式是:配额、进口许可、自动出口约束和禁止。

7. 透明度原则

贸易自动化和稳定性是 WTO 的主要宗旨,而实现这一宗旨,有赖于增强贸易规章和政策措施的透明度。因此,WTO 为各缔约方的贸易法律、规章、政策、决策和裁决规定了必须公开的透明度原则,其目的在于防止缔约方之间进行不公平的贸易。透明度原则已经成为各缔约方在货物贸易、技术贸易和服务贸易中应遵守的一项基本原则,它涉及贸易的所有领域。

二、多边货物贸易主要协议

WTO 有关货物贸易的多边协议主要包括:①1994 年的《关税与贸易总协定》;②农产品协议;③实施动植物卫生检疫措施的协议;④纺织品与服装协议;⑤技术性贸易壁垒协议;⑥与贸易有关的投资措施协议;⑦关于履行 1994 年《关税与贸易总协定》第 6 条的协议;⑧关于履行 1994 年《关税与贸易总协定》第 7 条的协议;⑨装运前检疫协议;⑩原产地规则协议;⑪进口许可程序协议;⑫补贴与反补贴措施协议;⑬保障措施协议。这些内容涉及关税与非关税各个方面,是货物贸易领域的重要多边规则。

三、服务贸易总协定

《服务贸易总协定》(General Agreement on Trade in Service,GATS)是世界贸易组织第

一次将国际服务贸易纳入多边贸易体制调整的范围，是经《关税与贸易总协定》(GATT)乌拉圭回合多边贸易谈判达成的、历史上第一部管理全球服务贸易的、具有法律约束力的多边协议。GATS对国际服务贸易的定义从四个方面作出了规定：①过境交付，即指从一参加方境内向任何其他参加方境内提供服务。②境外消费，即指在一参加方境内向任何其他参加方的服务消费者提供服务。③商业存在，即指一参加方在其他任何参加方境内通过提供服务的实体的介入而提供服务。④自然人流动，即指一参加方的自然人在其他任何参加方境内提供服务。

四、与贸易有关的知识产权(包括假冒商品)协议(草案)

WTO中的《与贸易有关的知识产权(包括假冒商品)协议(草案)》(Agreement on Trade-Related Aspects of Intellectual Property Rights，TRIPS)是当前世界范围内知识产权保护领域中涉及面广、保护水平高、保护力度大、制约力强的一个国际公约。该协议共73条，分为7个部分，即一般规定和基本原则，知识产权效力、范围和使用的标准，知识产权的执法，知识产权的取得、维持和相关程序，争端的防止和解决，过渡安排，机构安排和最后条款。其主要内容为：

1. TRIPS的基本原则

TRIPS强调了国民待遇和最惠国待遇的原则。TRIPS在此援引了《保护工业产权巴黎公约》和《保护文学艺术作品伯尔尼公约》等知识产权国际公约，称这些公约中的例外条款也适用于本协议。这可以说是TRIPS的一个特点，即建立在其他国际公约的基础之上，明确规定各成员依其他主要国际公约所承担的义务并不由于本协议的规定而受到减损。

2. TRIPS的适用范围

TRIPS适用于版权和邻接权、商标、地理标志、工业品外观设计、专利、集成电路布图(拓扑图)设计、未披露过的信息的保护，以及对许可协议中反竞争行为的控制。

3. TRIPS对知识产权的执法

TRIPS要求，各成员应确保在其国内法中提供本协议所规定的执法程序，以有效打击任何侵犯知识产权的行为，包括可迅速阻止侵权的救济措施和遏制进一步侵权的救济措施。但实施这些程序时，应避免对合法贸易造成障碍，并为防止其滥用而规定保障措施。TRIPS除以上主要内容外，还要求在WTO协议于1995年1月1日生效后，发达国家应在一年内使其法律和做法符合知识产权协议的要求。

2003年8月30日，WTO全体成员就修改与贸易有关的知识产权协定，以及发生公共健康危机时，发展中国家和最不发达国家可对专利药品实行强制许可达成共识，作为临时性措施实施。2005年12月6日通过将该修正案纳入《与贸易有关的知识产权协定》的决定，以帮助发展中国家和最不发达国家解决公共健康问题。在WTO 2/3的成员批准这项修正案后，它将正式生效。

五、与贸易有关的投资措施协议

《与贸易有关的投资措施协议》(Agreement on Trade-Related Investment Measures,

TRIMS)的前言中明确指出，某些管辖投资待遇的措施会对贸易造成限制或扭曲。因此，协议规定任何成员不得实施违背1994年的《关税与贸易总协定》第3条国民待遇和第11条一般禁止使用数量限制的任何措施。它主要包括命令禁止措施、措施取消程序和例外三个方面。

(1)TRIMS明文禁止的有关措施。

当地成分要求，即要求公司保持一定比例的当地来源。

贸易平衡要求，即依据公司出口的数量或价值对公司购买或使用的进口产品数量或价值加以规定。

进口用汇规定，即依据公司流入的外汇额对公司的进口量加以规定。

国内销售要求，即限制公司产品出口，不论其以下列何种方式表达：具体品种、产品数量或价值、在当地生产的产量或产值的一定比例。

(2)有关投资措施取消的程序性规定。

(3)例外规定。考虑到发展中国家，特别是最不发达国家在贸易、发展和金融方面的特殊要求，可以允许他们暂背离国民待遇和一般禁止使用数量限制原则，但必须符合1994年的《关税与贸易总协定》第18条的规定，即只能是为了扶持国内幼稚产业而采取的修改或撤销其关税减让表中关税减让以及数量限制等措施。另外，货物贸易理事会又以应发展中国家和地区成员要求，扩展其过渡期，但申请方必须证明其在实施协议中的特殊困难。在过渡期内，成员方不得修改其所提交的与贸易有关的投资措施清单，以增加与国民待遇和一般禁止使用数量限制原则不一致的程度。到WTO协议生效之日，实施不足180天并与协议不符的投资措施不适用过渡期的规定。在过渡期内，为了不对已建立的公司造成不利影响，成员方不可在下列两种情况下将那些适用于已建立公司的与贸易有关的投资措施用于新建公司：第一，新建公司生产的产品与已建公司相类似；第二，有必要避免在新建公司与已建立公司间造成竞争扭曲。

关键词汇

国际商法　渊源　大陆法系　英美法系　最惠国待遇　国民待遇　无歧视待遇　互惠　关税减让　透明度　取消数量限制

本章小结

国际商法是指调整国际商事交易和商事组织的各种法律规范的总称。国际商法的渊源主要是指国际商法产生的依据及其表现形式，它包括国际法渊源和国内法渊源。国际法渊源包括国际条约或公约和国际商事惯例，国内法渊源是指各国规范。资本主义国家两个主要法律体系——大陆法系和英美法系，它们在法律渊源、法律结构、法律分类、诉讼程序和法官权限等方面有许多不同之处。我国的商法一般是指自1949年中华人民共和国成立以后制定的商事法律，目前我国商法体系日趋完善；WTO是致力于监督世界贸易和使世界贸易自由化的国际组织，其基本原则包括最惠国待遇原则、国民待遇原则、无歧视待遇原则、互惠原则、关税减让原则、取消数量限制原则和透明度原则。

思考题

1. 简述国际商法的渊源。
2. 什么是法系？大陆法系和英美法系各有何特点？它们的区别体现在哪些方面？
3. 简述我国商法的构成内容。
4. WTO的基本原则有哪些？
5. 多边货物贸易的主要协议有哪些内容？

案例分析题

1991年，美国环保局对国内和国外炼油商提出了不同的标准，他们认为国外炼油商缺乏1990年检测的、足以证明汽油质量的真实数据，只能通过一个“法令底线”显示他们汽油的质量。而国内炼油商可以通过三种可行方法制定“独立底线”。这一标准对国外炼油商采取了歧视政策，造成市场竞争的不均衡，从而引起一场贸易纷争。委内瑞拉在给WTO的诉状中强调，美国石油标准违背了最惠国待遇原则，因为它对从某一第三国(加拿大)进口的石油采用了“独立底线”方案。同时，美国也违背了国民待遇，因为对美国国内石油公司采取了更优惠的待遇。

问题：

运用WTO争端解决机制将如何处理此案，并说明理由。

第二章 商事组织法

学习目标

知识目标

- 掌握国际商事组织的概念与特征
- 掌握合伙企业的基本内容
- 掌握公司的基本制度

技能目标

- 能够正确选择适用各种商事组织形式，熟练处理合伙企业、公司企业设立及管理事宜

案例导入

合伙企业债务清偿案例

约翰先生是某合伙企业的合伙人之一，与其他三个合伙人一起被授权参与经营管理。2008 年 3 月，他在没有通知其他合伙人的情况下，擅自与一公司签订了一项合同，结果使得该合伙企业遭受损失，承担了一笔债务。同年 9 月，他退出该合伙企业。同年 10 月，债权人要求该合伙企业支付这笔债务结果遭到拒付，其理由是其他三个合伙人对此不知情；债权人要求约翰先生支付，也遭到拒付，理由是他已经退出该合伙企业。

思考题：

1. 约翰先生和该合伙企业拒绝偿还债务是否合理？说明理由。
2. 合伙企业与公司企业的责任形式有何不同？

第一节　商事组织法概述

一、商事组织的概念和特征

商事组织又称为商事企业，是指以自己的名义从事营利性的活动并具有一定规模的组织。

商事组织具有以下法律特征：

(1)商事组织是从事经营并以营利为目的的组织。商事组织必须参加商事活动，其经营的目的是为了获取利润。商事组织的这一特征使其不同于机关、事业单位等非营利组织。

(2)商事组织必须具有商事能力。商事能力是商事主体在商事法上权利能力和商事行为

能力的统称。它是商事主体依据商业登记所核定的经营范围独立从事特定的商事行为,享有商法上的权利并承担相应义务的资格和能力。

(3)商事组织必须符合商法规定。商事组织的类型,商事组织的设立、变更、注销等都必须符合商事法律的规定。

二、商事组织的种类

根据多数国家的商法的规定,商事组织的形式主要有三种:个人企业、合伙企业、公司企业。

1. 个人企业

个人企业(individual proprietorship),又称独资企业,是由一人单独出资兴办,企业财产完全归出资者所有和经营管理,同时出资者对企业债务承担无限责任的企业。

个人企业的设立条件程序简单,规模较小,经营方式灵活,一般不具有法人资格,出资者个人承担无限责任。个人企业数量虽然较多,但由于规模小、责任大等原因,个人企业在世界各国经济中并不起主要作用。

2. 合伙企业

合伙企业(partnership)是由两个或两个以上的合伙人为经营共同事业而共同投资、共同经营、共享收益、共担风险的企业。

合伙企业的成立手续简单,经营方式灵活,合伙人对合伙企业债务一般承担无限连带责任。合伙企业是中小投资者常采用的商事组织形式。

3. 公司企业

公司企业(corporation)是指依据公司法的规定设立的,以营利为目的的企业社团法人。

公司企业的股东人数较多,便于集资,公司一般具有独立的法人资格,公司的财产与股东的财产严格分开,股东承担有限责任,公司的所有者可以委托专业人员管理企业,实现管理的科学化。公司是目前各国最为重要的商事组织形式,公司的数量虽然没有个人企业和合伙企业多,但其经济实力和影响却是前两者所无法比拟的,大型企业一般都采取公司形式。

三、商事组织法的概念

商事组织法是调整商事组织的设立、变更、解散等对内对外关系的法律规范的总称。各国都比较重视商事组织的立法,公司法是商事组织法中最为核心的法律。

大陆法系国家起初将公司放在民法典、商法典中加以规定,后来由于公司在经济活动中的作用和影响的扩大以及公司问题的特殊性,大陆法系中的许多国家陆续将公司法从民法典、商法典中分离出来,制定成单行的法规。最早的公司成文立法首推1673年法国国王路易十四时期颁布的《商事条例》,该条例规定了有关无限公司和两合公司的制度。拿破仑当政后于1807年以《商事条例》为基础制定了《法国商法典》,该法典不仅对无限公司和两合公司进行了重新确认和扩充,而且还规定了股份有限责任公司制度。1867年法国又颁布了《股份有限责任公司法》,对原有的公司制度进行了完善。德国有关公司的规定也体现在商法典中,德国于1892年制定了《有限责任公司法》,最早创立了有限责任公司制度,后又于1937年制定了《股份法》,即《股份有限责任公司法》和《股份两合公司法》。

英美法系国家的公司法一般采取单行法的形式。英国最早的公司法颁布于1862年，又分别在1908年、1929年和1948年陆续颁布了新的公司法，此后又分别在1967年、1976年和1981年对公司法进行了重大修改。修改后的立法对无限公司、有限责任公司和股份有限责任公司等各种类型的公司作了明确的规定，形成了现代英国较为完整的公司法律制度。在美国，有关公司的立法权限属于各州。为了协调各州的公司立法，联邦统一法制定委员会于1928年制定了《统一商事公司法》(示范法)，并于1950年由全国律师协会制定了《标准公司法》，该法现已为美国绝大多数州立法所采纳。

关于合伙企业的立法，大陆法系国家主要在民法典和商法典的有关章节中进行规定。例如，《德国民法典》第705—740条规定了民事合伙，《德国商法典》第105—160条规定了商事合伙。《法国民法典》第3编第4章规定了民事合伙，商事合伙最初规定在《法国商法典》中，后来又在《商事企业法》中对商事合伙作了规定。在英美法系，合伙主要采用单行法的形式，1914年，美国统一法委员会起草制定了《统一合伙法》。

我国关于商事组织的立法也主要采用单行法的形式。1993年12月29日，第八届全国人大常委会第五次会议审议通过了《中华人民共和国公司法》(以下简称《公司法》)，自1994年7月1日起施行，标志着我国公司法律制度的正式形成。随着社会经济的不断发展，原《公司法》的一些内容已不能适应新形势的需要，为了进一步完善公司立法，2005年10月27日，第十届全国人大常委会第十八次会议正式通过了新修订的《公司法》，该法自2006年1月1日起施行。

我国在个人企业和合伙企业立法方面，2000年1月1日生效的《中华人民共和国个人独资企业法》(以下简称《个人独资企业法》)对个人独资企业作出了相关规定，1997年8月1日生效的《中华人民共和国合伙企业法》(以下简称《合伙企业法》)对合伙企业进行了规范。

第二节 合伙企业法

一、合伙企业的种类

从世界各国的立法来看，合伙企业主要包括普通合伙企业、有限责任合伙企业、有限合伙企业。

普通合伙是指所有合伙人对合伙债务无条件承担无限连带责任。

有限责任合伙中所有合伙人对合伙债务原则上承担无限连带责任，但当债务的发生是某个人或者某几个人时，由这个人或这几个人承担无限连带责任，其余合伙人承担有限责任，这时的合伙性质就由普通合伙转为有限责任合伙。

有限合伙是指在有限合伙中，普通合伙人进行组织经营，对合伙债务承担无限连带责任，有限合伙人不参与组织和经营，对合伙债务以出资为限承担有限责任。

我国的《合伙企业法》将合伙企业主要分为普通合伙企业和有限合伙企业两种。其中，普通合伙企业是由普通合伙人组成，合伙人对合伙企业债务承担无限连带责任的营利性组织。有限合伙企业是对合伙企业债务承担无限责任的普通合伙人与承担有限责任的有限合伙人共同组成的合伙。在有限合伙企业里，普通合伙人对合伙企业债务承担无限连带责任，有限合伙人以其认缴的出资额为限对合伙企业债务承担有限责任。

二、合伙企业的设立

1.合伙协议

合伙协议是合伙企业成立的必要条件，是合伙人享有权利、承担义务、分担风险及责任的依据。合伙协议一般以书面形式订立，但有时可以根据合伙人之间的口头约定以及其行为来判定他们之间是否存在合伙关系。我国《合伙企业法》规定：合伙协议依法由全体合伙人协商一致、以书面形式订立；合伙协议经全体合伙人签名、盖章后生效；合伙人按照合伙协议享有权利，履行义务。

小资料

合伙协议的内容

我国《合伙企业法》第18条规定，合伙协议应当载明下列事项：①合伙企业的名称和主要经营场所的地点；②合伙目的和合伙经营范围；③合伙人的姓名或者名称、住所；④合伙人的出资方式、数额和缴付期限；⑤利润分配、亏损分担方式；⑥合伙事务的执行；⑦入伙与退伙；⑧争议解决办法；⑨合伙企业的解散与清算；⑩违约责任。

2.合伙企业的登记

合伙企业的设立手续一般比较简便，但各个国家的规定有所不同。

英美法系国家对普通合伙企业一般不要求政府的批准登记，但要求必须有合法的目的。例如，美国《统一合伙法》规定，合伙以合伙人的协议而组成，可以无须政府批准，但必须有合法的目的；特殊行业(律师、医师等)必须要向有关主管部门申领开业执照。

大陆法系国家一般都要求设立合伙企业时必须履行登记手续，并领取营业执照，营业执照签发日期为合伙企业的成立日期。例如，《法国民法典》规定："除隐名合伙以外的合伙，自登记之日起具有法人资格。"在德国，商事合伙必须依据《德国商法典》第2条申请登记，只有在登记之后才能被视为商事合伙。

我国《合伙企业法》规定，申请设立合伙企业，应当向企业登记机关提交登记申请书、合伙协议书、合伙人身份证明等文件，登记机关审核后认为符合法定条件的予以登记，发给营业执照。合伙企业的营业执照签发日期，为合伙企业成立日期。合伙企业领取营业执照前，合伙人不得以合伙企业名义从事合伙业务。

三、合伙企业的财产与法律地位

1.合伙企业财产的构成

关于合伙企业财产的构成，各国的立法规定差异不大，一般都认为合伙企业的财产由两部分构成：一部分是原始财产，即全体合伙人的出资；另一部分是积累财产，即合伙企业存续期间所有以合伙企业名义取得的收益。例如，《德国民法典》第718条规定："各合伙人的出资以及通过为合伙执行事务而取得的物件，均为全体合伙人的共同财产。因属于合伙财产的权利而取得的物件，或对灭失、毁损或侵夺属于合伙财产的物件作为赔偿而取得的物件，也都属于合伙财产。”我国《合伙企业法》第 20 条规定：“合伙人的出资、以合伙企业名义取得的收益和依法取得的其他财产，均为合伙企业的财产。”

2. 合伙企业财产的法律地位

大陆法系国家关于合伙财产性质的规定有两种情况：一种是将合伙企业财产规定为共同共有财产。如《德国民法典》第 718 条规定：“合伙人的出资和因执行业务而为合伙取得的标的，成为合伙人的共同财产；依据属于合伙财产的权利，或者作为毁坏、损坏或者侵夺属于合伙财产的标的的赔偿而取得的一切也属于合伙财产。”另外，《瑞士债务法》第 544 条也将合伙企业财产规定为全体合伙人共同共有的财产。另一种是将合伙企业财产规定为按份共有财产。如《日本民法典》第 668 条规定合伙企业财产是按份共有财产。

英美法系国家则比较一致地将合伙企业财产确定为共同共有财产。如美国《统一合伙企业法》第 6 条规定：“合伙企业财产为全体合伙人的共同共有财产，它包括合伙人作为出资的股权和合伙经营中获得的一切财产。”同时，该法还具体规定了构成合伙财产的三种情况：①以合伙名义获得的财产是合伙财产；②以一个或几个合伙人的名义获得的财产，该财产的转移证书中虽没有指出合伙的名称，但指出了受让人的合伙人身份，该财产是合伙财产；③使用合伙资产购买的财产推定为合伙财产。再如《英国合伙法》第 20 条规定：“合伙财产由合伙人拥有，合伙人只能为了合伙的目的并按照合伙协议的规定对其进行使用。”该法还规定合伙企业财产包括最开始购买的和因为合伙企业以及为了合伙的目的在经营过程中取得的财产。

我国《合伙企业法》对合伙财产的法律性质没有明确规定，但对合伙财产的分割和转让问题进行了规范，具体体现为：合伙人在合伙企业清算前，不得请求分割合伙企业的财产；但是，法律另有规定的除外。合伙人在合伙企业清算前私自转移或者处分合伙企业财产的，合伙企业不得以此对抗善意第三人。

普通合伙企业中，除合伙协议另有约定外，合伙人向合伙人以外的人转让其在合伙企业中的全部或者部分财产份额时，须经其他合伙人一致同意。合伙人之间转让在合伙企业中的全部或者部分财产份额时，应当通知其他合伙人。合伙人向合伙人以外的人转让其在合伙企业中的财产份额的，在同等条件下，其他合伙人有优先购买权；但是，合伙协议另有约定的除外。合伙人以外的人依法受让合伙人在合伙企业中的财产份额的，经修改合伙协议即成为合伙企业的合伙人，依照《合伙企业法》和修改后的合伙协议享有权利，履行义务。

普通合伙企业中，合伙人以其在合伙企业中的财产份额出质的，须经其他合伙人一致同意；未经其他合伙人一致同意，其行为无效，由此给善意第三人造成损失的，由行为人依法承担赔偿责任。

有限合伙企业中，有限合伙人可以将其在有限合伙企业中的财产份额出质。有限合伙人可以按照合伙协议的约定向合伙人以外的人转让其在有限合伙企业中的财产份额，但应当提前 30 日通知其他合伙人。

四、合伙人的权利义务与合伙事务的执行

1. 合伙人的权利义务

作为合伙企业的投资人，合伙人在企业享有权利，也负有义务。一般而言，合伙人的权利

为经营合伙企业，参与合伙事务的执行，享受企业的收益分配；义务为遵守合伙协议，承担企业经营亏损，根据需要增加对企业的投入等。由于合伙企业是人合性企业，合伙人的权利义务主要由合伙协议予以约定，对于一些特定的权利义务也可以在事后由全体合伙人共同确定。但对有些合伙人的特定权利义务，法律也进行了一些必要的规范。

我国《合伙企业法》对合伙人的权利义务进行了明确规定。合伙人权利主要包括：①合伙事务的执行权，即各合伙人都有平均地参与企业事务执行的权利。②对执行企业事务的监督权，即无论合伙人本身参与事务执行与否，其都拥有对他人执行合伙事务情况的监督权。③企业经营状况的知情权，即合伙人有权随时了解企业的经营状况，为了解合伙企业的经营状况和财务状况，有权查阅账簿，包括各种往来账册和财务报表等资料。④重大事项的表决权，即企业的有关重要事项必须经过全体合伙人讨论，一致同意方可决定。⑤利润分配权，即依据协议规定的方式和比例享受合伙企业盈利分配的权利，但合伙人不得协议将企业利润分配给部分合伙人，也不得要求部分合伙人承担企业的全部亏损。

合伙人的义务主要包括以下三个方面：①不得与本企业相竞争，即合伙人在本企业以外从事经营活动的，不得与本企业相竞争；②不得擅自与本企业进行交易，合伙人因从事经营业务需要与本合伙企业发生交易的，应事先征得其他合伙人的同意；③不得从事损害本企业利益的活动。

2.合伙事务的执行

合伙事务的执行方式一般有两种：一是共同执行，即全体合伙人共同执行合伙企业事务。这是合伙事务执行的基本形式。在这种形式中，各个合伙人都直接参与经营，处理合伙企业的事务。二是委托执行，即按照合伙协议约定或者全体合伙人的决定，委托一名或者数名合伙人执行合伙事务，其他合伙人不再执行合伙企业事务。不参加执行事务的合伙人有权监督执行事务的合伙人，检查其执行合伙事务的情况。执行事务的合伙人应当向其他不参加执行事务的合伙人报告事务执行情况以及合伙的经营状况和财务状况，其执行合伙企业事务所产生的收益归全体合伙人，所产生的亏损或者民事责任由全体合伙人承担。被委托执行合伙企业事务的合伙人不按照合伙协议或者全体合伙人的决定执行事务的，其他合伙人可以决定撤销该委托。而且，合伙企业对合伙人执行合伙事务以及对外代表合伙企业权利的限制，不得对抗善意第三人。

由于合伙具有强烈的人合性，无论采取共同执行方式还是委托执行方式，大多国家对合伙组织的议事规则都规定了一般的多数表决制。我国《合伙企业法》规定了一定的事项的决策须经全体合伙人一致同意，有些特定的事项不得通过决议作出。对于一般事项的议事规则，《合伙企业法》则规定由合伙协议规定，没有规定的采取过半数通过的表决办法。

按照我国《合伙企业法》的规定，合伙人对合伙企业有关事项作出决议，按照合伙协议约定的表决办法办理。合伙协议未约定或者约定不明确的，实行合伙人一人一票并经全体合伙人过半数通过的表决办法。除合伙协议另有约定外，合伙企业的下列事务必须经全体合伙人一致同意：①改变合伙企业的名称；②改变合伙企业的经营范围、主要经营场所的地点；③处分合伙企业的不动产；④转让或者处分合伙企业的知识产权和其他财产权利；⑤以合伙企业名义为他人提供担保；⑥聘任合伙人以外的人担任合伙企业的经营管理人员。

五、合伙企业与第三人的关系

1. 合伙企业与善意第三人的关系

善意第三人是指与合伙企业善意进行民事行为的人，包括善意取得合伙财产和善意与合伙企业设定其他法律关系的人。合伙企业对合伙人执行合伙事务以及对外代表合伙企业权利的限制，不得对抗善意第三人。

2. 合伙企业与债务人的关系

合伙企业与债务人的关系就是合伙人对外承担责任的问题。由于合伙组织不能独立地承担责任，各国均从保护债权人债权的角度出发，要求合伙人承担无限责任，规定合伙债务，不仅要以合伙财产，而且要以合伙人个人财产承担清偿责任。

根据我国《合伙企业法》的规定，在我国合伙企业分为普通合伙企业和有限合伙企业，对于不同的合伙采用不同的债务承担形式。对于普通合伙企业，该法第 38 条规定："合伙企业对其债务，应以其全部财产进行清偿。"第 39 条规定："合伙企业不能清偿到期债务的，合伙人承担无限连带责任。"对于有限合伙企业由普通合伙人和有限合伙人组成，普通合伙人对合伙企业的债务承担补充连带责任，有限合伙人以其出资额为限对合伙企业债务承担责任。

六、入伙、退伙与合伙关系的终止

1. 合伙企业的入伙、退伙

(1)入伙。入伙就是第三人加入已成立的合伙，取得合伙人之资格。新合伙人入伙，一般应当经全体合伙人一致同意。

入伙中一个重要的问题是入伙人入伙后对于入伙前发生的债务如何承担。世界各国对此的立法状况，大体上有四种情况。第一种，对于入伙前的债务，新合伙人与原合伙人一样，承担连带责任。以《意大利民法典》为代表，该法典第 2269 条规定："新加入合伙的合伙人与其他合伙人一起对加入合伙以前的合伙债务承担责任。"第 2267 条规定："除非合伙人有相反的约定，合伙人对合伙债务承担连带责任。"第二种，对于入伙前的债务，新合伙人不承担责任。以英国、澳大利亚为代表，其中《英国合伙法》第 17 条即作此规定。第三种，对于入伙前的债务，新合伙人与原合伙人一样承担无限连带责任。以我国台湾省为代表，我国台湾省民法第 691 条规定："加入为合伙人者，对于其加入前合伙所负之债务与其他合伙人负同一之责任。"第四种，分别情况具体处理。以美国为代表，美国《统一合伙法》第 17 条规定："被允许作为合伙人参加既存合伙的人，对在入伙前发生的一切合伙债务承担责任，如同在这种债务形成之时其便同合伙人一样，但是，如果这种债务仅以合伙财产清偿时除外。"

我国《合伙企业法》规定，新合伙人入伙，除合伙协议另有约定外，应当经全体合伙人一致同意，并依法订立书面入伙协议。订立入伙协议时，原合伙人应当向新合伙人如实告知原合伙企业的经营状况和财务状况。入伙的新合伙人与原合伙人享有同等权利，承担同等责任。入伙协议另有约定的，从其约定。新合伙人对入伙前合伙企业的债务承担无限连带责任。

(2)退伙。退伙就是合伙人退出合伙企业，不再具有合伙人的资格。退伙一般包括自愿退伙、法定退伙和开除退伙。自愿退伙是指合伙人按照自己的意愿而退出合伙。法定退伙，也称为当然退伙，是指根据法律规定的原因而出现的退伙。开除退伙是指合伙人决议将某个合伙人除名。

对于退伙制度，各国都比较重视，一般都用法律对退伙予以明确而详尽的规定，要求退伙的合伙人对退伙前合伙企业的债务承担连带责任。如《英国合伙法》第 17 条规定：“退伙的合伙人对其退伙之前合伙企业产生的债务仍应承担责任。”第 36 条规定：“在某些情况下，退伙的合伙人也要对离开合伙之后产生的债务承担责任。”《日本商法典》第 93 条规定：“已经退股的股东，对于总公司所在地办理退股登记之前产生的公司债务，仍负相应责任。前款中的责任，对于按前款规定进行登记之后两年内未提出请求或提前做出请求的意思表示的公司债权人，在登记后经过两年时即归于消灭。前两款的规定，也准用于转让其所持份额的股东。”

我国《合伙企业法》规定，合伙人退伙，其他合伙人应当与该退伙人按照退伙时的合伙企业财产状况进行结算，退还退伙人的财产份额。退伙人对给合伙企业造成的损失负有赔偿责任的，相应扣减其应当赔偿的数额。退伙时有未了结的合伙企业事务的，待该事务了结后进行结算。退伙人在合伙企业中财产份额的退还办法，由合伙协议约定或者由全体合伙人决定，可以退还货币，也可以退还实物。退伙人对基于其退伙前的原因发生的合伙企业债务，承担无限连带责任。合伙人退伙时，合伙企业财产少于合伙企业债务的，退伙人应当依照法律规定分担亏损。

2. 合伙企业的终止

各国法律关于合伙企业终止的原因基本相同，主要有合伙期限届满、合伙人退出、法院判决等。我国《合伙企业法》规定，合伙企业有下列情形之一的，应当解散：①合伙期限届满，合伙人决定不再经营；②合伙协议约定的解散事由出现；③全体合伙人决定解散；④合伙人已不具备法定人数满 30 天；⑤合伙协议约定的合伙目的已经实现或者无法实现；⑥依法被吊销营业执照、责令关闭或者被撤销；⑦法律、行政法规规定的其他原因。

合伙企业终止时，合伙企业财产需进行清算。清算内容主要包括：①清理合伙企业财产，分别编制资产负债表和财产清单；②清理与清算有关的合伙企业未了结事务；③清理所欠税款；④清理债权、债务；⑤处理合伙企业清偿债务后的剩余财产。

关于合伙企业财产清偿顺序。在清算过程中，合伙企业财产应当首先用于支付清算费用，其次按顺序清偿。该顺序各国略有不同，依据我国《合伙企业法》的规定，清偿顺序为：①合伙企业所欠职工工资、社会保险费用、法定补偿金；②合伙企业所欠税款；③合伙企业的债务；④返还合伙人的出资。合伙企业按上述清偿顺序清偿后仍有剩余的，按合伙人既定的利润分配比例进行分配。

合伙企业清算时，其全部财产不足清偿其债务的，各合伙人应当承担无限连带清偿责任。清算结束，清算人应当编制清算报告，经全体合伙人签名、盖章后，向企业登记机关报送清算报告，申请办理合伙企业注销登记。

第三节 公司法

一、公司的概念和特征

公司是指依照公司法的规定设立的以营利为目的的社团法人。公司具有以下法律特征：

1. 公司是法人

世界各国公司法都赋予公司特别是有限责任公司和股份有限责任公司以法人地位，因此，公司是法人的典型形态，法人性是公司的重要特征。

法人性特征是公司区别于合伙企业的主要特征，具有营利性的企业并不仅仅限于公司，合伙企业也具有营利性，但合伙企业不是法人，主要是因为以下两点：首先，合伙企业没有独立的财产，其财产属于合伙人共有；而公司则不同，它拥有独立的财产，其财产属于公司所有，而不是股东共有。其次，合伙企业中的每个合伙人都对合伙企业的债务承担无限连带责任，而公司在财产责任上与合伙企业不同，除无限责任公司和两合公司中的无限责任股东的财产责任类似于合伙外，其他公司的股东对公司的债务仅负有限责任。正是基于以上区别，世界上大多数国家都不承认合伙具有法人资格。

2. 公司是一种社团法人

公司具有社团性，也称为联合性，是指公司应为人的结合，是由一定数量的成员，包括自然人和法人，基于一定的目的而共同组织的具有法人资格的团体。与基于一定数量的财产而成立的财团法人相区别，公司是以其成员为基础而成立的人的集合体。

3. 公司是以营利为目的的企业社团法人

公司以营利为目的，其经营活动是为了实现公司及其成员的经济利益，因此被称为营利社团法人。公司的营利性既使它区别于以行政管理为目的的国家机关，又使它有别于不以营利为目的的公益社团法人。强调公司的营利性特征，一方面是为了突出公司的经济属性，另一方面则是为了否定那些作为行政机关附属物的行政性公司。

4. 公司是依法成立的企业社团法人

公司必须依法设立，符合公司法所规定的条件和程序。各国立法机关都通过公司立法对公司的设立、登记等作了特别的规定。

小资料

公司、合伙企业和个人独资企业是三种重要的企业形式，它们虽然都是以营利为目的的经济组织，但是三者却存在重大的区别：①法律地位不同。公司是企业法人；合伙企业和个人独资企业是非法人。②组建方式不同。公司的投资人一般比较多，投资人可以是自然人，也可以是法人；合伙企业由两个以上合伙人共同出资设立，合伙人多为自然人；个人独资企业由一个自然人投资设立。③投资人与企业(公司)的财产关系不同、责任形式不同。公司股东的个人财产与其投入公司的财产彻底分离，股东以其出资额为限，对公司承担责任，即负有限责任；合伙企业合伙人的财产与合伙企业的财产相对分离，当合伙企业财产不足以清偿合伙企业债务时，合伙人以其投入合伙企业的财产以外的其他财产对合伙企业债务负连带清偿责任，即负无限责任；个人独资企业投资人的个人财产与企业财产不分离，投资人以其个人财产对企业债务承担无限责任。④内部事务管理结构不同。公司设股东会、董事会、监事会，依照法定职权和公司章程的约定管理公司事务；合伙企业的合伙人依照合伙企业法的规定和合伙协议的约定管理合伙企业事务，合伙人对执行合伙企业事务享有同等的权利，可以由全体合伙人执行合伙企业事务，也可以由合伙协议约定或者全体合伙人决定，委托一名或者数名合伙人执行合伙企业事务；个人独资企业的出资人可以自行管理企业事务，也可以委托或者聘用其他具有民事行为能力的人负责企业事务管理。⑤个人独资企业与公司和合伙企业相比，一般规模较小，设立条件较宽松，设立程序较简便，进入或者退出市场也较灵活；但是其公示性（主要指财务公开程度）不如公司和合伙企业，投资者的经营风险大于公司和合伙企业。

二、公司的种类

从不同的角度，可将公司分为不同的种类。根据各国公司法所确认的法定分类标准及公司法理论研究中所确认的法理分类标准，公司的种类包括以下几种：

1. 无限责任公司、有限责任公司、股份有限责任公司和两合公司

根据公司及公司股东对公司所负债务责任的不同，可将公司划分为无限责任公司、有限责任公司、股份有限责任公司和两合公司。大陆法系国家的公司法多采取这种分类方法。我国公司法只确认了其中的两种公司形态，即有限责任公司和股份有限责任公司。

无限责任公司（unlimited liability company）是指由两个或两个以上的股东共同出资，全体股东对公司债务承担无限连带责任的公司。

两合公司（company organized by limited and unlimited shareholders）是指由承担有限责任的股东和承担无限责任的股东联合组织成立的公司，其中承担无限责任的股东对公司债务负无限连带责任，只承担有限责任的股东仅以其出资额为限对公司债务负责。

有限责任公司（limited liability company）是指由两个以上的股东共同出资，股东仅以其出资额为限对公司债务承担责任的公司。

股份有限责任公司（company limited liability by shares）是指公司资本划分为均等份额，股东以其所认购的股份为限对公司债务承担有限责任的公司。

2. 人合公司、资合公司和人合兼资合公司

根据公司信用基础的不同，可将公司划分为人合公司、资合公司和人合兼资合公司。

人合公司以公司股东的个人信用作为基础；资合公司以由公司股东分别出资而形成的公司财产作为信用基础；人资兼合公司则同时具备上述两种性质的信用基础。无限责任公司是典型的人合公司，股份有限责任公司是典型的资合公司，而两合公司和有限责任公司属于人资兼合公司。

3. 封闭式公司和开放式公司

根据公司资本筹集方式及出资方式的不同，可将公司划分为封闭式公司和开放式公司。

封闭式公司也称为不上市公司或不公开公司，是指公司资本全部由设立该公司的股东所拥有，不能对外发行股份，股东的出资不能自由转让的公司。有限责任公司属于封闭式公司。开放式公司也称为上市公司或公开公司，是指可以公开招股，股票可以在股票市场公开进行交易的公司。股份有限责任公司属于开放式公司。

4. 母公司和子公司

根据公司之间的相互控制与依附关系，可将公司划分为母公司和子公司。

母公司也称为控股公司，当一个公司拥有另一个公司的股份并已达到控股程度时，该公司即为母公司。凡公司一定比例以上的股份被另一公司所拥有，并因此受到该公司控制的公司即为子公司。母公司与子公司均为独立的法人，各自以其财产对各自的债务负责，互不连带。

5. 总公司和分公司

根据公司分支机构的设置和管辖，可将公司划分为总公司和分公司。

总公司是指依法首先设立的管辖全部组织的总机构。分公司是指受总公司管辖的分支机构。总公司具有法人资格，分公司一般没有法人资格，分公司活动的后果由总公司承受。

6.本国公司、外国公司和跨国公司

根据公司的国籍不同，可将公司划分为本国公司、外国公司和跨国公司。

本国公司是指在本国境内依照本国法律设立的公司。外国公司是指在外国依照外国法律设立的公司。跨国公司是指以一国为基地，通过对外直接投资，在其他国家或地区(东道国)设立分支机构、子公司或其他外商投资企业，从事国际性或世界性的生产、经营或服务活动的公司。

三、公司的设立

公司的设立是促成公司成立并取得法人资格的一系列行为的总和。各国公司立法中一般主要规定公司设立的方式及设立的条件。

1.公司设立的方式

公司设立的方式主要有两种，即发起设立和募集设立。

(1)发起设立，也称为单纯设立或共同设立，是指公司的资本由发起人全部认购而设立公司的方式。发起设立的主要特点是公司所有的资本都来源于公司的发起人，公司不能公开向社会募集资本。发起设立通常是中小企业常采用的一种设立方式。

(2)募集设立，也称为复杂设立或渐次设立，是指公司发起人只认购一部分股份，其余部分向社会公开募集而设立公司的方式。募集设立主要是成立时即需要巨额资金的公司所采用的一种设立方式。

因为无限责任公司、两合公司和有限责任公司属于封闭性的公司，不能向社会公开发行股份，因此只能采取发起设立的方式；股份有限责任公司属于开放性的公司，可以采取发起设立的方式，也可以采取募集设立的方式。

我国《公司法》规定，有限责任公司只能采取发起方式设立，股份有限责任公司既可以采取发起设立方式，也可以采取募集方式设立。其中，募集方式是目前较为普遍采用的方式，但规定采取募集方式设立的，发起人认购的股份不得少于公司股份总数的35%，法律、行政法规另有规定的，从其规定。

2.公司设立的条件

各国对公司成立的具体要求虽然各有不同，但关于公司设立的主要条件程序都大体相同，一般都包括以下几个方面：

(1)必须符合法定股东人数。多数国家对公司的股东人数都有法定要求，一般都是对有限责任公司的股东人数有上限要求，而对股份有限责任公司的股东人数则只有下限要求。我国《公司法》第24条规定：有限责任公司由50个以下股东出资设立。对股份有限责任公司的股东人数没有最高限制，只是规定设立股份有限责任公司，应当有2人以上200人以下为发起人，其中须有半数以上的发起人在中国境内有住所。

(2)必须订立公司章程。公司章程是规定公司的宗旨、资本、组织机构等对内对外事务的法律文件，是规范公司活动的“根本大法”。

公司章程主要包括以下内容：①公司的名称；②公司的经营范围；③股东的姓名、住所或居所；④公司的资本总额和各股东的出资额或股份；⑤公司的注册地址；⑥公司的具体形式；⑦公司组织的构成及权限;⑧公司章程的修改规则。

(3)必须具备法定的最低资本数额。多数国家的公司法都要求设立公司必须具有最低资本数额,只是数额多少不同而已。西方一些国家如英国、美国等对公司的最低资本额要求较少,我国《公司法》对公司最低资本额规定则较高。

根据我国《公司法》的规定,有限责任公司注册资本的最低限额为人民币 3 万元,法律、行政法规对有限责任公司注册资本的最低限额有较高规定的,从其规定。一人有限责任公司的注册资本最低限额为人民币 10 万元。股份有限责任公司注册资本的最低限额为人民币 500 万元,法律、行政法规对股份有限责任公司注册资本的最低限额有较高规定的,从其规定。

公司股东必须认购公司股份,缴付出资,股东的出资方式包括货币、实物、工业产权、土地使用权等,一般不允许股东以劳务出资。而且,很多国家为了防止股东出资不实,要求对实物、工业产权等必须经法定机构评估作价。对于股东高估出资的,一般要求其承担出资填补的义务,应补足其出资,给公司及其他股东造成损害的,还应承担赔偿责任。

我国《公司法》规定:股东可以用货币出资,也可以用实物、知识产权、土地使用权等可以用货币估价并可以依法转让的非货币财产作价出资;但是,法律、行政法规规定不得作为出资的财产除外。全体股东的货币出资金额不得低于有限责任公司注册资本的 30%。对作为出资的非货币财产应当评估作价,核实财产,不得高估或者低估作价,法律、行政法规对评估作价有规定的,从其规定。股东可以一次缴足出资,也可以分期缴纳出资。分期缴纳的,公司全体股东的首次出资额不得低于注册资本的 20%,也不得低于法定的注册资本最低限额,其余部分由股东自公司成立之日起 2 年内缴足;其中,投资公司可以在 5 年内缴足。

(4)注册登记。公司股东制定章程、交足其所认购的出资以后,即应去公司主管机关申请成立登记,申请登记时除应缴纳法定的手续费外还应提交申请书、公司章程、出资证明书等法定的文件。经主管机关审核登记发给登记证书后,公司即告成立。

四、公司的组织机构

公司的组织机构主要有股东会、董事会、监事会等三种。此外,还有经理人和经理机构等辅助机关。

1. 股东会

股东会是指在公司中由全体股东组成的最高权力机构。

股东会的职权包括:讨论和决定公司章程的变更;决定公司董事和监事的任免;确定公司盈余和股息红利的分配;增加或减少公司的资本;决定公司的合并与解散;等等。

股东会一般分为普通股东会和临时股东会两种。普通股东会又称为股东常会,是指依法定期召开的其他股东会议,每年至少应召开一次。临时股东会,又称为特别股东会议,是指根据情况需要而临时召开的不定期的全体股东会议,一般由董事提议召集,或由一定人数或比例的股东提议,董事召集。

在股东会议上,原则上每一股享有一项表决权,各股东的表决权以其持有股份的多少为准。股东会议作出决定时实行多数表决原则。此外,根据所要讨论决定的事项的不同,一般还规定有不同的表决程序。对于普通决议事项,基于简单多数即可通过,即只须出席会议的股东所持表决权的半数以上通过;对于特别决议事项,如公司的合并、分立或者解散和修改公司章程等,必须以绝对多数通过，即必须由出席会议的股东所持表决权 2/3 或 3/4 以上通过方能生效。

2.董事会

董事会是由股东会选举产生的，由全体董事组成的行使经营决策权和管理权的业务管理机构，是公司的法定的常设机关，负责公司的经营管理事宜。

董事会的职权主要包括：第一，决策权，即对公司生产经营的方向、战略、方针以及重大措施的决定权。第二，执行权，即执行、实施章程规定的宗旨以及股东会所作的决议，负责具体业务的管理。第三，人事任免权，即选任公司的高级职员。第四，监督权，即监督公司高级职员的活动。董事会对外的代表权是指董事会以公司名义对外从事活动的权利，对于董事会在经营范围内从事的活动，公司必须承担责任。

3.监事会

监事会是公司的监督机关，负责对董事会的活动及业务执行情况进行监督。监事由股东会从股东中选任，公司的监事享有监督权，可以随时调查公司的财务状况，查阅公司的有关文字资料，对董事、经理执行公司职务的行为进行监督。公司的各位监事组成监事会。此外，根据一些国家公司法的规定，还应从公司雇员中选任一定数量的人参加监事会。如德国、荷兰等国家都在立法中规定监事会中应有一定比例的职工代表参与公司的经营监督。我国《公司法》也规定监事会由股东代表和公司职工代表组成。

4.经理人和经理机构

经理人是主持公司日常经营工作的负责人。经理人一般由董事会依据公司章程的规定任免，而且一般都设有总经理、副总经理、经理等若干人组成的经理机构，作为公司的常设辅助业务执行机关，在董事会领导下，具体负责对内管理公司的内部事务，对外代表公司与第三人进行业务活动。经理对公司的义务与董事基本相同，主要对公司负有谨慎、忠实的义务和竞业禁止义务，经理违反上述义务，给公司造成损失的，应对公司承担赔偿责任。

五、公司的资本

1.公司资本的概念

公司资本是公司从事生产经营的前提和物质基础，是公司对外承担责任的担保。广义的公司资本是指公司用以从事经营、开展业务的所有资金和财产，包括公司自有资本和借贷资本两部分。狭义的公司资本则仅指公司自有资本即股本，也就是在公司成立时由章程所确定的、由股东出资构成的公司财产总额。

2.公司资本制度

自从有限责任产生以来，关于公司资本的立法就成为公司立法的重要内容，到目前为止，西方国家公司法已形成了三种主要的公司资本制度。

(1)法定资本制。法定资本制，也称为确定资本制。法定资本制强调公司在设立时，必须在章程中规定公司的资本总额，并须由股东全部认足，否则公司不能成立，公司成立后，变更公司资本也要受到严格的限制。法定资本制为多数大陆法系国家所采用。

法定资本制奉行的立法原则是资本确定原则、资本维持原则和资本不变原则，简称为“资本三原则”。

①资本确定原则。资本确定原则是指公司在设立时，必须在章程中对公司的资本总额作

出明确的规定，并须由股东全部认足，否则公司不能成立。资本确定原则有两项要求：一是要求公司资本总额必须明确记载于公司章程中，使之明确、具体；二是要求在公司设立时必须由全体股东认足公司章程所确定的资本总额。资本确定原则可以有效防止公司设立中的投机、欺诈行为，最终维护交易的安全。

②资本维持原则。资本维持原则也称为资本充实原则，是指公司在存续期间，必须保持相当于公司注册资本的资产。公司在经营过程中，可能盈利也可能亏损，因而公司的实有财产可能高于也可能低于公司的注册资本，如果公司的实有财产低于公司的资本，则公司的偿债能力就大为降低，很可能会损害公司债权人的利益。为了避免和减少这种情况的发生，许多国家在公司法中确定了资本维持原则。如我国《公司法》规定：股东不得抽逃出资；公司不得收购本公司的股票；公司分配税后利润时必须先弥补亏损；等等。这些规定都体现了资本维持原则。

③资本不变原则。资本不变原则是指公司资本一经确定，不得随意改变，如需增加或减少必须严格依照法定条件和程序进行。按照资本不变原则，公司资本不是绝对不能增加或减少，而是不能随意改变，必须严格按照法律的规定进行。确定资本不变原则目的是为了防止公司任意减少资本而损害债权人的利益，或防止公司因任意增加资本而导致资本过剩，使股东承担过多的风险，损害股东的利益。

(2)授权资本制。授权资本制是指公司设立时，须在公司章程中确定公司资本总额，但不要求股东一次认足，股东只认购并缴付资本总额中的一部分，公司即可成立，未认购的部分，授权董事会根据公司营业需要和市场情况随时发行新股、募集资本。因未认购部分已在章程中记载的资本总额内，因此在募集时，无须履行增资程序。实行授权资本制，公司可以迅速成立，而且可以根据实际需要随时增加资本，比法定资本制方便、灵活，不足之处是容易造成滥设公司的后果，损害债权人的利益。

(3)折中资本制。鉴于法定资本制和授权资本制各自都存在一定的优点和缺陷，一些国家将这两种制度融合起来，形成了一种介于二者之间的新的资本制度，即折中资本制。按照这一制度，公司设立时，公司章程所确定的资本总额可不必全部认足，而授权董事会随时发行，但要求这种发行权必须在法定期限内行使，同时法律对资本最低限额作出规定，首期发行股份不得少于法律规定的数额。折中资本制既吸收了法定资本制和授权资本制的优点，又克服了其中的不足。目前，这一资本制度已为法国、德国、日本等国家所采用。

六、公司的变更与终止

1. 公司的变更

公司的变更是指公司设立登记事项中某一项或某几项的改变。公司变更的内容主要包括：公司主体的变更，具体包括公司的合并、分立和变更公司形式；公司登记事项的变更，包括名称、住所、法定代表人、注册资本、实收资本、经营范围、公司类型、有限公司的股东的变更；章程的修改；公司董事、监事和经理的变更。

公司变更设立登记事项，应当向原公司登记机关即公司设立登记机关申请变更登记。

(1)公司合并。公司合并是指两个或两个以上的公司依照公司法规定的条件和程序，通过订立合并协议，共同组成一个公司的法律行为。

公司合并可以采取吸收合并和新设合并两种形式：一个公司吸收其他公司为吸收合并，被吸收的公司解散。两个以上公司合并设立一个新的公司为新设合并,合并各方解散。

根据我国《公司法》第 174 条的规定,公司合并,应当由合并各方签订合并协议,并编制资产负债表及财产清单。公司应当自作出合并决议之日起 10 日内通知债权人,并于 30 日内在报纸上公告。债权人自接到通知书之日起 30 日内,未接到通知书的自公告之日起 45 日内,可以要求公司清偿债务或者提供相应的担保。

合并协议经各公司股东会批准后,应当依法向公司登记机关办理变更登记。存续公司应进行变更登记,新设公司应进行设立登记注册,被解散的公司应进行解散登记。

公司合并时,合并各方的债权、债务,应当由合并后存续的公司或者新设的公司承继。

(2)公司分立。公司分立是指一个公司按照法律规定或合同约定分为两个以上新公司的行为。

公司分立有两种形式:一是派生分立,是指公司以其部分资产另设一个或数个新的公司,原公司存续。二是新设分立,是指公司全部资产分别划归两个或两个以上的新公司,原公司解散。

公司分立的程序与公司合并的程序基本相同。我国《公司法》第 176 条规定,公司分立,其财产作相应的分割,应当编制资产负债表及财产清单。公司应当自作出分立决议之日起 10 日内通知债权人,并于 30 日内在报纸上公告。

我国《公司法》第 177 条规定,公司分立前的债务由分立后的公司承担。

2. 公司的终止

公司的解散是指公司资格的消灭,而公司的清算是指公司解散时对其财产进行清理的过程。

各国公司法对公司解散的原因都作出具体规定,一般包括以下几种:①公司章程所规定的解散事由发生;②公司经营的事业已经成就或不能成就;③股东会议决议解散;④公司的股东人数或资本总额低于法定的最低数额;⑤与其他公司合并;⑥公司破产;⑦政府主管部门责令解散。

公司解散后,应指定清算人对公司的债权、债务和公司财产进行清理。各国关于清算人的任命方式的规定大致可分为三类情形:由公司的董事会指派一名董事担任;根据公司章程的规定,由股东会选任清算人;根据利害关系人的请求,由法院指派清算人。

清算人的职责是:清理公司资产,制作公司资产负债表及财产清单;通知或公告债权人在一定期限内申报其债权,对于知道姓名的债权人,应分别予以通知;处理与清算公司未了结的业务;收回公司的债权;偿还公司的债务;分配公司的剩余资产;完成上述任务后,清算人即可制作清算报告,该报告经股东会追认后,清算人即可解除责任。

清算人在进行清算的过程中,有权代表公司处理公司未了结的事务及到法院起诉应诉。另外,清算人有权取得报酬。

清算人在履行职务时,必须遵守法律的规定并负有忠实的义务。清算人违背法定义务,给公司造成损害的,应承担赔偿责任。

关键词汇

商事组织　个人独资企业　合伙企业　公司　无限责任公司　有限责任公司
股份有限责任公司

本章小结

商事组织是从事国际商事活动的主体，本章介绍了商事组织的概念、特征、分类，重点介绍了合伙企业法和公司法的内容。

本章从合伙企业的设立、合伙企业的财产构成及法律地位、合伙事务的执行、合伙企业与第三人的关系、合伙企业的终止等方面对合伙企业法的内容进行了阐释。

公司法是最为重要的商事组织法，公司类型主要包括无限责任公司、两合公司、有限责任公司、股份有限责任公司，其中有限责任公司、股份有限责任公司是目前最为重要的公司形式。公司的设立需要具备法定的条件，主要是指公司股东人数符合要求，公司资本应达到法定最低数额，公司应订立章程，公司应办理注册登记等。公司的组织机构主要包括股东会、董事会、监事会、经理人和经理机构。

思考题

1. 简述合伙企业财产的构成与法律地位。
2. 简述合伙人的权利和义务。
3. 简述合伙事务执行的方式。
4. 简述公司的特征。
5. 简述公司的设立条件。
6. 简述公司的组织机构。
7. 简述公司资本三原则。

案例分析题

甲、乙、丙、丁、戊准备共同出资设立一家经营服装的有限责任公司，注册资本500万元。其中甲、乙各以货币50万元、80万元出资；丙以实物出资，经评估机构评估为190万元；丁以其一项高新专利技术出资，作价120万元；戊以劳务出资，经全体出资人同意作价60万元。全体股东首次出资额拟交180万元，其余部分拟在5年内缴足。公司拟不设董事会，由甲任执行董事；不设监事会，由丙担任公司的监事。公司成立后经营一直不景气，已欠A银行贷款300万元未还。经股东会决议，决定把公司唯一盈利的童装车间分出去，另成立有独立法人资格的童装厂。后公司增资扩股，乙将其股份转让给另一家公司。1年后，童装厂也出现严重亏损，资不抵债，其中所欠贷款达400万元。

问题：

1. 服装公司组建过程中，各股东的出资是否符合《公司法》的规定？为什么？

2. 服装公司的组织机构设置是否符合《公司法》的规定？为什么？

3. 服装公司设立童装厂的行为在《公司法》上属于什么性质的行为？设立后，服装公司原有的债权债务应如何承担？

4. A银行如起诉追讨服装公司所欠的300万元贷款，应以谁为被告？为什么？

第三章 国际商事代理法

学习目标

知识目标

- 了解代理的概念和特征
- 了解承担特别责任的代理人类型
- 熟悉代理人和被代理人的权利和义务
- 熟悉代理权终止的法律后果
- 掌握中国代理制度中无权代理和防止代理权滥用的知识

技能目标

- 能够运用所学的代理知识分析和解决关于代理的实际问题

案例导入

房屋买卖诉讼案

甲移民美国后，委托乙代其出售其在国内的房屋。乙接受委托，将上述房屋出卖给丙。丙与乙商谈的房价明显低于市场房价，丙明知价廉，乙也有意让丙占便宜。丙向乙表示事成后愿赠乙5 000元。乙将出售房屋之事电告甲。由于甲不知国内售房的价格，又过于相信乙，即同意出售，并委托乙代理签订房屋买卖合同。合同签订后，乙将丙所付售房价款汇给甲。丙买得该房后，遂即将房按照市价卖于丁，获利十余万元。后甲得知了丙与乙相互串通，故意压低房价，双方牟取非法利益的全部事实，便向人民法院提起诉讼，要求法院主持正义，制裁丙与乙的违法行为。甲表示坚决要丙与乙赔偿其损失。因丙将现金投入股市后被套，拿不出现款，乙较富裕，甲遂要求法院判令乙负责赔偿其全部损失。

思考题：

1. 乙代理甲出售房屋的行为是否有效？
2. 甲的损失应由谁赔偿？甲因丙拿不出现款，能否要求乙全部赔偿？

第一节 代理法概述

一、代理与代理权

所谓代理（agency），是指代理人（agent）按照被代理人（principal）的授权（authorization），

代表被代理人同第三人订立合同或作其他的法律行为，由此而产生的权利与义务直接对被代理人发生效力。在代理关系中，主要涉及三方面的当事人，即被代理人、代理人和第三人。被代理人，又称本人，是委托他人为自己从事某种行为的人；代理人就是接受被代理人的委托替被代理人订立合同或为其他法律行为的人；第三人则泛指一切与代理人共同完成行为的人，也称相对人。

代理具有以下法律特征：

(1)代理是具有法律意义的行为。所谓具有法律意义，是指根据有关的法律，该行为能产生、变更或消灭法律上的权利和义务。

(2)代理的依据是被代理人的授权或者法律规定。在市场经济国家，商事代理绝大部分产生于被代理人的授权。同时为维护某些当事人的利益，很多国家通过法律，规定在某些场合下，代理人可以不经过被代理人的授权而获得代理人的资格。

(3)代理行为产生的权利和义务直接归属于被代理人。尽管代理行为是代理人做出的，但是其法律后果，一般直接归属于被代理人，当事人另有约定的除外。

二、被代理人与代理人之间的关系

被代理人同代理人之间的关系，一般是合同关系，是属于本人与代理人之间的内部关系。通常，本人与代理人都是通过订立代理合同或者协议来建立他们之间的关系，并据此确定他们之间的权利义务。

(一)代理人的义务

1.代理人应勤勉地履行其代理职责

如果代理人不履行、怠于履行代理义务，或者在替本人处理事务时存在过失，且使本人遭受损失的，代理人应当承担损害赔偿的责任。

2.代理人对被代理人应诚信、忠实

(1)代理人必须向本人公开其所掌握的有关客户的一切必要的情况，以供本人考虑决定是否同该第三人(相对人)订立合同。

(2)代理人不得以本人的名义同代理人自己订立合同，除非事先征得本人的同意。例如，本人委托代理人租用店面房一间，代理人不能利用代理关系的便利同本人订立租房合同，除非事先经本人同意。且代理人非经本人的特别许可，也不能同时兼为第三人的代理人以便从双边收取佣金。代理人不得受贿或密谋私利，或与第三人串通损害本人的利益。代理人不得谋取超出本人给其的佣金或酬金以外的任何私利。双方代理、自己代理等属于滥用代理权的行为，被大多数国家法律所禁止。

3.代理人不得泄露其在代理业务中所获得的保密情报和资料

代理人在代理协议有限期内或在协议终止后，都不得把代理规程中所得到的资料或者保密信息向第三者透露，也不得由其自己利用这些资料同本人进行不正当的业务竞争。不过，除经双方同意的合理的贸易上的限制外，本人也不得不适当地限制代理人使用其在代理期间所获得的技术、经验和资料。因为根据某些国家关于限制性商业做法的法律(restrictive business practice)，这种限制是无效的。

4.代理人须向本人申报账目

代理人有义务对一切代理交易保持正确的账目,并应根据代理合同的规定或者在本人提出要求时向本人申报账目,为本人收取的一切款项代理人都应交予本人。但是如果本人欠付代理人佣金或者其他代付款时,代理人对于本人交予其占有的货物享有留置权或抵消权。

5.代理人不得擅自把其代理权委托给他人

代理关系是一种信任关系,在一般情况下,除本人同意外,代理人不得把本人授予的代理权转委托给他人,让他人替其履行代理义务。但是如果情况紧急,为本人利益考虑,或者贸易习惯上允许,则不在此限。

(二)被代理人的义务

1.支付佣金

本人必须按照代理合同的规定付给代理人佣金或其他约定的报酬,这是本人的一项最主要的义务。在商订代理合同时,对佣金问题必须特别注意以下两点:

(1)本人不经代理人的介绍,直接从代理人代理的地区内收到订货单,直接同第三人订立买卖合同时,是否仍须对代理人照付佣金。

(2)代理人所介绍的买主日后连续订货时,是否仍须支付佣金。

这些问题都应当在代理合同中明确作出规定,因为有些国家在法律上对此并无详细规定,完全取决于当事人之间的约定。

2.偿还代理人因履行代理义务而产生的费用

代理人因为执行本人指示的任务而支出的费用或者执行任务时遭受损失的,有权要求本人支付费用和赔偿损失。

3.本人有义务让代理人检查和核对账册

这主要是大陆法系国家的规定。有些大陆法系国家在法律中明确规定,代理人有权核查本人的账目,以便核对本人给付的佣金是否准确无误,这是一项强制性的法律规定,双方当事人不得在代理合同中作出相反的规定。

三、被代理人及代理人同第三人的关系

代理关系是一种三角关系,除了代理人和本人之间的内部关系外,他们同第三人之间的外部关系是另一个问题,其中既包括代理人同第三人的关系,也包括本人同第三人的关系。从第三人的角度看来,最重要的问题是弄清楚其究竟是同代理人还是同本人订立了合同?即与其订立合同的另一方当事人究竟是代理人还是本人?对于这个问题,大陆法和英美法有不同的规定。

(一)大陆法的规定

在确定第三人究竟是同代理人还是同本人订立合同的问题时,大陆法所采取的标准是看代理人是以本人的身份同第三人订立合同,还是以代理人个人的身份同第三人订立合同。当代理人是以本人身份同第三人订立合同时,这个合同就是第三人同本人之间的合同,合同的双方当事人是第三人与本人,合同的权利和义务直接归属于本人,由本人直接对第三人负责。在这种情况下,代理人在同第三人订立合同的时候,可以指出本人的姓名,也可以不指出本人的

姓名，而仅声明其是受本人的委托进行交易，但无论如何代理人必须表示作为代理人身份订约的意思，或依订约时的环境情况表明这一点，否则就将认为是代理人自己同第三人订立合同，代理人就应对该合同负责。如果代理人是以其个人的身份同第三人订立合同，则无论代理人事先是否得到本人的授权，这个合同都将认为是代理人与第三人之间的合同，代理人必须对合同负责。在这种情况下，本人原则上同第三人没有直接的法律上的联系。

(二)英美法的规定

对于第三人究竟是同代理人还是同本人订立合同的问题，英美法的标准是对第三人来说，究竟是谁应当对该合同承担义务，即采取所谓义务标准。英美法在回答这个问题时，区分三种不同的情况：

1.**代理人在订约时已指出本人的姓名**(agent for a named principal)

如果代理人在同第三人订约时已经表明其是代表指名的本人订约的，在这种情况下，这个合同就是本人与第三人之间的合同，本人应对合同负责，代理人不承担个人责任。代理人在订立合同后，即退居合同之外(drops out)，代理人既不能从合同中取得权利，也不对该合同承担义务。

2.**代理人在订约时表示有代理关系存在，但没有指出本人的姓名**(agent for an unnamed principal)

如果代理人在同第三人订立合同时表明其是代理人，但没有指出其为之代理的本人的姓名，在这种情况下，这个合同仍认为是本人与第三人之间的合同，应由本人对合同负责，代理人对该合同不承担个人责任。

3.**代理人在订约时根本不披露有代理关系的存在**

在这种情况下，第三人究竟是同本人还是同代理人订立了合同，他们当中谁应当对该合同负责，这是一个比较复杂的问题。毫无疑问，在这种情况下，代理人对合同是应当负责的，因为其在同第三人订约时根本没有披露有代理关系的存在，这样代理人实际上就是把自己置于本人的地位同第三人订立合同，所以应当对合同承担法律上的责任。问题在于在这种情况下，未被披露的本人能否直接依据这个合同取得权利并承担义务？英美法认为，未被披露的本人原则上可以直接取得这个合同的权利并承担其义务。

第二节 代理的产生和终止

一、代理权产生的原因

关于代理权产生的原因，大陆法和英美法的法例有所不同。

(一)大陆法的解释

1.**法定代理**

(1)根据法律的规定而享有代理权。

(2)根据法院的选任而取得代理权。

(3)因私人的选任而取得代理权。

2. 意定代理

意定代理是由本人的意思表示产生的代理权。这种意思表示可以采用口头方式,也可以采用书面方式;可以向代理人表示,也可以向同代理人打交道的第三人表示。

(二)英美法的解释

英美法认为,代理权可以由下列原因而产生:

1. 明示的指定(express authority)

所谓明示的指定是指本人以明示的方式指定某人为其代理人。按照英美法的法例,代理协议的成立并不要求特定形式,既可以采用口头方式,也可以采用书面方式。

2. 默示的授权(implied authority)

所谓默示的授权是指一个人以其言词或行动使另一个人有权以其名义签订合同,该授权人就要受该合同的拘束,就像其明示地指定了代理人一样。

3. 不容否认的代理(agency by estoppel)

不容否认的代理是指一个人以其言词或行动使善意第三人合理相信某人是其代理人,有权以其名义签订合同,且该第三人已基于这种相信改变了自己的经济地位,该人就要受该合同的拘束,而不能事后否认某人是其代理人。

4. 客观必需的代理(agency of necessity)

客观必需的代理权是在一个人受委托照管另一个人的财产,为了保护这种财产而必须采取某种行动时产生的。在这种情况下,虽然受委托管理财产的人并没有得到采取此种行动的明示的授权,但由于客观情况的需要则视为具有此种授权。这种情况在国际贸易中时有发生。

5. 追认的代理(agency by ratification)

如果代理人未经授权或者超出了授权的范围而以本人的名义同第三人订立了合同,这个合同对本人是没有拘束力的。但是,本人可以在事后批准或承认这个合同,这种行动就叫做追认。追认的效果就是使该合同对本人具有拘束力,如同本人授权代理人替其订立了该合同一样。追认具有溯及力,即自该合同成立时起就对本人生效。

二、代理权的终止

按照代理法一般原理,代理关系的终止有两种情况:一种是根据当事人的行为,另一种是根据法律。

1. 根据当事人的行为终止代理关系

代理关系可以依当事人的行为而告终止,一般有下列几种情形:

(1)代理目的实现。代理目的的实现,代理任务也就随之完成,代理关系自然也就终止了,双方当事人如果再建立代理关系,那就是新代理关系的产生,而不是原代理关系的继续。

(2)代理期限届满。如果双方当事人在代理合同中订有期限,当事人又不同意延长代理期限,则代理关系于合同规定的期限届满时终止。

(3)代理人和本人协议终止。如果代理合同中没有规定期限,当事人也可以通过双方的同意终止他们的代理关系。

(4)代理人或者本人单方终止代理关系。至于本人是否可以单方面撤回代理权的问题,根据各国的法律,原则上都允许本人可以在代理关系存续期间内撤回代理权。

2. 根据法律终止代理关系

根据各国的法律,在下列情况下,代理关系即告终止:

(1)本人死亡、破产或丧失行为能力。但是,根据某些大陆法系国家民商法的规定,上述情况只适用于民法上的代理权,至于商法上的代理权,则应适用商法典的特别规定,不因本人的死亡或丧失行为能力而消灭。

(2)代理人的死亡、破产或丧失行为能力。根据各国的法律,当代理人死亡、破产或丧失行为能力时,无论是民事上的代理权或商事上的代理权均因之而消灭。

(3)法律的改变使代理成为非法。例如,代理期间有新法规定任何人不得代理他人代取款,则代理取款的关系自行终止。

(4)主要标的物灭失。例如,如果代理购买某山区别墅,在付款前一晚上,因山体滑坡该别墅被冲毁,那么代理关系也就因别墅的灭失而宣告终止。

三、代理终止的法律后果

1. 当事人之间的法律后果

代理关系终止之后,代理人就没有代理权,如该代理人仍继续从事代理活动,即属于无权代理,本人与代理人之间的关系应按无权代理的法律规定办理(内容详见下一部分)。

值得注意的是,有些大陆法系国家为了保护商业代理人的利益,在商法中特别规定,在终止代理合同时,代理人对于其在代理期间为本人建立的商业信誉,有权要求本人予以赔偿。因为在代理合同终止后,这种商业信誉将为本人所享有,本人将从中得到好处,而代理人则将因此而失去一定的利益。如《德国商法典》第 89 条规定,在以下几个情形下,本人应给代理人以补偿:①在代理关系终止后,本人在与代理人曾经介绍给其的客户的交易中,获得重大的利益;②代理人由于代理合同的终止将失去佣金,这种佣金如果不是由于终止代理合同,则根据代理人介绍的客户所已签订的合同或将来签订的合同,该代理人本来是应当得到的;③依照各种有关的情况,对代理人的补偿是公平合理的。

代理人对于商业信誉赔偿请求,必须在代理合同终止后三个月内提出。这些规定是属于强制性的规定,当事人不得事先在合同中放弃此项请求权。但在国际商事代理合同中,双方当事人可以通过选择适用外国法律的办法来规避这种法律的适用。按照德国的法律,如果一个外国的本人同一个德国的代理人订立代理合同,如合同中规定适用本人国家的法律,则可不适用《德国商法典》的上述规定。目前,除德国以外,法国、瑞士、意大利等国的法律均有类似的规定,但英美等国的法律均没有类似规定。

2. 对第三人的法律后果

当本人撤回代理权或终止代理合同时,对第三人是否有效,主要取决于第三人是否知情。根据各国的法律,当终止代理关系时,必须通知第三人才能对第三人发生效力。如果本人在终止代理合同时,没有通知第三人,后者由于不知道这种情况而与代理人订立了合同,则该合同对本人仍有拘束力,本人对此仍须负责。但本人有权要求代理人赔偿其损失。如《日本民法典》规定,对代理的限制或撤销,不得用以对抗第三人。《瑞士债务法典》第 34 条规定,撤销代理权之全部或一部分时,须通知第三人后,才能用以对抗第三人。在这个问题上,英美法与大陆法的处理办法基本上是一致的。1983 年的《国际货物销售代理公约》第 19 条也规定,第三人不受代理权终止的影响，除非第三人知道或者应当知道该项终止或造成终止的事实。

四、无权代理

无权代理是指欠缺代理权的人所作的代理行为。无权代理的产生主要有以下四种情形：

(1)不具备默示授权条件的代理。

(2)授权行为无效的代理。

(3)越出授权范围行事的代理。

(4)代理权终止后的代理。

根据各国法律的规定，无权代理所作的代理行为，如与第三人订立合同或处分财产等，非经本人的追认，对本人没有拘束力。

1. 大陆法的有关规定

无代理权人以他人名义订立合同者，非经本人追认不发生效力。在本人追认以前，无权代理人所作的代理行为处于效力不确定的状态。在这种情况下，大陆法有两种处理办法：一是由第三人向本人发出催告，要求本人在一定时间内答复是否予以追认；二是允许第三人在本人追认以前，撤销其与无权代理人所订立的合同。

关于无权代理人的责任，大陆法系各国法律的规定并不完全相同。从原则上来说，无权代理人对第三人是否须承担责任，主要取决于第三人是否知道该代理人是否有代理权。如果第三人不知道该代理人没有代理权而与之订立了合同，无权代理人就要对第三人承担责任；反之，如果第三人明知该代理人没有代理权而与之订立了合同，无权代理人就不负责任。在这一点上，大陆法系各国法律规定是一致的。

2. 英美法的有关规定

英美法把大陆法中的无权代理称为违反有代理权的默示担保(breach of implied warranty of authority)。按照英美法的解释，当代理人同第三人订立合同时，代理人对第三人有一项默示的担保，即保证代理人是有代理权的。因此，如果某人冒充是别人的代理人，但实际上并没有得到本人的授权，或者是越出了本人的授权范围行事，则与其订立合同的第三人就可以以其违反有代理权的默示担保对其提起诉讼，该冒牌的代理人或越权的代理人就须对第三人承担责任。

第三节　承担特别责任的代理人

在通常情况下，代理人在授权范围内同第三人订立合同之后，即退居合同之外，代理人对第三人不负个人责任，如果第三人不履行合同，代理人对本人也不承担个人责任。这是各国代理制度的一般原则。但除此以外，各国法律或商业习惯也承认在一定的条件下某些代理人须对本人或对第三人承担个人责任，这种代理人叫做承担特别责任的代理人。这种代理人主要存在于国际贸易领域，在国际贸易中起着十分重要的作用。因为在国际贸易中，本人与第三人分处两国，他们对于彼此的资信能力和经营作风都不了解，而对与他们常有往来的代理人则往往比较熟悉，因此在进行交易时，往往对代理人信任多于对交易对方的信任，因而，他们有时会要求代理人对他们承担个人责任，使之能放心同对方进行交易。承担特别责任的代理人有：信用担保代理人、保付代理人、保兑银行、保险代理人、运输代理人等。

一、对本人承担特别责任的代理人

在资本主义市场上，有一种对本人承担特别责任的代理人，叫做信用担保代理人(del credere agent)。信用担保代理人的责任是在其所介绍的买方(即第三人)不付货款时，由自己赔偿委托人(即本人)因此而遭受的损失。采用这种办法的好处之一是：由于委托人对国外市场情况了解不多，无法判断代理人所在地区的买方的资信是否可靠，而且由于竞争的需要，往往要用赊销的方式销售货物，一旦买方破产或赖账，委托人就会遭到重大损失。因此，如果代理人同意为国外的买方保付，委托人就可以避免这种风险。好处之二是：由于代理人承担了信用担保责任，其就不会因为贪图多得佣金而在替委托人兜揽订单时仅考虑数量而忽视买方的资信能力。从法律上来看，在本人与代理人之间除了普通的代理合同以外，还存在另一个合同，即担保合同(del credere contract)，代理人根据担保合同对本人承担个人的责任。

英美法系国家没有关于信用担保代理人的成文法，但判例法已形成了一套完整的规则。早期的英国法院判例认为，信用担保代理人的责任是第一位的责任，就是说委托人(即本人)在要求买方(即第三人)付款之前，就可以对代理人起诉要求代理人付款。但19世纪以后的判例修改了这一规则，认为信用担保代理人的责任是属于第二位的责任，即只有当买方无力支付货款或因类似的原因致使委托人不能收回货款时，信用担保代理人才有赔偿委托人的义务。同时，信用担保代理人责任仅限于担保买方(第三人)的清偿能力，即仅对买方无力支付货款负责，至于合同的履行，代理人是不负责任的。因此，如果由于委托人(本人)没有履行合同，致使买方(第三人)拒付货款，则代理人不负责任，根据英国的判例，这种信用担保代理合同不一定需要以书面方式作成。

在大陆法系国家，如《德国商法典》、《瑞士债务法典》和《意大利民法典》，对信用担保代理人都有专门的规定。信用担保代理在直接代理和间接代理两种情况下都可以成立。根据德国法和瑞士法的规定，对一般代理合同不要求以书面方式订立，但对于信用担保条款都要求以书面方式订立。信用担保代理制度过去在资本主义国家的出口贸易中曾经起过一定的作用，但现在已逐步被淘汰。因为现在许多资本主义国家已经设立了由政府经营的出口信贷保险机构，专门办理承担国外买主无清偿能力的保险业务。因此，信用担保代理人的作用已由这种机构逐步取代。

二、对第三人承担特别责任的代理人

在资本主义市场上，有些代理人根据法律、惯例或合同规定，须对第三人承担特别责任，其中，同国际贸易有密切关系的主要有以下几种：

1. **保付代理人**(confirming agent)

在资本主义国家，特别是在英美等国有一种对第三人承担特别责任的代理人，叫保付代理人。在英国，这种代理人是由英国出口商协会的出口商担任的，所以又称为出口商行(export house)或保付商行(confirming house)。保付代理人的业务是代表国外的买方(本人)向本国的卖方(第三人)订货，并在国外买方的订单上加上保付代理人自己的保证，由保付代理人担保国外买方将履行合同，如果国外买方不履行合同或拒付货款，保付代理人负责向本国的卖方支付货款。

保付商行通常发生两种法律关系。其一是和国外的委托其购货的买方的关系，这是委托人(本人)和代理人的关系。其二是和本国市场上的卖方的关系，这种关系，根据他们所订立的合同的性质存在两种情况：一种情况是保付商行自己作为买方(本人)订购货物，与卖方签订合同，从而根据合同对货款及接受货物负责；另一种情况是保付商行以代理人的身份为国外买方订货，同本国卖方(第三人)订立买卖合同，但同时加上代理人自己的保证，表明保付商行自己对货物负责，从而使保付代理人对作为卖方的第三人承担特别责任，这是典型的保付安排。

保付商行的义务是：不论在上述第一种或第二种情况下，其都要对本国的卖方(第三人)承担支付货款的责任。如果在合同履行前，国外买方(本人)无正当理由取消订单，保付商行仍须对本国卖方(第三人)支付货款。但在这种情况下，保付商行在付清货款之后，有权要求国外买方(本人)偿还其所付的货款，在某些情况下，还可以要求损害赔偿。

保付商行的经济作用是解脱本国卖方在国际贸易中可能遭遇的风险。保付商行使本国卖方不必顾虑国外买方的资信能力而接受订单。保付商行同上面介绍过的信用担保代理人，既有相同之处也有不同之处。相同之处是在两种情况下，代理人都要承担个人责任；不同之处在于保付商行对第三人承担责任，而信用担保代理人则对被代理人承担责任。

2. **对商业跟单信用证加以保兑的保兑银行**

在国际贸易中，普遍使用商业跟单信用证(letter of credit)的方式支付货款。在采用这种支付方式时，卖方为了保证收款安全，往往要求买方通过银行开出保兑的、不可撤销的信用证。其办法是：由国外买方通过进口地的银行向出口地的往来银行或代理银行开出一份不可撤销的信用证，委托该出口地的代理行对其不可撤销的信用证加以保兑，即在其上加上“保兑”字样，并将该信用证通知卖方(即第三人，在银行业务上称为受益人)。卖方只要提交信用证所规定的单据，就可以向保兑银行要求支付货款。根据国际商会 2006 年修订、2007 年 7 月 1 日生效的《跟单信用证统一惯例》(简称《UCP600》)第 8 条的规定，当开证银行授权另一银行对其开出不可撤销信用证加以保兑，而后者根据开证银行的授权予以保兑时，此项保兑就构成保兑银行的一项确定的担保，即保兑银行对该信用证的受益人承担按信用证规定的条件付款或承兑信用证项下的汇票并于到期时付款的义务。在这种法律关系中，开证银行是委托人(本人)，保兑银行是代理人，卖方是受益人(第三人)，由于作为代理人的保兑银行在开证银行的不可撤销信用证上加上了自己的保证，就必须据此对第三人承担责任。但如果保兑银行没有加上自己的保兑，而仅仅是把开证银行开出的不可撤销信用证通知其所在地的受益人(第三人)，则保兑银行对该受益人，就不承担按信用证规定的条件付款的义务。

3. **运输代理人**(forwarding agent)

运输代理人在国际贸易中起着重要作用。这些代理人精通海陆空运输的复杂知识，特别是了解经常变化的国内外海关手续、运输事宜、海港和机场的习惯、惯例和业务做法，海陆空货物运输的组织(含集装箱运输)，进出口货物的包装和装卸等。

根据有些国家运输行业的惯例，如果运输代理人受客户(本人)的委托，向轮船公司预订舱位，运输代理人自己须向轮船公司(第三人)负责。如果客户届时未装运货物，使货船空舱航行，运输代理人须支付空舱费。在这种情况下，运输代理人可要求客户给予赔偿。如果客户拖欠代理人的佣金、手续费或其他报酬，运输代理人对在其占有下的客户的货物有留置权，直到客户付清各项费用为止。

4.**保险代理人**(insurance broker)

在国际贸易中,进出口商在投保货物运输保险时,一般不直接同保险人(保险公司)订立合同,而是委托保险代理人代为办理,这是保险行业的惯例。根据有些国家法律(如《英国海上保险法》)的规定,凡海上保险合同由代理人替被保险人(即本人)签订时,代理人须对保险人(第三人)就保险费直接负责,保险人则对本人就保险金额直接负责。根据这一规定,如果被保险人不交纳保险费,代理人须直接负责对保险人交纳保险费。如果保险标的物因承保范围内的风险发生损失,则由保险人直接赔付被保险人。但保险业有一个特点,即在保险行业中,代理人的佣金是由保险人(第三人)支付的,而在其他行业中,代理人的佣金或报酬通常都是由他们的委托人(本人)付给的。

上述各种承担特别责任的代理人与传统概念上的代理人的主要不同之处在于按照传统的概念,代理人对第三人一般是不承担个人责任的,而承担特别责任的代理人则须对第三人承担个人责任。这是为了适应当代经济生活的需要,特别是为了适应国际贸易发展的需要而出现的一种新的代理模式。预计这种新的代理概念将会得到进一步的发展,甚至超越传统代理,其结果将使本人与代理人对第三人负双重的责任,使第三人得到更大的保障。

第四节 我国代理法和外贸代理制度

一、我国代理法的一般规定

《中华人民共和国民法通则》(以下简称《民法通则》)于 1986 年 4 月 12 日第六届全国人民代表大会第四次会议通过,并于 1987 年 1 月 1 日起生效实施。《中华人民共和国合同法》(以下简称《合同法》)于 1999 年 3 月 15 日第九届全国人民代表大会第二次会议通过,1999 年 10 月 1 日起生效实施。这两部法律对于代理作了比较详细的规定。

(一)代理的特征及权利

代理是指代理人以被代理人名义在代理权限内进行直接对被代理人发生效力的法律行为,即民事代理、诉讼代理以及其他具有法律意义的行为,包括代为办理报关、清关、纳税等手续。

代理具有以下四个基本特征:①代理行为必须是具有法律意义的行为;②代理人独立进行意思表示;③以被代理人本人名义为法律行为;④直接对被代理人发生效力,由被代理人承受该行为的一切法律后果,包括权利、义务、费用、损害赔偿等。被代理人授予代理人的代理权,其范围依活动内容可分为三种情况:专就某项事务代理法律行为,称一次委托;在一定时期内代理同类的法律行为,称特别委托;在一定期限内就某项事务及与此事务有关的一系列活动代理法律行为,称总委托。在此期间,代理人享有替被代理人为法律行为而使其后果直接对后者发生的资格,但应由其本人实施的民事法律行为除外。

(二)代理的种类

《民法通则》第 64 条规定:"代理包括委托代理、法定代理和指定代理。委托代理人按照被代理人的委托行使代理权,法定代理人依照法律的规定行使代理权,指定代理人按照人民法院或者指定单位的指定行使代理权。”

1. **委托代理**

委托代理是指由被代理人委托、授权而产生代理权的代理行为。被代理人授权的意思表示属于单方的法律行为,仅凭被代理人一方意思表示,即能发生授权的效力。被代理人有权随时撤销其委任,代理人也有权随时辞去其受任,但不能使被代理人和善意第三人因此而蒙受损失,否则代理人应负赔偿责任。

委托代理是在一定法律关系的基础上产生的。在这种法律关系中,对于委托、受托双方的权利、义务都有明确的规定。这种法律关系一般就是指委托合同。

委托合同是指当事人一方(委托人)委托他方接受此项委托的协议。所以,委托合同是一种双方的法律行为。只要委托人和受托人有共同意思表示,委托合同就成立。

2. **法定代理**

法定代理是指由于法律的直接规定而产生代理权的代理行为。这种代理行为不需要被代理人的委托,而是直接由法律根据一定社会关系的存在,而加以确定的代理。例如,法律规定无行为能力和限制行为能力的人,即未成年人或有重大生理缺陷的人,由其父母作法定代理人。

3. **指定代理**

指定代理是指由人民法院、主管机关指定行使代理权。例如,人民法院为无行为能力又无法定代理人的诉讼当事人指定其代理人。被人民法院或主管机关指定的人,如无正当理由,不得拒绝担任代理人。

(三)合同的形式

《民法通则》第 65 条规定:“民事法律行为的委托代理,可以用书面形式,也可以用口头形式。法律规定用书面形式的,应当用书面形式。书面委托代理的授权书应当载明代理人的姓名或者名称、代理事项、权限和期间,并由委托人签名或者盖章。委托书授权不明的,被代理人应当向第三人承担民事责任,代理人负连带责任。”

(四)无权代理和代理权的滥用

1. **无权代理**

无权代理是指在没有代理权的情况下以他人名义实施的民事行为的现象。因无权代理进行的法律行为,被借用名义的人不承担由此而产生的一切法律后果。无权代理行为被视为无效。不知情的第三人参与该法律行为而遭受的损失,由无权代理人负责赔偿。无权代理有三种情况:①没有合法的授权行为;②代理行为超出授权范围;③代理权已经终止后的行为。

无权代理的法律后果有以下几种:

(1)本人有追认权和拒绝权。追认是本人接受无权代理之行为效果的意思表示。《民法通则》第 66 条规定本人的追认权和拒绝权,且“本人知道他人以本人名义实施民事行为而且不做否认表示的,视为同意”。无权代理经追认溯及行为开始对本人生效,本人拒绝承认的,无权代理效果由行为人自己承受。追认权与拒绝权只需本人一方意思表示即生效,故属于形成权。但《合同法》第 48 条第 2 款规定:“相对人可以催告被代理人在 1 个月内予以追认。被代理人未作表示的,视为拒绝追认。合同被追认之前,善意相对人有撤销的权利。撤销应当以通知的方式作出。”《合同法》第47条第2款对法定代理也作了相同的规定。《合同法》规定了追认权或拒绝权经催告后行使的期间，对于本人未作表示的，视为拒绝，这一点与《民法通则》规定的“不作否认表示的，视为同意”正好相反。根据新法优于旧法的原则，应当适用《合同法》的规定。

《民法通则》第66条还规定：“代理人不履行职责而给被代理人造成损害的，应当承担民事责任。代理人和第三人串通，损害被代理人的利益的，由代理人和第三人负连带责任。第三人知道行为人没有代理权、超越代理权或者代理权已终止还与行为人实施民事行为给他人造成损害的，由第三人和行为人负连带责任。”

《民法通则》第67条规定：“代理人知道被委托代理的事项违法仍然进行代理活动的，或者被代理人知道代理人的代理行为违法不表示反对的，由被代理人和代理人负连带责任。”

《民法通则》第68条规定：“委托代理人为被代理人的利益需要转托他人代理的，应当事先取得被代理人的同意。事先没有取得被代理人同意的，应当在事后及时告诉被代理人，如果被代理人不同意，由代理人对自己所转托的人的行为负民事责任，但在紧急情况下，为了保护被代理人的利益而转托他人代理的除外。”

(2)相对人催告权和撤销权。催告是相对人请求本人于确定的期限内作出追认或拒绝的意思表示；撤销是相对人确认无权代理行为无效的意思表示。催告权和撤销权只需相对人一方意思表示即生效，故属于形成权。《合同法》第47、48条对法定代理和委托代理都作了规定：合同被追认之前，善意相对人有撤销的权利。撤销应当以通知的方式作出。对于无权代理行为，从效力未定至效力确定，本人有权利，相对人也应有权利。否则，本人未置可否，相对人若信其默认时，本人又加以拒绝，对相对人颇为不利。撤销权旨在保护善意相对人利益，故须是善意相对人才能享有，若相对人存在恶意，就有“串通”之嫌，当适用滥用代理权的规定(见代理权的滥用)。

(3)无因管理和损害赔偿。行为人之无权代理行为如确是为“本人之利益计算”，且符合无因管理法律要件时，在本人与行为人之间可构成无因管理之债；反之，如造成本人损害的，则在本人与行为人之间发生损害赔偿之债。

2.表见代理

表见代理是指虽无代理权但表面上有足以使人相信有代理权而须由本人负授权之责的代理。表见代理的代理权有欠缺，本属于无权代理，因本人行为造成表面上使他人相信有代理权存在，在善意相对人的信赖利益和本人利益之间，信赖利益涉及交易安全，较本人利益更应保护。所以，表见代理发生有权代理之效果，即由本人而非行为人负代理行为的效果。例如，甲长期委任乙为总代理与丙交易，后甲撤销了对乙的授权，却未通知丙，乙此后再以甲的名义与丙订立合同，此即为表见代理。《合同法》第49条规定，行为人没有代理权、超越代理权或者代理权终止后以被代理人名义订立合同，相对人有理由相信行为人有代理权的，该代理行为有效。此即为表见代理发生有效代理的法律依据。表见代理按《合同法》第49条的规定，可分为三种类型，即未予授权之表见代理、超越权限之表见代理和代理权终止之表见代理。

表见代理要发生有效代理的效果，除要符合代理的一般要件，还需作为表见代理的特别法律要件：①以本人名义为民事法律行为，包括以本人名义实施意思表示或受领意思表示。因为如果不是以本人名义为民事法律行为，即使有为本人计算的意思，也只能适用无因管理或隐名代理的规定，表见代理只是适用于显名代理。②行为人无代理权。表见代理是广义无权代理，行为人若有代理权，适用有权代理的规定，即使代理权有瑕疵，也只能适用狭义无权代理的规定，与表见代理无关。③须有使相对人信其有代理权的理由。这一点是表见代理与狭义无权代理最大的不同，也是表见代理之所以发生有权代理效果的根本理由。所谓“信其有代理权”，是本人有作为或者不作为实施某种表示，使相对人根据这一表示足以相信行为人有代理权。如交付印章于行为人保管，或把盖有印章的空白合同交付行为人，行为人以本人名义与第三人订立合同时，第三人根据行为人握有本人大印的事实，即可信行为人有代理权。④须相对人为善意，即相对人在与行为人为民事法律行为时，并不知其无代理权，且无从得知。如果相对人有过错，则不能适用表见代理；若相对人有恶意，明知行为人无代理权还要与之为民事法律行为，按《民法通则》第 66 条第 4 款的规定，由行为人与相对人对本人负连带责任。

表见代理之效果有以下两点：①发生有权代理的效果。即因行为人之行为，在本人与相对人之间发生权利义务关系，本人不得行使无权代理之撤销权和其他抗辩权，对行为人表见代理的效果按有权代理承受。②相对人有撤销权。表见代理旨在保护相对人利益，相对人对于表见代理应享有选择权。既可以按狭义无权代理，享有撤销权；亦可按表见代理，接受与本人的民事法律行为，与本人之间发生权利义务关系。

3. 代理权的滥用

滥用代理权是代理人为自己计算或为他人计算，损害本人利益而行使代理权。代理权制度的价值在于“为本人计算”，而非为代理人计算，因此，滥用代理权的行为被法律禁止。滥用代理权与无权代理、越权代理不同：①滥用代理权，是有权代理，代理人的代理行为仍在代理权范围内。越权行为构成无权代理，不适用滥用代理权。②滥用代理权导致本人的损害，即滥用代理权的结果是本人受害，而代理人或第三人受益。如果本人受损害非滥用代理权所致，则也不能适用滥用代理权。无权代理着重代理权，而非代理效果，因为无权代理行为的效果，有可能是对本人有利的，也有可能是对本人不利的，但纵使对本人有利，本人也有权拒绝接受该效果。

滥用代理权包括以下三种情形：

(1)双方代理。双方代理是指代理人既代理本人又代理第三人为同一民事法律行为的代理。双方代理是双方法律行为，也就是“一仆二主”。在双方代理的同一民事法律行为中，代理人既要为本人代理，又要为第三人代理，双方代理之代理人为“二主”中哪一主计算，就成了两难。结果很可能会损害其中之一方的利益，甚至双方的利益都被损害。我国《民法通则》和《合同法》都没有明确规定禁止双方代理，但通过对已有法律规定的推断，应认为双方代理是被法律禁止的。《民法通则》第 66 条第 3 款规定：代理人和第三人串通，损害本人的利益的，由代理人和第三人负连带责任，即以是否损害本人利益为要件，禁止双方代理。如果双方代理之代理人与任何一方都没有串通，即“两家通吃”，则可以适用利己代理之禁止，否定双方代理对本人的效力。

(2)自己代理。自己代理是指代理本人与自己订立合同，也称“自己契约”。自己代理被禁止，其法理在于代理本以为本人计算为宗旨，自己代理因相对人是代理人自己，就难以再为本人计算。但自己代理在交易习惯或当事人允诺时，也可以予以必要的弹性。如证券交易中，证券公司自己代理时，因证券价格是由交易所竞价系统确定的，合同意思由格式条款充任，所以可以有效。

(3)利己代理。利己代理是代理人利用地位之便，实施利于自己却不利于被代理人的代理。利己代理也为法律所禁止,《民法通则》第 18 条第 1 款规定,除为被监护人的利益外,不得处理被监护人的财产。此即禁止法定代理人利己行为的规定。

(五)代理权的终止

《民法通则》第 69 条规定:"有下列情形之一的,委托代理终止:代理期间届满或者代理事务完成;被代理人取消委托或者代理人辞去委托;代理人死亡;代理人丧失民事行为能力;作为被代理人或者代理人的法人终止。"《民法通则》第 70 条规定:"有下列情形之一的,法定代理或者指定代理终止:被代理人取得或者恢复民事行为能力;被代理人或者代理人死亡;代理人丧失民事行为能力;指定代理的人民法院或者指定单位取消指定;由其他原因引起的被代理人和代理人之间的监护关系消灭。"

归纳起来代理权终止的原因是主要有以下四个方面:①代理人或被代理人一方的自然人死亡或法人消灭;②代理人丧失行为能力;③设定法定代理的前提消失(如被代理人取得或者恢复行为能力,代理人和被代理人之间的亲属关系或者监护关系因解除收养或离婚等而不存在);④在委托代理和指定代理中,代理期限届满或代理任务完成、被代理人或指定代理机关撤销委托或指定、代理人辞去代理职务等。

二、代理合同

我国《合同法》的分则共列入 15 种合同,其中与代理关系较为密切的有运输合同、仓储合同及委托合同。

(一)运输合同

运输合同是指承运人将旅客或者货物从起运地点运输到约定地点,旅客、托运人或收货人支付票款或运输费用的合同。

1. 货运合同

(1)关于承运人的权利和义务。货物运输到达后,承运人知道收货人的,应当及时通知收货人。承运人对运输过程中货物的毁损、灭失承担损害赔偿责任,但承运人能证明货物的毁损、灭失是因为不可抗力、货物本身的自然性质或者合理损耗以及托运人、收货人的过错造成的,不承担损害赔偿责任。货物的毁损、灭失的赔偿额,当事人有约定的,按照其约定。没有约定或者约定不明确,依照《合同法》第 61 条的规定仍不能确定的,根据质量、价款、履行地点、期限、方式、费用的不同,《民法通则》第 62 条分别提出了解决办法。

(2)承运人的连带责任。两个以上承运人以同一运输方式联运的,与托运人订立合同的承运人应当对全程运输承担责任。损失发生在某一运输区段的,与托运人订立合同的承运人和该区段的承运人承担连带责任。

(3)不可抗力。货物在运输过程中因不可抗力灭失,未收取运费的,承运人不得要求支付运费;已收取运费的,托运人可以要求返还。

(4)承运人留置权。托运人或者收货人不支付运费、保管费以及其他运输费用的,承运人对相应的运输货物享有留置权,但当事人另有约定的除外。

2. 多式联运合同

(1)多式联运经营人的权利与义务。多式联运经营人负责履行或者组织履行多式联运合同,对全程运输享有承运人的权利,承担承运人的义务。多式联运经营人可以与参加多式联运的各区段承运人就多式联运合同各区段运输约定相互之间的责任,但该约定不影响多式联运经营人对全程运输承担的义务。

(2)多式联运经营人的赔偿责任及责任限额,即货物的毁损、灭失发生于多式联运的某一运输区段的,多式联运经营人的赔偿责任和责任限额,适用调整该区段运输方式的有关法律规定。货物毁损、灭失的运输区段不能确定的,依照规定承担损害赔偿责任。

(二)仓储合同

仓储合同是指保管人储存存货人交付的仓储物,存货人支付仓储费的合同。仓储合同自成立时生效。没有规定的,适用保管合同的有关规定。

1.存货人的义务与责任

《合同法》第 383 条第 1 款规定,储存易燃、易爆、有毒、有腐蚀性、有放射性等危险物品或者易变质物品,存货人应当说明该物品的性质,提供有关资料。第 383 条第 2 款规定,存货人违反前款规定,保管人可以拒收仓储物,也可以采取相应措施以避免损失的发生,由此产生的费用由存货人承担。

2.保管人的责任、权利与义务

除以上的规定外,《合同法》第 383 条第 3 款规定,保管人储存易燃、易爆、有毒、有腐蚀性、有放射性等危险物品的,应当具备相应的保管条件。该法还规定,保管人应当按照约定对入库仓储物进行验收。保管人验收时发现入库仓储物与约定不符合的,应当及时通知存货人。保管人验收后,发生仓储物的品种、数量、质量不符合约定的,保管人应当承担损害赔偿责任。对于交付仓储物的存货人,保管人应当给付仓单,并在仓单上签字或盖章。

保管人根据存货人或者仓单持有人的要求,应当同意其检查仓储物或者提取样品。储存期间因保管人保管不善造成仓储物的毁损、灭失的,保管人应当承担损害赔偿责任。因仓储的性质、包装不符合约定或者超过有效储存期造成仓储物变质、损坏的,保管人不承担损害赔偿责任。仓单是提取仓储物的凭证。存货人或者仓单持有人在仓单上背书并经保管人签字或者盖章,可以转让提取仓储物的权利。

3.仓储物的处置

保管人对入库仓储物发现有变质或者其他损坏的,应当及时通知存货人或者仓单持有人。保管人对入库仓储物发现有变质或者其他损坏,危及其他仓储物的安全和正常保管的,应当催告存货人或者仓单持有人作出必要的处置。因情况紧急,保管人可以作出必要的处置,但事后应当将该情况及时通知存货人或者仓单持有人。

(三)委托合同

《合同法》第 396 条规定,委托合同是委托人和受托人约定,由受托人处理委托人事务的合同。《合同法》第 397 条规定,委托人可以特别委托受托人处理一项或者数项事务,也可以概括委托受托人处理一切事务。

1.委托人的义务

《合同法》第 398 条规定,委托人应当预付处理委托事务的费用。受托人为处理委托事务垫付的必要费用,委托人应当偿还该费用及其利息。《合同法》第 405 条规定,受托人完成委托事务的,委托人应当向其支付报酬,因不可归责于受托人的事由,委托合同解除或者委托事务不能完成的，委托人应当向受托人支付相应的报酬。当事人另有约定的，按照其约定。

2. 受托人的义务

受托人应当按照委托人的指示处理委托事务。需要变更委托人指示的，应当经委托人同意；因情况紧急，难以和委托人取得联系的，受托人应当妥善处理委托事务，但事后应当将该项情况及时告委托人。受托人应当按照委托人的要求，报告委托事务的处理情况。委托合同终止时受托人应当报告委托事务的结果。受托人处理委托事务取得的财产，应当转交给委托人。

3. 受托人的索赔权利

受托人处理委托事务时，因不可归责于自己的事由受到损失的，可以向委托人要求赔偿损失。委托人经受托人同意，可以在受托人之外委托第三人处理委托事务，因此给受托人造成损失的，受托人可以向委托人要求赔偿损失。

4. 受托人的赔偿责任与连带责任

在有偿的委托合同中，因受托人的过错给委托人造成损失的，委托人可以要求赔偿损失。在无偿的委托合同中，因受托人的故意或者重大过失给委托人造成损失的，委托人可以要求赔偿损失。受托人超越权限给委托人造成损失的，应当赔偿损失。两个以上受托人共同处理委托事务的，对委托人承担连带责任。

5. 委托人、受托人与第三人之间的权利义务关系

受托人以自己的名义，在委托人的授权范围内与第三人订立的合同，第三人在订立合同时知道受托人与委托人之间的代理关系的，该合同直接约束委托人和第三人，但有确切证据证明该合同只约束受托人和第三人的除外。

受托人以自己的名义与第三人订立合同时，第三人不知道受托人与委托人之间的代理关系的，受托人因第三人的原因对委托人不履行义务，受托人应当向委托人披露第三人，委托人因此可以行使受托人对第三人的权利，但第三人与受托人订立合同时如果知道该委托人就不会订立合同的除外。受托人因委托人的原因对第三人不履行义务，受托人应当向第三人披露委托人，第三人因此可以选择受托人或者委托人作为相对人主张其权利，但第三人不得变更选定的相对人。委托人行使受托人对第三人的权利的，第三人可以向委托人主张其对受托人的抗辩；第三人选定委托人作为其相对人的，委托人可以向第三人主张其对受托人的抗辩以及受托人对第三人的抗辩。

6. 关于转委托

受托人应当亲自处理委托事务。经委托人同意，受托人可以转委托。转委托经同意的，委托人可以就委托事务直接指示转委托的第三人，受托人仅就第三人的选任及其对第三人的指示承担责任。转委托未经同意的，受托人应当对转委托的第三人的行为承担责任，但在紧急情况下受托人为维护委托人的利益需要转委托的除外。

7. 合同的解除与终止

《合同法》规定，委托人或者受托人可以随时解除委托合同。因解除合同给对方造成损失的，除不可归责于该项当事人的事由外，应当赔偿损失。

委托人或者受托人死亡、丧失民事行为能力或者破产的，委托合同终止，但当事人另有约定或者根据委托事务的性质不宜终止的除外。因委托人死亡、丧失民事行为能力或者破产，致使委托合同终止将损害委托人利益的，在委托人的继承人、法定代理人或者清算组织承受委托事务之前，受托人应当继续处理委托事务。因受托人死亡、丧失民事行为能力或者破产，致使委托合同终止的,受托人的继承人、法定代理人或者清算组织应当及时通知委托人。因委托合同终止将损害委托人利益的,在委托人作出善后处理之前,受托人的继承人、法定代理人或者清算组织应当采取必要措施。

三、外贸代理制度

长期以来,我国外贸公司在进出口方面一直是采取收购制,即由外贸公司用自有资金向国内供货部门收购出口商品,然后由外贸公司以自己的名义自营出口、自负盈亏。

1.代理出口

在出口方面,由外贸公司接受国内供货部门的委托,以外贸公司自己的名义作为卖方,同国外买主签订出口合同,收取约定的佣金。在采用这种做法时,由于外贸公司不是以被代理人(国内供货部门)的名义,而是以外贸公司自身的名义对外签订出口合同,外贸公司作为出口合同的卖方,就必须对出口合同承担责任。因此,即使由于国内供货部门未能按时、按质、按量提供货源,致使外贸公司不能履行其对外签订的出口合同,但外贸公司作为出口合同的卖方仍需对外承担责任。国外的买主也只能根据出口合同向外贸公司要求赔偿,而不能越过外贸公司向国内供货部门要求赔偿,因为国内供货部门不是出口合同的一方当事人,他们同国外买主之间并无直接的合同关系。至于外贸公司同国内供货部门之间的关系,则只能通过它们之间签订的委托代理合同来解决。

2.代理进口

在进口方面,由外贸公司接受国内用货部门的委托,以外贸公司自己的名义作为买方,同国外卖方签订进口合同,收取约定的佣金或手续费。在采用这种做法时,由于外贸公司不是以被代理人(国内用货部门)的名义,而是以外贸公司自身的名义对外签订进口合同,外贸公司作为进口合同的买方,也必须对进口合同承担责任。如果国外的卖方违约,只能由外贸公司根据进口合同以买方的名义对外交涉索赔;如果国内用货部门违约,如无理拒付进口货款或失去偿付能力,外贸公司作为进口合同的买方,仍须根据进口合同的规定向国外卖方负责。至于外贸公司同国内用货部门之间的关系,同样只能根据它们之间签订的委托代理合同来解决。

无论是代理出口还是代理进口,两者都有一个共同之处,即外贸公司都是以自身的名义作为卖方或者买方,同外商签订进出口合同,而不是以被代理人的名义(国内供货或用货部门)订立进出口合同。这样一来,外贸公司在这种进出口合同中所处的地位就不是处于代理人的地位,而是处于合同当事人的地位(卖方或者买方),结果外贸公司就必须对这种合同承担法律责任。对外贸公司来说,这种责任是很重的,与其所收取的佣金并不相称。

随着经济全球化趋势越来越明显,我国也顺应国际趋势,积极发展对外经济贸易,并将原外经贸部更名为“商务部”,强化国内和国际商务的运作,作为国际商法分支的国际商事代理法,也越来越发挥其应有的作用。其中,外贸代理制的推行就是一个很好的商务实践。所谓外贸代理制,就是由我国的外贸公司充当国内用户和供货部门的代理人,代其签订进出口合同,收取一定的佣金或手续费。

推行外贸代理制的主要目的之一,就是要改变过去的传统做法,即改为由外贸公司接受国内供货部门的委托,代其对外签订出口合同,代办出口手续,收取约定的佣金,至于出口的盈亏则由国内供货部门自负。这项改革有利于国内供货部门了解国际市场对产品的要求,促使它们提高出口产品的质量，增强其竞争能力和出口创汇能力，增强国内生产供货部门对履行出口合同的责任感，促使其改善经营管理，提高经济效益；同时还可以减轻外贸公司在收购出口货源方面的财务负担，并使外贸公司的经营方式更加灵活多样。

关键词汇

代理　权利义务　第三人　合同　委托　运输　仓储　连带　保付　保兑　保险

本章小结

代理是代理人以被代理人名义，在代理授权范围内，与第三人进行的，确立被代理人和第三人之间法律关系的法律行为。代理制度是随着社会经济关系的发展而逐步发展起来的，早期没有代理制度，后来随着商品货币关系的发展，才出现了委任合同以及个人委托他人代为办理某种事务的情况。在西方国家大陆法系和英美法系里，关于代理产生和终止、三方当事人(代理人、被代理人和第三人)的关系等都不尽相同。一般而言，代理人在授权范围内代表被代理人同第三人签订合同，代理人对被代理人和第三人不负责任，这是各国代理制度的一项基本原则。随着社会经济的发展，各国法律和商业习惯也开始承认某些代理人在一定条件下需对被代理人和第三人承担责任，这就是承担特别责任的代理人。

我国没有专门的代理法，主要内容体现在《民法通则》和《合同法》里。目前，涉及货运代理的纠纷时，可以适用我国《民法通则》有关代理的规定；涉及货运代理作为承运人、多式联运经营人或仓储保管人时，则适用我国《合同法》、《海商法》、《海事诉讼特别程序法》等有关法律的规定。

思考题

1. 什么是代理，代理有何特点？
2. 关于代理产生的原因，大陆法系和英美法系有何区别？
3. 对第三人承担特别责任的代理人主要有哪些，他们的主要义务是什么？
4. 简述我国代理制度中的无权代理和代理权滥用的主要内容。
5. 请简述我国《合同法》运输合同中关于代理的主要内容。

案例分析题

2008年7月，恒广贸易公司将盖有本单位公章的空白合同书交给张某，委托他购买建材。2008年8月1日，张某用该空白合同书与衡水服装厂签订了购买300套运动服的购销(买卖)合同，货款总额为30 000元，合同规定货到后15天内付款。张某将签好的合同带回交给恒广贸易公司经理，经理对此合同未置可否。2008年8月10日，衡水服装厂将300套运动服如数运至恒广贸易公司，恒广贸易公司经验收后陆续出售。因付款期限已过，未见恒广贸易公司付款，衡水服装厂电话通知恒广贸易公司支付货款，恒广贸易公司以张某超越代理权限与衡水服装厂签订合同为由拒付货款。衡水服装厂因此诉至法院，要求恒广贸易公司付款并承担违约责任。

问题：

本案应如何处理？

2011 年，我国某外贸公司接受国内一家服装厂的委托，以外贸公司自己的名义同国外某家公司签订进口合同。但由于国外公司未能按时提供货源，使该服装厂空出的生产线遭受损失，该服装厂要求外贸公司按合同赔偿，外贸公司以货物是国外公司提供为由拒不赔偿。

问题：

外贸公司是否应该赔偿损失？

第四章 国际商事合同法

学习目标

知识目标

- 了解国际商事合同法的渊源和原则
- 掌握合同内容、合同的成立
- 掌握各国合同法的不同规定

技能目标

- 能够进行合同的订立和纠纷解决

案例导入

涨价的咖啡豆

中国达意公司于 2011 年 7 月 17 日向外商发出要约，欲出售3 000吨的咖啡豆，每吨CIF900 元，要求 2011 年 7 月 25 日以前答复。7 月 22 日国际市场上咖啡豆价格猛涨。7 月 23 日中方立即给外商发电告知，中方货物已售完。外商收到电文后，立即来电称急需咖啡豆，可考虑给中方加价并要求仍按原数发货，中方回电要求加价到每吨 CIF 2 660元。外商不同意，于是双方产生争议，提交仲裁依《联合国国际货物销售合同公约》解决。

思考题：

1. 当事人的营业地处于不同国家，本案属于什么性质的买卖合同案件？
2. 当事人对合同的法律适用未作特别约定，是否能适用《联合国国际货物销售合同公约》的规定？
3. 本案合同是否已经成立？合同成立的要件有哪些？

第一节　合同法概述

一、合同的概念

在“合同”这一概念的法律表述上，国内外各有不同。例如，《法国民法典》规定，合同为一种合意，依此合意，一人或数人对于其他一人或数人负担给付某物、作为或不作为的债务。《德国民法典》规定，以法律行为发生债的关系或改变债的关系的内容者，除法律另有规定外，必须有当事人双方之间的合同。美国关于合同法的书中这样描述到，合同是一个允诺或一系列允诺，违反该允诺将由法律给予救济，履行该允诺是法律所确认的义务。

我国《合同法》第2条规定，合同是平等主体的自然人、法人、其他组织之间设立、变更、终止民事权利义务关系的协议。合同又称契约，在我国《合同法》分类中，包括买卖合同、赠与合同、借款合同、租赁合同等。

从合同的法律特征上来看，它具有双方或多方当事人意思表示一致性、合法的民事行为和合同一经成立即具有法律约束力的特点。

在掌握合同概念时，一定要把握住合同调整的是民事权利义务关系，对于婚姻、收养、监护等有关身份关系的协议，不适用合同法的相关规定。

二、合同法的渊源

合同法的渊源是合同法律规范借以表现和存在的法律形式。我国《合同法》的渊源主要有以下几种：

1.全国人民代表大会及其常务委员会制定的法律

全国人民代表大会及其常务委员会是我国的最高立法机关，有权制定在全国范围内有效的法律。《中华人民共和国合同法》颁布以前，我国全国人民代表大会及其常务委员会制定的有关合同的法律规范主要是《中华人民共和国民法通则》和《中华人民共和国经济合同法》、《中华人民共和国涉外经济合同法》、《中华人民共和国技术合同法》。

《合同法》开始施行以后，《经济合同法》、《涉外经济合同法》、《技术合同法》三个合同法同时废止，《中华人民共和国合同法》就是合同法的最重要的渊源。

2.国务院及其所属部门制定的法规和规章

国务院是最高国家行政机关，全国人民代表大会授权国务院可以制定与全国人民代表大会及其常务委员会制定的法律基本原则不相抵触的暂行条例和暂行规章。在三个合同法颁布以后，国务院制定并颁布了一系列行政法规。国务院各部委为贯彻三个合同法及国务院制定的行政法规，先后颁布了许多规章。这些国务院及其所属部门制定的法规和规章在《合同法》实施以前是合同法重要的渊源。

在《合同法》施行以后，国务院及其所属部门制定的法规和规章中有关行政管理的内容继续有效。

3.立法解释和司法解释

法律即使再完备，也难以避免“法律漏洞”现象。在法律存在着漏洞的情况下，司法解释具有填补漏洞的作用。实际上，由于法律规则乃是对复杂的社会现象进行归纳、总结而作出的一般的、抽象的规定，因此人们对规则的含义常常有可能从不同的角度进行理解。而每一个法官在将抽象的规则运用于具体案件的时候，都要对法律规则的内涵及适用的范围根据自身的理解作出判断，而此种判断实际上就是一种对法律的解释。更何况成文法本身不是完美无缺的，而总是存在着这样或那样的漏洞，因此，法律解释对任何法律的适用都是必不可少的，尤其是在司法过程中，更需要对法律规范作出明确的解释，从而正确地适用法律和公正地裁判案件。

《合同法》颁布以前，我国存在大量的有关《合同法》的立法解释和司法解释，它们是《合同法》的渊源之一。立法解释和司法解释对我国法律和法规的具体运用有极为重要的作用。

4. 国际公约

我国已于 1986 年 12 月 11 日正式加入了《联合国国际货物销售合同公约》。因此，按照该公约的规定，我国企业与参加该公约的国家的企业签订的合同，如果不在合同中约定选择适用其他的法律，则合同自动适用该公约的有关规定。发生纠纷时，按照该公约处理，但该公约仅适用于国际货物买卖合同，因此，它只是国际货物买卖合同的法律渊源。

此外，仍值得一提的是，我国《合同法》对于交易习惯的认可也为法律渊源提供了另外一种形式的依据。较之《民法通则》没有赋予交易习惯以法律渊源地位相比，《合同法》对于交易习惯的认可具有更深远的意义。如《合同法》第 22 条规定，承诺应当以通知的方式作出，但根据交易习惯或者要约表明可以通过行为作出承诺的除外。《合同法》第 26 条规定，承诺通知到达要约人时生效。承诺不需要通知的，根据交易习惯或者要约的要求作出承诺的行为时生效。从这些条文中可以看出，交易习惯在确定合同当事人的权利义务方面具有十分突出的作用，可谓是合同法的另一法律渊源。

三、合同法的基本原则

合同法的基本原则是制定和执行合同法的总的指导思想，是合同法区别于其他法律的标志，集中体现了合同法的基本特征。

1. 平等、自愿原则

合同法的平等原则是指当事人的民事法律地位平等，包括订立和履行合同两个方面，一方不得将自己的意志强加给另一方。平等原则是民事法律的基本原则，是区别行政法律、刑事法律的重要特征，也是合同法其他原则赖以存在的基础。合同法的自愿原则，既表现在当事人之间，因一方欺诈、胁迫订立的合同无效或者可以撤销，也表现在合同当事人与其他人之间，任何单位和个人不得非法干预。自愿原则是法律赋予的，同时也受到其他法律规定的限制，是在法律规定范围内的“自愿”。

法律的限制主要有两方面：一是实体法的规定。有的法律规定某些物品不得买卖，如熊猫、海洛因；合同法明确规定损害社会公共利益的合同无效，对此当事人不能主观地认为有效。这里讲的实体法，都是法律的强制性规定，涉及社会公共秩序。二是程序法的规定。如法律规定当事人订立合同，需经批准或办理登记手续等。那么，当事人依照有关法律规定，应当办理批准、登记等手续，不能主观地不予办理。

在合同法中，不仅对平等、自愿原则作出了规定，而且在具体制度、具体规定方面也体现了平等、自愿原则，例如：

①关于当事人法律地位。在《合同法》第 1 章中规定，合同当事人的法律地位平等，一方不得将自己的意志强加给另一方。当事人依法享有自愿订立合同的权利，任何单位和个人不得非法干预。

②关于合同内容。《合同法》第 12 条规定，合同的内容由当事人约定。《合同法》并在其他条款中规定，当事人就数量、价款或者报酬、履行地点等内容没有约定或者约定不明确，可以协议补充；不能达成补充协议时，按照合同有关条款或者交易习惯确定；仍不能确定的，才适用法律的有关规定。

③关于合同形式。《合同法》第 10 条规定，当事人订立合同，有书面形式、口头形式和其他

形式。《合同法》第 36 条规定，法律、行政法规规定或当事人约定采用书面形式订立合同，当事人未采用书面形式但一方已经履行主要义务，对方接受的，该合同成立。《合同法》第 37 条规定，采用合同书形式订立合同，在签字或者盖章之前，当事人一方已经履行主要义务，对方接受的，该合同成立。

④关于格式合同。一是明确提供格式条款一方的提示义务。《合同法》第 39 条规定，采用格式条款订立合同的，提供格式条款的一方应当遵循公平原则确定当事人之间的权利和义务，并采取合理的方式提请对方注意免除或者限制其责任的条款，按照对方的要求，对该条款予以说明。二是明确规定有些格式条款无效。《合同法》第 40 条规定，格式条款一方免除其责任、加重对方责任、排除对方主要权利的，该条款无效。三是对格式条款的解释作出特别规定。《合同法》第 41 条规定，对格式条款的理解发生争议的，应当按照通常理解予以解释。对格式条款有两种以上解释的，应当作出不利于提供格式条款一方的解释。格式条款和非格式条款不一致的，应当采用非格式条款。

2. 公平、诚实信用原则

《合同法》第 5 条规定，当事人应当遵循公平原则确定各方的权利和义务。这里讲的公平，既表现在订立合同时的公平，显失公平的合同可以撤销；也表现在发生合同纠纷时公平处理，既要切实保护守约方的合法利益，也不能使违约方因较小的过失承担过重的责任，以公平地调整当事人之间的利益。诚实信用主要体现在：第一，当事人与他人订立、履行民事合同时，均应诚实，不作假，不欺诈，不损害他人利益和社会利益。第二，当事人应恪守信用，履行义务；不履行义务使他人受到损害时，应自觉承担责任。当事人协商合同条款时起，就处于特殊的合作关系中，当事人应当恪守商业道德，履行相互协助、互利、保密等义务。就此，《合同法》还定有相关保障条款，如《合同法》第 42 条规定，当事人订立合同过程中有下列情形之一，给对方造成损失的，应当承担损害赔偿责任：

(1)假借订立合同，恶意进行磋商。

(2)故意隐瞒与订立合同有关的重要事实或者提供虚假情况。

(3)有其他违背诚实信用原则的行为。

此外，《合同法》第 43 条规定，当事人在订立合同过程中知悉的商业秘密，无论合同是否成立，不得泄露或者不正当地使用。泄露或者不正当地使用商业秘密给对方造成损失的，应当承担损害赔偿责任。《合同法》第 42、43 条规定的是缔约过失责任，承担缔约过失责任的基本依据是诚实信用原则。《合同法》第 92 条规定，合同的权利义务终止后，当事人应当遵循诚实信用原则，根据交易习惯履行通知、协助、保密等义务。《合同法》第 92 条主要解释后契约义务，履行后契约义务的基本依据也是诚实信用原则。

3. 不得损害社会公共利益原则

《合同法》第 7 条规定，当事人订立、履行合同，应当遵守法律、行政法规，尊重社会公德，不得扰乱社会经济秩序，损害社会公共利益。《合同法》第 7 条表明两层含义，一是遵守法律（包括行政法规），二是不得损害社会公共利益。如签订的买凶杀人合同、盗取国家机密的合同，显然与此原则违背，不能订立，亦不受法律的保护。

法律的强制性规定是国家通过强制手段来保障实施的规定，譬如纳税、工商登记、不得破坏竞争秩序等规定，基本上涉及的是社会公共利益。与之对应的就是法律的任意性规定，是当事人可以选择适用或者排除适用的规定，基本上涉及的是当事人的个人利益或者团体利益。

当然，法律的任意性规定，并非永远不能适用。依照《合同法》的规定，对合同的某个问题，当事人有争议，或者发生合同纠纷后，当事人没有约定或者未达成补充协议，又没有交易习惯等可以解决时，最后的武器就是法律的任意性规定。根据《合同法》的规定，除有关合同效力的规定，以及《合同法》第 38 条有关指令性任务或者国家订货任务等规定外，绝大多数都是任意性规定。

4. 法律约束力的原则

《合同法》第 8 条规定，依法成立的合同，对当事人具有法律约束力。当事人应当按照约定履行自己的义务，不得擅自变更或者解除合同。该条规定主要适用于合同履行。

首先，合同具有法律约束力。这是针对当事人而言说的。当事人订立合同后，应当履行自己的义务，如果违反约定，应当承担违约责任。其次，合同具有法律约束力，这是针对行政机关而言说的。行政机关不得干涉当事人依法订立的合同，不得违法变更甚至撕毁当事人订立的合同。再次，合同具有法律约束力，这是针对审判机关而言说的。审判机关应当像遵守法律一样保护当事人依法订立的合同。合同有法律约束力的原则，在实际生活中得到普遍贯彻，大大推进了我国的现代化建设。

四、合同的分类

合同的分类是指基于一定的标准，将合同划分为不同的类型。一般来说，合同可以作出如下分类：

1. 双务合同和单务合同

根据当事人双方权利义务的分担方式，可将合同划分为双务合同与单务合同。

双务合同(bilateral contract)，是指当事人双方相互享有权利、承担义务的合同。如买卖合同，买方负有支付货款的义务，享有拥有合同约定的货物的权利；卖方负有按合同约定交付货物的义务，享有收取货款的权利。

单务合同(unilateral contract)，是指当事人一方只享有权利，另一方只承担义务的合同，如赠与合同就是单务合同。在赠与合同中，赠与人承担交付赠与物的义务，受赠人享有受领赠与物的权利，受赠人对赠与人没有债权债务关系。

2. 有偿合同与无偿合同

根据当事人取得权利是否以偿付为代价，可将合同划分为有偿合同与无偿合同。

有偿合同(contract with consideration)，是指当事人一方只享有合同规定的权益，并需向对方偿付相应代价的合同。

无偿合同(contract with out compensation)，是指当事人一方只享有合同规定的权益，不必向对方偿付任何代价的合同。

有些合同只能是有偿的，如买卖、租赁等合同；有些合同只能是无偿的，如赠与等合同；有些合同既可以是有偿的，也可以是无偿的，由当事人协商确定，如委托、保管等合同。双务合同都是有偿合同，单务合同原则上为无偿合同，但有的单务合同也可为有偿合同，如有息贷款合同。

3. 有名合同与无名合同

根据法律是否设有规范并赋予一个特定名称为标准，可将合同划分为有名合同与无名合同。

有名合同(famous contract),又称典型合同,是指法律设有规范,并赋予一定的名称的合同。

小资料

有名合同的类型

从理论上说,有名合同具有广义和狭义之分。狭义的有名合同是指《合同法》所确定和认可的有名合同。我国《合同法》分则部分规定了15类有名合同类型,分别是:买卖合同,供用电、水、气、热力合同,赠与合同,借款合同,租赁合同,融资租赁合同,承揽合同,建设工程合同,运输合同,技术合同,保管合同,仓储合同,委托合同,行纪合同及居间合同。《担保法》规定的保证合同、抵押合同和质押合同等也属于有名合同。

《合同法》又规定具体合同的类型。如分期付款买卖合同、凭样品买卖合同、试用买卖合同,都属于买卖合同中的特殊类型。建设工程合同中的勘察合同、设计合同和施工合同,是建设合同中的具体类型,这些具体合同类型也属有名合同。其他法律、行政法规确定的《合同法》没有规定的类型,也属于有名合同,如《保险法》规定的保险合同。司法解释也可以确定有名合同,如融资租赁合同起先是在经济生活中使用,开始在法律上属无名合同,司法解释对其名称予以认定并确认响应规则时,融资租赁公司就构成了有名合同。

无名合同(nameless contract),又称非典型合同,是指法律尚未特别规定,未赋予一定名称的合同。合同法信奉合同自由原则,在不违反社会公德和社会公共利益以及强制规范的前提下,允许当事人订立任何内容的合同。随着社会的不断发展变化,交易活动日益复杂,当事人往往需要在法定合同类型之外,另创新形态的合同,以满足不同需要。非典型合同产生以后,经过一定的发展阶段,具有一定的成熟性和典型性时,合同立法就将适时规范,使之成为典型合同。

4. 诺成合同与实践合同

根据合同的成立是否以交付标的物为要件,可将合同划分为诺成合同与实践合同。

诺成合同(consensual contract),又称不要物合同,是指当事人意思表示一致即可成立的合同。这种合同双方意思表示达成合意,合同即告成立,不需要其他形式和手续,也不需要以物的交付为成立条件。

实践合同(practice contract),又称要物合同,是指除当事人意思表示一致外,还须交付标的物方能成立的合同。换句话说,这种合同是在当事人达成合意之后,还必须由当事人交付标的物和完成其他给付以后才能成立。如寄存合同,寄存人将寄存物交付保管人后,寄存合同方为成立。

5. 要式合同与不要式合同

根据合同的成立是否需要特定的形式,可将合同划分为要式合同与不要式合同。

要式合同(wants the type contract),是指法律要求必须具备一定的形式和手续的合同。如书面合同即属于要式合同,而书面合同又分为一般书面合同和特殊书面合同:一般书面合同是指当事人之间自行订立即发生法律效力的书面合同,特殊书面合同是指当事人订立的合同经批准、登记等程序方发生法律效力的书面合同。

不要式合同(does not want the type contract),是指法律不要求必须具备一定形式和手续的合同,如口头合同。但也必须说明,不要式合同并非排斥合同采取书面形式,只不过法律不强求特定的形式,允许当事人自由选择合同形式,当事人完全可以约定合同采取书面形式。

6. 主合同与从合同

根据合同间是否有主从关系,可将合同划分为主合同与从合同。

主合同(master contract),是指不依赖其他合同的存在即可独立存在的合同。

从合同(accessory contract),是指须以其他合同的存在为前提而存在的合同。从合同的主要特点在于其附属性,它必须以主合同的存在并生效为前提。主合同不能成立,从合同就不能有效成立;主合同转让,从合同也不能单独存在;主合同被宣告无效或被撤销,从合同也将失去效力;主合同终止,从合同亦随之终止。例如,在保证合同与设立主债务的合同之间的关系中,主债务合同是主合同,与其相对应的保证合同即为从合同。

7. 格式合同与非格式合同

根据合同是否有固定格式,可将合同划分为格式合同与非格式合同。

格式合同(form contract),又称定型化合同、标准合同、定式合同,是指当事人一方为了重复使用而预先拟定,采用格式条款订立的合同,如保险合同就属于格式合同。

非格式合同(non-form contract),是指合同条款全部由双方当事人在订立合同时协商确定的合同。

对于格式合同,对方当事人只能对格式条款表示愿意或不愿意接受,一般不能对其进行修改。因此,对方当事人在签订此类合同时往往处于不利地位。

此外,根据不同的划分标准,又可以将合同划分为有效合同与无效合同、国内合同与涉外合同、传统合同与电子合同等。总之,合同的分类是按一定标准对其进行划分的结果,随着商品交换和内容的复杂化,合同也在不断地发展和变化之中。掌握合同的共性和特性,对于实践的运用有着重要的意义。

第二节 合同的成立

合同成立是指订约当事人就合同的主要条款达成合意。合同的本质是一种合意,合同成立就是各方当事人的意思表示一致。在我国《合同法》制定以前,我国的法律体系并未明确区分合同的成立与生效,如《保险法》只规定合同的成立,《技术引进合同管理条例》只规定合同的生效。

在认定合同成立的要件上,有必要将合同的订立与合同的成立区分开,将合同的成立与合同的生效区分开。例如,将当事人的缔约能力、合同标的的确定、法律适用等也作为合同的成立要件,显然是将合同的生效要件与成立要件混同,而订立合同的目的则应属于合同订立的要件。从合同订立与合同成立、合同生效的关系上说,合同订立是合同成立的基础,合同成立是合同生效的前提;同样需要弄清的是,合同的订立未必就有合同成立,合同成立也未必就有合同生效。

一、要约和承诺

(一)要约

要约是指当事人一方向对方发出的希望与对方订立合同的意思表示。发出要约的一方称为要约人,接收要约的一方称为受要约人。

小资料

要约与要约邀请

(1)商业广告。商业广告符合要约规定的,视为要约;否则,则视为要约邀请。在我国司法实践中,常常以是否包含合同主要条款作为判断一项广告是要约还是要约邀请的主要标准。如果广告中包含了合同的主要条款,即提出了名称、价款、型号、性能等内容,应视为一种要约;如果没有具备合同的主要条款,则认为只是要约邀请。例如,广告中声称:"我公司现有某型号的水泥5 000吨,每吨价格 60 元,数量有限,欲购从速",或者在广告中声称保证有现货供应,都可以依据具体情况将广告视为要约。但是应当指出的是,仅仅以广告是否包含合同的主要条款来作出区分是不够的,即使要约人提出了未来合同的主要条款,但如果要约人在提议中声明不受要约的拘束,或提出需要进一步协商,或提出需要最后确认等,都将难以确定要约人具有明确的订约意图,因此不能认为该广告是要约。

(2)价目表的寄送。生产厂家和经营者为了推销某种商品,常常向不特定的相对人派发或寄送某些商品的价目表。此种发出价目表的行为,虽包含了商品名称及价格条款,且含有行为人希望订立合同的意思,但由于从该行为中并不能确定行为人具有一经对方承诺即接受承诺后果的意图,而只是向对方提供某种信息,希望对方向自己提出订约条件,因此,该行为只是要约邀请,而不是要约。当然,如果行为人向不特定的相对人派发某种商品的订单,并在订单中明确声明愿受承诺的约束,或者从订单的内容可以确定其具有接受承诺后果拘束的意图,应认为该订单不是要约邀请,而是要约。

(3)拍卖公告。拍卖公告是指拍卖人在报纸、电视等媒介上以公开方式向社会作出拍卖某物(或者财产权利)的表示。对拍卖公告各国合同法一般认为属于要约邀请,因为该表示旨在引诱他人参加竞投,并不包括合同成立的主要条件,特别是未包括价格条款。拍卖公告不是要约,而竞投、报价则属于要约。

(4)招标公告。招标公告是指招标人采取招标通告的形式,向不特定主体发出的,以吸引或邀请相对人发出要约为目的的意思表示。招标公告属于要约邀请而不是要约。顺便指出的是,投标属于要约,因为是投标人根据招标人所公布的标准和条件向招标人发出以订立合同为目的的意思表示,在投标人投标以后必须要有招标人的承诺,合同才能成立。

(5)招股说明书。招股说明书的目的也在于邀请他人,向发出该说明书的人提出订立合同的要约。所以,招股说明书不属于要约,而属于要约邀请。

(6)自动售货机。自动售货机设置以后,如果备有货物,则认为是向不特定的公众发出要约,也就是说,设置人已向公众发出了订约的意思表示,且发出此种表示后,任何人投入约定的货币,可认为作出承诺并使合同成立。

(7)商品标价陈列。从我国的交易习惯来看,对商品陈列应区分各种不同情况以确定其性质:在柜台上陈列的标价商品或在货架上放置的标价商品,可以认为是要约,如果有顾客要求购买,商店不能拒绝;但对于在邻街的橱窗内陈列的商品,如果没有标明正在出售,即使附有标价,也不能认为是要约,而只能认为是起装饰和宣传作用的陈列和展览。

(8)超市。超市货架上陈列的商品,如果陈列有明确的标价,则不能认为是起装饰和宣传作用的陈列,应认为是正在向顾客出售的商品,因此,陈列商品应为要约。当顾客拿取货架上的商品,尚未在交款处交款,应认为没有作出承诺,所以在交款以前顾客可将已挑选商品退回,因为合同并未订立。

1.要约的效力

《合同法》第16条规定:"要约到达受要约人时生效。"自要约实际送达给特定的受要约人时,要约即发生法律效力,要约人不得在事先未声明的情况下撤回或变更要约,否则构成违反前合同义务,要承担缔约过失的损害赔偿责任。需明确一点,到达是指要约的意思表示客观上传递到受要约人处即可,而不管受要约人主观上是否实际了解到要约的具体内容。例如,要约以电传方式传递,受要约人收到后因临时有事未来得及看其内容,要约也生效。

2.要约的撤回和撤销

《合同法》第17条规定,要约可以撤回。要约的撤回是指要约人在发出要约后,于要约到达受要约人之前取消其要约的行为。要约一旦送达受要约人或被受要约人了解,即发生法律效力。所以,撤回要约的通知应当在要约到达受要约人之前或者与要约同时到达受要约人。因此,要约的撤回只发生在书面形式的要约,而且,撤回通知一般应采取比要约更迅速的通知方式。

要约的撤销是指在要约发生法律效力后,要约人取消要约从而使要约归于消灭的行为。要约的撤销不同于要约的撤回,前者发生于生效后,而后者发生于生效前。

《合同法》第18条规定,要约可以撤销。撤销要约的通知应当在受要约人发出承诺通知之前到达受要约人。《合同法》第19条规定,有下列情形之一的,要约不得撤销:①要约人确定了承诺期限或者以其他方式明示要约不可撤销;②受要约人有理由认为要约是不可撤销的,并且已经为履行合同做了准备工作。

3.要约的失效

要约发出后,有下列情形之一的,要约失效,要约人不再受原要约的拘束。

(1)要约的撤回。撤回要约的通知应当在要约到达受要约人之前或者与要约同时到达受要约人。

(2)拒绝要约的通知到达要约人。受要约人以口头或书面的方式明确通知要约人不接受该要约。

(3)受要约人对要约的内容进行实质性变更。有关合同标的、数量、质量、价款或报酬、履行期限、履行地点和方式、违约责任和解决争议方法等的变更,是对要约内容的实质性变更。

(4)要约中规定有承诺期限,承诺期限届满,受要约人未作出承诺。对口头要约,在极短的时间内不立即作出接受的意思表示,则表明要约的失效。

(二)承诺

依据《合同法》第21条的规定,承诺是受要约人同意要约的意思表示,即受要约人同意接受要约的全部条件而与要约人成立合同。承诺应当以通知的方式作出，但根据交易习惯或者要约表明可以通过行为作出承诺的除外。承诺的法律效力在于承诺一经作出，并送达要约人，合同即告成立，要约人不得加以拒绝。承诺在国际贸易中，也称“接受”。

任何有效的承诺，都必须具备以下条件：

(1)承诺必须由受要约人作出。要约和承诺是一种相对人的行为。因此，承诺必须由被要约人作出。被要约人以外的任何第三者即使知道要约的内容并对此作出同意的意思表示，也不能认为是承诺。被要约人通常是指受要约人本人，但也包括其授权的代理人。无论是前者还是后者，其承诺都具有同等效力。

(2)承诺必须是在有效时间内作出。所谓有效时间，是指要约的答复期限；若要约并无答复期限的，通常认为合理的时间(如信件、电报往来及受要约人考虑问题所需要的时间)，即为有效时间。

(3)承诺必须与要约的内容完全一致，即承诺必须是无条件地接受要约的所有条件。据此，第三者对要约人所作的“承诺”、超过规定时间的承诺(也叫延期承诺)、内容与要约不相一致的承诺，都不是有效的承诺，而是一项新的要约或反要约，必须经原要约人承诺后才能成立合同。

关于承诺的有效要件，大陆法系各国要求较严，非具备以上三要件者则不能有效。而英美法系各国的法律对此采取了比较灵活的态度。例如，美国《统一商法典》规定，商人之间的要约，除要约中已明确规定承诺时不得附加任何条件或所附加的条款对要约作了重大修改外，被要约人在承诺中附加某些条款，承诺仍可有效。

承诺可以书面方式进行，也可以口头方式进行。通常，它须与要约方式相应，即要约以何种方式进行，其承诺也应以该种方式进行。采用数据电文形式订立的合同，收件人指定特定系统接收数据电文的，该数据电文进入该特定系统的时间，视为到达时间；不知道特定系统的，该数据电文进入收件人的任何系统的首次时间，视为到达时间。对于口头要约的承诺，除要约有期限外，沉默不能作为承诺的方式。承诺的效力表现为要约人收到受要约人的承诺时，合同即为成立。对于口头承诺，要约人了解时即发生效力。非口头承诺生效的时间应以承诺的通知到达要约人时为准。一般认为，承诺和要约一样准许在送到对方之前或同时撤回。

二、对价和约因

约因(cause)是指当事人签订合同所追求的直接目的。

对价是指当事人一方在获得某种利益时，必须给付对方相应的代价。对价从法律上看是一种等价有偿的允诺关系，一项对价是否有效的必要条件如下：

(1)对价必须合法。

(2)对价必须是待履行或已履行的对价，过去的对价不能构成有效的对价。

(3)已经存在的义务和法律义务不能作为对价。

(4)对价必须具有真实价值，但无须完全等价。

(5)对价必须来自受允诺人，包括其代理人。

(6)放弃有效的诉权构成对价。

(7)部分支付不能作为偿还全部债务的有效对价，但这一规则受到禁反言规则的制约。

小资料

不同法系的约因

一个叔叔到侄儿家中做客，和侄儿说如果他能够不抽烟、不喝酒，到21岁就给他5万英镑。侄儿果真如约履行，到了21岁，这个侄儿就写信向叔叔要钱，叔叔也答应给钱，但是认为他还很年轻，怕他胡乱挥霍掉，所以希望侄儿把钱存在自己这里几年，过几年再给他，侄儿也同意了。不久叔叔去世了，侄儿就要求遗产执行人支付5万英镑，而执行人认为在这个过程中没有约因、没有对价，这个侄儿不抽烟、不喝酒仅对自己有好处，他的叔叔并未因此获得利益，如果侄儿证明这件事对叔叔也有好处，这个约定就有效。

从大陆法来看，这是个赠与性质的合同，合同应当是已经成立了。而从英美法来看，这个过程中有没有约因呢？在传统的约因理论中，有效的约因需要有一方得到好处或者受到损害。将这个理论适用到本案中，要么叔叔获得利益，要么侄儿受到损失、伤害，二者存其一，即可成为有效的约因，侄儿就可以得到5万英镑。

案件结果是侄儿胜诉。那么约因在哪里呢？这个侄儿不抽烟、不喝酒，不仅省钱，而且也有利于保持身体健康，从经济角度讲，侄儿绝对是占了便宜。但是我们要从法律的角度来看这个问题：任何人不得剥夺另外一个人的权利，侄儿有抽烟、喝酒的权利，叔叔以5万英镑为代价剥夺了侄儿的这种自由和权利，侄儿受到了法律上的损害，叔叔也获得了利益，叔叔可以从这个过程中获得某种形式上的满足。所以这个约定具有约因，是个有效的约定，叔叔要支付5万英镑。

三、合同形式

合同形式是指当事人合意的外在表现形式，是合同内容的载体。我国《合同法》第10条规定，当事人订立合同，有书面形式、口头形式和其他形式。法律、行政法规规定采用书面形式的，应该采用书面形式；当事人约定采用书面形式的，也应当采用书面形式。

合同的形式也会影响到合同的效力。合同的口头形式是指当事人只以口头语言为意思表示订立合同，而不用文字表达协议内容的合同形式。口头形式优点在于方便快捷，缺点在于发生合同纠纷时难以取证，不易分清责任。口头形式适用于能即时履行完成的合同关系。书面形式是指当事人以合同书或者电报、电传、电子邮件等各种可以有形地表现所载内容的数据电文形式订立合同。书面形式能够保证交易的安全，重要的合同应该采用书面形式。书面合同又可分为下列几种形式：①由当事人双方依法就合同的主要条款协商一致并达成书面协议，并由双方当事人的法定代表人或其授权的人签字盖章；②格式合同；③双方当事人来往的信件、电报、电传等。现代各国对合同形式采用不以要式为原则，一般不加限制，法律只规定特定种类的合同必须具备书面形式即可，如房屋买卖合同。

第三节 合同的效力

一、订约能力

订约人是指订立合同的人。订约人可以是自然人(natural person)，也可以是法人(corporation)。但是,并不是一切自然人或法人都具有订约能力。

(1)自然人的订约能力。所有自然人都应具有订约能力,但是对未成年人、醉酒者、精神病人等有不同的规定,具体如下:

①未成年人(infants)。各国对未成年人的订约能力都有限制性规定,主要目的在于保护未成年人的利益。因此,各国法律对未成年人订立的合同,区别不同的情况,有的无效,有的可撤销,有的在成年后可追认有效。但是对未成年人购买消费品、享受服务、接受训练和教育的合同,均受限制约束。

②醉酒者(drunken person)。醉酒者问题比较复杂,各国法律的规定也不一致。究竟醉酒的程度如何?是真醉,还是借酒装疯,没有一个客观的衡量标准。有的国家为了反对酗酒,维护正常的法律秩序,对于酗酒者签订的合同,采取比较严格的态度,即酗酒者对其所签的合同应承担责任。但也有的国家认为,对于酗酒者,如在其已处于醉如烂泥和完全不能自理的状况下所签订的合同,事后是可以撤销的。

③精神病人(insane person)。在精神病人这个问题上,各国的态度是一致的,即精神病人订立的合同是无效的或精神病人拥有可撤销的权利。但对于发生精神病以前签订的合同,则有的是继续有效的,有的是可撤销的,具体要看合同是否具有可履行性。

(2)法人的订约能力。法人不是自然人,它具有独立的法律人格,可以独立地拥有财产,进行经营活动,可以作为当事人订立合同和履行合同,享有债权和负担债务,也可以作为独立的法律实体参加仲裁和诉讼,充当原告和被告。对法人的订约能力,主要应注意以下两个问题:

①法人代表。法人在法律上享有独立的人格,但它的一切活动仍然要通过自然人进行,法人只有由它授权的代表即法人代表签字画押,对外订立合同才会有效。

②法人所订立的合同不得有越权行为。所谓越权行为,主要是指法人所订立的合同不得超出公司章程所规定的范围或者国家允许该公司经营的范围。如果超越上述范围,则认为该项合同是无效的,如买卖国家禁止交易的物品。

二、订约的合意必须真实

订立合同内容,必须是双方当事人真实意思的表示,合同双方当事人法律地位平等,任何一方不得把自己的意志强加给对方。双方应就合同的内容进行友好协商,使合同的内容能够反映合同双方真实的意思表示,不允许任何一方采取欺诈和胁迫手段订立经济合同。根据各国法律的规定,可能构成当事人表示的意思不真实的原因或事实有以下几种:

(1)欺诈。欺诈是指一方以假象蒙骗对方,使其在不明真相的情况下订立合同。受欺诈而成立的合同,蒙受欺诈的一方可以撤销合同或者主张合同无效。我国《合同法》也规定,采取欺诈或胁迫手段订立的合同是无效的。

(2)胁迫。胁迫是指一方以使对方某种利益受损害为要挟,使对方在违背自己意愿的情况下订立合同。受胁迫的一方当事人可以请求法庭宣告合同无效。

(3)错误(mistake)。如果当事人意思表示有错误,可能构成意思不真实的后果。错误可能是来自表示者自身,也可能是来自对另一方意思发生误解。不论是属于何种情况,这些意思均不是当事人的本来意思。各国法律对这个问题一般都采取实事求是的态度,按错误的不同性质和后果,加以区别对待。例如,对标的物的基本属性发生认识错误,认定合同性质方面的错误,认定订约当事人或其能力方面发生错误,认定标的物是否存在方面发生错误,以上一般均可导致合同可撤销或无效。

三、合同内容必须合法

双方当事人订立合同必须是依法进行的。所谓依法签订合同，是指订立合同要符合法律、行政法规的要求。由于合同约定的是当事人双方之间的权利和义务关系，而权利和义务是依照法律规定所享有和承担的，因此订立合同必须符合法律、行政法规的规定。如果当事人订立的合同违反法律、行政法规的要求，法律就不予承认和保护，这样当事人达成协议的目的就不能实现，订立合同也就失去了意义。对于一个合法的合同，一般应注意以下几个问题：

1. 公共政策

公共政策通常包括公共秩序和公共利益，一般是指各国成文法所规定的政策或目标、社会利益、公众安全、风俗习惯和道德标准等内容。如果一个合同的内容和目的违反上述事项，这个合同就是对公共政策的违反，从而成为不合法的合同。但是由于政治、经济、历史的不同原因，各国的所谓公共政策，对它包括的内容和解释是不完全相同的。例如，有些国家有所谓的反垄断法，该反垄断法对一个含有包销条款的合同，也有可能被视为违反公共政策，从而宣布合同无效。因此所谓公共政策往往因国而异，而且解释的弹性也比较大，即使各国使用同一名词，在各国法律的解释上也是不完全相同的。

2. 违禁品问题

各国政府对违禁品的买卖都有严格的规定，凡属买卖违禁品的合同都应视为不合法合同。在各国以至同一个国家的不同时期，对违禁品的解释是不相同的。对于违禁品的范围，一般都是由各国的成文法或法令直接规定的。例如，对毒品、走私物品、严重败坏社会道德风尚的物品等，一般均列为违禁品。

3. 对立国贸易问题

一国与另一国处于战争状态，或者未处于战争状态，但由于政治或历史的原因，该国把另一国视为对立国；或一国政府对某些国家虽未列为敌国，但政府已明文规定，把某国列入禁止贸易往来的国家，本国商人与该国家商人订立的贸易合同，被视为不合法合同。

不合法合同是无效的，它对各方当事人来说，既不产生权利，也不产生义务。因此，一旦双方当事人发生纠纷，任何一方均不享有上诉权，法律也不给予任何救济。

英国还以列举方式明确指出哪些合同为不合法合同，大致有以下几类：成文法所禁止的合同、瞒税或逃税的合同、含有犯罪或侵权行为的合同、涉及不道德性因素的合同、反对英国或反对与英国友好国家的合同、导致败坏公共生活的合同、违反正义事业的合同。

第四节 合同的履行

一、合同履行的概念和原则

(一)合同履行的概念

合同的履行是指合同规定义务的执行。任何合同规定义务的执行，都是合同的履行行为；

相应地，凡是合同规定义务的不执行，都是合同的不履行行为。因此，合同的履行表现为当事人执行合同义务的行为。当合同义务执行完毕时，合同也就履行完毕。在合同履行的过程中，有以下一些注意事项需要理解清楚：

1. 履行主体

履行主体不仅包括债务人，也包括债权人。因为，合同全面适当地履行的实现，不仅主要依赖于债务人履行债务的行为，同时还要依赖于债权人受领的行为。因此，合同履行的主体是指债务人和债权人。除法律规定或当事人约定，事实上除必须由债务人本人履行的债务以外，履行也可以由债务人的代理人履行，但是代理只有在履行行为是法律行为时方可适用。同样，在上述情况下，债权人的代理人也可以代为受领。此外，必须注意的是，在某些情况下，合同也可以由第三人代替履行，如国际结算中的汇票付款等。只要不违反法律的规定或者当事人的约定，第三人也是合法的履行主体。不过，由第三人代替履行时，该第三人并不取得合同当事人的地位，第三人仅仅只是居于债务人的履行代理人的地位。

2. 履行标的

合同的标的是合同债务人必须实施的特定行为，是合同的核心内容，是合同当事人订立合同的目的所在。合同标的不同，合同的类型也就不同。如果当事人不按照合同的标的履行合同，合同利益就无法实现。因此，必须严格按照合同的标的履行合同就成为了合同履行的一项基本规则。合同标的的质量和数量是衡量合同标的的基本指标，因此，要按照合同标的履行合同，在标的的质量和数量上也必须严格按照合同的约定进行履行。如果合同对标的的质量没有约定或者约定不明确的，当事人可以协议补充，协议未达成的，按照合同的条款和交易习惯来确定。如果仍然无法确定的，按照国家标准、行业标准履行；没有国家标准、行业标准的，按照通常标准或者符合合同目的的特定标准履行。

在标的数量上，合同全面履行原则的基本要求便是全部履行，而不应当部分履行，但是在双方协议认可或不损害债权人利益的前提下，也允许部分履行。

3. 履行期限

履行期限是指债务人履行合同义务和债权人接受履行行为的时间。作为合同的主要条款，合同的履行期限一般应当在合同中予以约定，当事人应当在该履行期限内履行债务。如果当事人不在该履行期限内履行，则可能构成迟延履行而应当承担违约责任。

履行期限不明确的，根据《合同法》第 61 条的规定，双方当事人可以另行协议补充，补充协议未达成的，应当根据合同的有关条款和交易习惯来确定。如果仍无法确定的，债务人可以随时履行，债权人也可以随时要求履行，但应当给对方必要的准备时间。这也是合同履行原则中诚实信用原则的体现。

不按履行期限履行合同，有两种情形，即迟延履行和提前履行。在履行期限届满后履行合同为迟延履行，当事人应当承担迟延履行责任，此为违约责任的一种类型；在履行期限届满前履行合同为提前履行，提前履行不一定构成不适当履行。

4. 履行地点

履行地点是指债务人履行债务、债权人受领给付的地点。履行地点直接关系到履行的费用和时间。在国际经济交往中，履行地点往往是纠纷发生以后用来确定适用法律的根据。如果合同中明确约定了履行地点，债务人就应当在该地点向债权人履行债务，债权人亦应当在该履行地点接受债务人的履行行为。

如果合同约定履行地点不明确的,依据《合同法》的规定,双方当事人可以协议补充,补充协议未达成的,则按照合同有关条款或者交易习惯确定。如果履行地点仍然无法确定的,则根据标的的不同情况确定不同的履行地点。如果合同中约定给付货币,在接受货币一方所在地履行;如果合同中约定交付不动产,在不动产所在地履行;如果为其他标的,在履行义务一方所在地履行。

5.履行方式

履行方式是指合同双方当事人约定以何种形式来履行义务。合同的履行方式主要包括运输方式、交货方式、结算方式等。履行方式由法律、合同约定或合同性质来确定,不同性质、内容的合同有不同的履行方式。根据合同履行的基本要求,在履行方式上,履行义务人必须首先按照合同约定的方式进行履行。

如果约定履行方式不明确的,当事人可以协议补充,补充协议未达成的,可以根据合同的有关条款和交易习惯来确定。如果仍然无法确定的,按照有利于实现合同目的的方式履行。

6.履行费用

履行费用是指债务人履行合同所支出的费用。如果合同中约定了履行费用,则当事人应当按照合同的约定负担费用。如果合同没有约定履行费用或者约定不明确的,则按照合同的有关条款或者交易习惯确定。如果仍然无法确定的,则由履行义务一方负担。因债权人变更住所或者其他行为而导致履行费用增加时,增加的费用由债权人承担。

小资料

不安抗辩权的起源和发展

所谓不安抗辩权,又称之为保证履行抗辩权,或称之为先履行抗辩权,是指当事人互负债务,有先后履行顺序的,先履行的一方当事人有确切证据证明另一方当事人丧失履行债务能力时,有中止合同履行的权利。

不安抗辩制度源于德国法,此后,法国、奥地利、瑞士等大陆法系国家均立即确定了该项制度。《德国民法典》第321条规定,双务契约当事人的一方应向他方当事人先为给付者,如他方的财产状况于契约订立后显形减少,有危及对待给付的请求权时,在他方未为对待给付或提供担保前,当事人一方有权拒绝履行自己负担的给付。《法国民法典》第1613条规定,如买卖成立后,买受人陷于破产或处于无清偿能力致使出卖人有丧失价金之虞时,即使出卖人同意延期支付,出卖人亦不负交付标的物的义务;但若买受人提供到期之日履行的保证则不在此限。

纵观各国不安抗辩制度,尤以德国法的规定最为典型,法国法的规定仅适用于买卖合同的出卖人;而依德国法,凡双务合同其中任何一方当事人先付给义务而遇对方财产显形减少时,均可主张不安抗辩权。我国《合同法》第68条、第69条对不安抗辩权制度作出系统的规定,完善了不安抗辩权制度。

(二)合同履行的原则

合同履行的原则是指法律规定的所有种类合同的当事人在履行合同的整个过程中所必须遵循的一般准则。根据我国合同立法及司法实践,合同的履行除应遵守平等、公平、诚实信用等民法基本原则外,还应遵循以下合同履行的特有原则,即适当履行原则、协作履行原则、经济合理原则和情势变更原则，具体内容如下：

1. 适当履行原则

适当履行原则，又称正确履行原则或全面履行原则，是指当事人按照合同规定的标的、质量、数量，由适当的主体在适当的履行期限、履行地点，以适当的履行方式，全面完成合同义务的原则。适当履行不同于实际履行。实际履行强调债务人按照合同约定交付标的物或提供劳务，至于方式、时间等是否适当则无力顾及。

合同的适当履行原则要求：第一，履行主体适当。即当事人必须亲自履行合同义务或接受履行，不得擅自转让合同义务或合同权利让其他人代为履行或接受履行。第二，合同履行标的物及其数量和质量适当。即当事人必须按合同约定的标的物履行义务，而且还应依合同约定的数量和质量来给付标的物。第三，履行期限适当。即当事人必须依照合同约定的时间来履行合同，债务人不得迟延履行，债权人不得迟延受领；如果合同未约定履行时间，则双方当事人可随时提出或要求履行，但必须给对方必要的准备时间。第四，履行地点适当。即当事人必须严格依照合同约定的地点来履行合同。第五，履行方式适当。履行方式包括标的物的履行方式以及价款或酬金的履行方式，当事人必须严格依照合同约定的方式履行合同。

2. 协作履行原则

协作履行原则是指当事人不仅应当履行自己的合同债务，而且应基于诚实信用原则的要求协助对方当事人履行其债务的履行原则。

合同的履行，若只有债务人的给付行为，没有债权人的受领行为，合同的内容仍难实现。不仅如此，在建筑工程合同、技术开发合同、技术转让合同、提供服务合同等场合，债务人实施给付行为也需要债权人的积极配合，否则，合同的内容也难以实现。因此，履行合同不仅关系到债务人，也关系到债权人，协助履行往往是债权人的义务。只有双方当事人在合同履行过程中相互配合、相互协作，合同才会得到适当履行。

协作履行是诚实信用原则在合同履行方面的具体体现，一方面需要双方当事人之间相互协助，另一方面也表明协助不是无限度的。

在合同履行过程中，协作履行的具体要求如下：①一方当事人履行合同义务，另一方当事人应尽量为其履行创造必要的方便条件，以使其实际履行得以实现；②一方当事人因客观情况发生变化需变更合同时，应及时通知对方，对方也应及时答复，共同协商妥善的变更办法；③一方当事人确实不能履行合同时，应及时向对方说明情况，对方接到通知后应积极采取补救措施，尽量减少或挽回损失；④一方当事人因过错违约时，对方应尽快协助纠正，并设法防止或减少损失；⑤合同履行过程中发生争议，双方应本着实事求是的态度，及时协商解决。

应当强调，协作履行原则并不漠视当事人各自独立的合同利益，不降低债务人所负债务的力度。以协作履行为借口，加重债权人负担，逃避自己义务的行为，是与协作履行原则相悖的。

3. 经济合理原则

经济合理原则是指在合同履行过程中，应讲求经济效益，以最少的成本取得最佳的合同效益。在市场经济社会中，交易主体都是理性地追求自身利益最大化的主体，因此，如何以最少的履约成本完成交易过程，一直都是合同当事人所追求的目标。由此，交易主体在合同履行的过程中应遵守经济合理原则是必然的要求。

履行合同过程中的经济效益原则要求包括以下方面：

(1)债务人要选择最经济合理的方式运输。

(2)选择最体现经济合理原则的履行期。

(3)履行合同债务时体现经济合理。

(4)选用设备时体现经济合理。

(5)变更合同时体现经济合理。

(6)对违约选择经济合同的补救方式。

4.情势变更原则

情势变更原则是指合同依法成立后,因不可归责于双方当事人的原因,发生了不可预见的情势变更,致使合同的基础丧失或动摇,若继续维持合同原有效力则显失公平,而允许变更或解除合同的原则。情势变更原则的具体内容将在以后讲到。

小资料

合同履行风险的防范手段

遇到法定条件或者合作方违约可能损害到己方利益的情况时,可以采取中止履行和解除合同的方法来保护己方的权益。

(1)中止履行的条件。《合同法》第68条规定,有确切证据证明对方有下列情况之一的,可以中止履行:①经营状况严重恶化;②转移财产、抽逃资金,以逃避债务;③丧失商业信誉;④有丧失或者可能丧失履行债务能力的其他情形。

对于采用分批送货分批付款方式时,如果对方某批货款没有如期支付时应予以充分的重视,因为若继续送货,可能会受到更大的损失。当然,是否中止合同的履行应视具体情况而定,不能一概而论。

(2)解除合同的条件。《合同法》第94条规定,有下列情形之一的,当事人可以解除合同:①因不可抗力致使不能实现合同目的;②在履行期限届满之前,当事人一方明确表示或者以自己的行为表明不履行主要债务;③当事人一方迟延履行主要债务,经催告后在合理期限内仍未履行;④当事人一方迟延履行债务或者有其他违约行为致使不能实现合同目的;⑤法律规定的其他情形。

综上所述,在签订合同时一定要做到以下几点:

(1)要全面分析对方资信、实力。

(2)根据双方的实际情况完善合同文本和相关条款。

(3)要签订书面合同,加盖公章并签字,审查盖章单位和签字人的授权范围。

(4)履行过程中要跟踪审查对方的资信、履约能力等,并保存好履行过程中的相关证据。

(5)出现纠纷时要做好诉讼、调解、变更协议等多种准备。

(6)向专业律师请教并作最后审核。

二、违约

(一)违约类型

合同违约是指违反合同债务的行为,亦称为合同债务不履行。这里的合同债务,既包括当事人在合同中约定的义务,又包括法律直接规定的义务,还包括根据法律原则和精神的要求当事人所必须遵守的义务。其仅指违反合同债务这一客观事实，不包括当事人及有关第三人的主观过错。具体违约形态可分如下几种类型：

1. 实际违约

在履行期限到来以后，当事人不履行或不适当履行合同义务，都构成实际违约。大陆法系国家强调实际违约，对预期违约一般都未作具体规定，长期以来人们习惯于将违约行为等同于实际违约。

实际违约制度作为允许和限定债权人在债务人违约的情况下解除合同的重要规则，是维护合同纪律、保护交易安全的重要措施，其适用范围应具有普遍性。实际违约主要有下列表现形式：

(1)拒绝履行。拒绝履行是指债务人对债权人表示不履行合同。这种表示一般为明示的，也可以是默示的。

(2)不适当履行。不适当履行是指当事人一方履行合同义务不符合约定或法定的要求，包括履行迟延和不完全履行等。不完全履行，即债务虽然已经履行，但是履行没有完全按照债务的内容进行，不符合债务的本旨，而且造成不适当履行的原因是债务人方面引起的。不适当履行分为以下几类：①履行在数量上不完全；②标的物的品种、规格、型号等不符合合同规定，或者标的物隐有瑕疵；③加害给付，即债务人的给付不但含有瑕疵，而且其瑕疵还造成了债权人的损害；④履行方式的不完全；⑤违反附随义务的不完全履行。

2. 预期违约

预期违约(anticipatory breach)起源于英美法，也是英美法所独有的制度。预期违约制度自确立以来，对当今世界许多国家的合同立法及实践都产生了重大的影响。预期违约又称先期违约，是指在合同履行期限到来之前，一方虽无正当理由但明确表示其在履行期到来后将不履行合同，或者其行为表明在履行期到来后将不可能履行合同。预期违约的构成条件包括以下方面：

(1)明示毁约。明示毁约必须发生在合同有效成立后、合同履行期到来前这段时间内，同时债权人接受毁约的意思表示必须是在合同履行期届满之前作出，否则就会构成实际违约。明示毁约必须具备以下要件：①明示毁约方必须明确地、肯定地、自愿地、不附加任何条件向对方提出违约的意思表示，如果毁约方在作出违约表示时附有条件，则其毁约的意图是不确定的，不构成预期违约。②必须在合同履行期限到来之前向对方表示不履行合同义务，如果在履行期到来后才提出毁约的属于实际违约。③必须表示不履行合同主要义务，以及妨碍对方追求合同的根本目的，如果不履行的只是合同部分内容或附属义务，不构成预期违约。④明示毁约无正当事由，即毁约方无法定的解除权、撤销权、不可抗力、合同无效等正当理由。明示毁约构成违约，是一种独立特殊的违约形态，它与履行拒绝在许多方面构成违约存在着区别，若将两者合二为一，既不利于确定不同的违约行为，也不利于非违约方选择补救措施。

(2)毁弃合同。当事人不履行义务的意思表示必须是自愿地、无条件地、确定地、不含糊地作出。如果一方的语言是含糊其辞的，不能表明其肯定将不履行其义务的意图，该语言就不能构成毁弃合同；同时，毁弃合同的表示必须是不附条件的。

(3)重大威胁。当事人表示的不履行，必须是重大的、对合同重要内容的不履行。只有当事人一方的不履行构成对另一方当事人利益的重大威胁，才会构成预期毁约。

(4)默示毁约。默示毁约必须具备以下条件：①一方当事人预见到另一方当事人在合同履行期限到来时将不履行或不能履行合同。只有当事人一方预见到另一方当事人没有能力履约或不履行合同的情形,使其期待债权将得不到实现时,才可能构成默示毁约。②一方当事人的预见须是合理的,有确切证据的。由于默示毁约中毁约人并未明确告知对方当事人将不履行即将届至的合同义务,因此一方当事人认为对方当事人的行为构成预期违约须有确切的证据。③必须能预见到对方将不会或不能履行合同的主要义务。如只能预见对方将不会或不能履行合同的次要义务,不会构成根本性违约,由于并未使当事人一方的合同目的落空,其借助合同可取得的期待利益并未受重大影响,故也不构成预期违约。④一方当事人的预见必须在合同成立生效以后,合同履行期届至以前,否则即为实际违约。⑤对方须无明确地表示将来不履行合同义务,否则为明示毁约。

虽然预期违约与实际违约一样,都可能导致合同的解除及损害赔偿的提起,但两者属于不同的责任形式,它们之间的区别如下:

①违约时间不同。实际违约是合同履行期已经届满后,当事人不履行合同义务或履行义务不符合合同要求;预期违约是合同履行期到来之前当事人明示或默示其将不履行合同。根据大陆法的原则,债务人在合同约定的履行期限来临之前,没有履行合同的义务,不构成实际违约。

②违约责任的提起时间不同。预期违约的违约责任只能在合同约定的履行期限届满之前提出,而实际违约的违约责任可以在违约行为发生后的一段时间内提出。在合同中约定的履行期限届满之前债务人明示或默示将不履行合同的情况下,如果债权人在合同约定的履行期限届满前提出预期违约的要求,才会构成预期违约,如果债权人在合同约定的履行期限到来之后才提出预期违约的要求,就会丧失提出预期违约的机会。

③外在表现形式不同。预期违约行为表现为未来将不履行义务,而不像实际违约那样,表现为现实的违反义务。因此,预期违约只是一种违约的可能,可能并不产生违约责任。在明示毁约中,可以由于债务人撤回毁约而使违约的责任归于消灭;而在默示毁约中,只要债务人能提供充分的保证,债权人也可以不要求债务人承担预期违约的责任。当事人对预期违约享有选择权,而对实际违约一经发生就成为既定的事实,无法改变。

④处理方式和导致的后果不同。预期违约发生后,债权人可要求对方提供履行担保,在得到必要的履行担保后,合同可以继续履行,如对方不愿提供担保或提供的担保不符合要求,债权人可以单方面解除合同,并可以在合同履行期限届满前要求债务人承担违约责任,从而使自己的损失降到最小。而实际违约行为发生后,实际的损失就已经形成,债权人所能做的就是要求对方承担违约责任。

3. *违约危险*

违约危险是另一种违约形式,学者认为此种违约只是"一种违约的危险"或"可能违约",它所侵害的不是现实债权,而是履行期届满前的效力不齐全的债权或"期待色彩浓厚的债权"。我国《合同法》第108条规定:"当事人一方明确表示或者以自己的行为表明不履行合同义务的,对方可以在合同履行期限届满之前要求其承担违约责任。"

(二)违约责任

我国《合同法》共规定了五大类违约责任形式。

(1)继续履行。继续履行又称强制履行,是指在违约方不履行合同时,由法院强制违约方继续履行合同债务的违约责任方式,其构成要件如下:①存在违约行为;②必须有守约方请求违约方继续履行合同债务的行为;③必须是违约方能够继续履行合同。

(2)采取补救措施。根据我国《合同法》第111条规定:“质量不符合约定的,应当按照当事人的约定承担违约责任。对违约责任没有约定或者约定不明确,依照本法第61条的规定仍不能确定的,受损害方根据标的的性质以及损失的大小,可以合理选择要求对方承担修理、更换、重作、退货、减少价款或者报酬等违约责任。”

(3)赔偿损失。赔偿损失即债务人不履行合同债务时依法赔偿债权人所受损失的责任。我国《合同法》上的赔偿损失是指金钱赔偿,既包括实物赔偿,也可以合同标的物以外的物品予以赔偿。其责任构成如下:①违约行为;②损失;③违约行为与损失之间有因果关系;④违约一方没有免责事由。

(4)定金责任。《合同法》第115条规定:“当事人可以依照《中华人民共和国担保法》约定一方向对方给付定金作为债权的担保。债务人履行债务后,定金应当抵作价款或者收回。给付定金的一方不履行约定的债务的,无权要求返还定金;收受定金的一方不履行约定的债务的,应当双倍返还定金。”

(5)违约金责任。违约金责任又称违约罚款,是由当事人约定的或法律直接规定的,在一方当事人不履行合同时向另一方当事人支付一定数额的金钱,也可以表现为一定价值的财物。

小资料

《中华人民共和国合同法》之违约责任

第7章　违约责任

第107条　当事人一方不履行合同义务或者履行合同义务不符合约定的,应当承担继续履行、采取补救措施或者赔偿损失等违约责任。

第108条　当事人一方明确表示或者以自己的行为表明不履行合同义务的,对方可以在履行期限届满之前要求其承担违约责任。

第109条　当事人一方未支付价款或者报酬的,对方可以要求其支付价款或者报酬。

第110条　当事人一方不履行非金钱债务或者履行非金钱债务不符合约定的,对方可以要求履行,但有下列情形之一的除外:

①法律上或者事实上不能履行;

②债务的标的不适于强制履行或者履行费用过高;

③债权人在合理期限内未要求履行。

第111条　质量不符合约定的,应当按照当事人的约定承担违约责任。对违约责任没有约定或者约定不明确,依照本法第61条的规定仍不能确定的,受损害方根据标的的性质以及损失的大小,可以合理选择要求对方承担修理、更换、重作、退货、减少价款或者报酬等违约责任。

第112条　当事人一方不履行合同义务或者履行合同义务不符合约定的,在履行义务或者采取补救措施后,对方还有其他损失的,应当赔偿损失。

第113条　当事人一方不履行合同义务或者履行合同义务不符合约定,给对方造成损失的,损失赔偿额应当相当于因违约所造成的损失,包括合同履行后可以获得的利益,但不得超过违反合同一方订立合同时预见到或者应当预见到的因违反合同可能造成的损失。

经营者对消费者提供商品或者服务有欺诈行为的，依照《中华人民共和国消费者权益保护法》的规定承担损害赔偿责任。

第 114 条　当事人可以约定一方违约时应当根据违约情况向对方支付一定数额的违约金，也可以约定因违约产生的损失赔偿额的计算方法。

约定的违约金低于造成的损失的，当事人可以请求人民法院或者仲裁机构予以增加；约定的违约金过分高于造成的损失的，当事人可以请求人民法院或者仲裁机构予以适当减少。

当事人就迟延履行约定违约金的，违约方支付违约金后，还应当履行债务。

第 115 条　当事人可以依照《中华人民共和国担保法》约定一方向对方给付定金作为债权的担保。债务人履行债务后，定金应当抵作价款或者收回。给付定金的一方不履行约定的债务的，无权要求返还定金；收受定金的一方不履行约定的债务的，应当双倍返还定金。

第 116 条　当事人既约定违约金，又约定定金的，一方违约时，对方可以选择适用违约金或者定金条款。

第 117 条　因不可抗力不能履行合同的，根据不可抗力的影响，部分或者全部免除责任，但法律另有规定的除外。当事人迟延履行后发生不可抗力的，不能免除责任。

本法所称不可抗力，是指不能预见、不能避免并不能克服的客观情况。

第 118 条　当事人一方因不可抗力不能履行合同的，应当及时通知对方，以减轻可能给对方造成的损失，并应当在合理期限内提供证明。

第 119 条　当事人一方违约后，对方应当采取适当措施防止损失的扩大；没有采取适当措施致使损失扩大的，不得就扩大的损失要求赔偿。

当事人因防止损失扩大而支出的合理费用，由违约方承担。

第 120 条　当事人双方都违反合同的，应当各自承担相应的责任。

第 121 条　当事人一方因第三人的原因造成违约的，应当向对方承担违约责任。当事人一方和第三人之间的纠纷，依照法律规定或者按照约定解决。

第 122 条　因当事人一方的违约行为，侵害对方人身、财产权益的，受损害方有权选择依照本法要求其承担违约责任或者依照其他法律要求其承担侵权责任。

(三)违约免责条件与条款

1. 免责条件

免责条件即法律明文规定的当事人对其不履行合同不承担违约责任的条件。我国法律规定的免责条件主要有：①不可抗力。《合同法》第 117 条规定："因不可抗力不能履行合同的，根据不可抗力的影响，部分或者全部免除责任，但法律另有规定的除外。当事人迟延履行后发生不可抗力的，不能免除责任。本法所称不可抗力，是指不能预见、不能避免并不能克服的客观情况。"②货物本身的自然性质、货物的合理损耗。《合同法》第 311 条规定，承运人对运输过程中货物的毁损、灭失承担损害赔偿责任，但承运人证明货物的毁损、灭失是因不可抗力、货物本身的自然性质或者合理损耗以及托运人、收货人的过错造成的，不承担损害赔偿责任。③债权人的过错。《合同法》第 370 条规定，寄存人交付的保管物有瑕疵或者按照保管物的性质需要采取特殊保管措施的，寄存人应当将有关情况告知保管人。寄存人未告知，致使保管物受损失的，保管人不承担损害赔偿责任；保管人因此受损失的，除保管人知道或者应当知道并且未采取补救措施的以外，寄存人应当承担损害赔偿责任。

2.免责条款

免责条款是指当事人以协议排除或限制其未来责任的合同条款。其一,免责条款是合同的组成部分,是一种合同条款;其二,免责条款的提出必须是明示的,不允许以默示方式作出,也不允许法官推定免责条款的存在。

免责条款的有效与无效的判定条件如下:①基于现行法的规定确定免责条款的有效或者无效。免责条款以意思表示为要素,以排除或限制当事人的未来责任为目的,因而属于一种民事行为,应受《合同法》第 40 条、第 47 条、第 48 条、第 51 条、第 52 条、第 53 条和第 54 条的规定调整。②基于风险分配理论确定免责条款的有效或者无效。③根据过错程度确定免责条款的有效或者无效,《合同法》第 40 条、第 53 条对此加以规定。④根据违约的轻重确定免责条款的有效或者无效,此条款我国没有采用。

(四)合同违约处理

1.采取自救手段,维护自身利益

依《合同法》第 94 条的规定,对于预期违约,守约方依此享有合同解除权,可单方解除合同,并可请求对方赔偿损失。此规定适合明示毁约。但对于默示毁约而言,因恐难以掌握对方违约的确切证据,故守约方不宜采取解除合同措施,应参照《合同法》第 68 条规定,中止合同履行或中止合同履行准备,以避免扩大自己的经济损失,立即通知对方当事人在预期期间内提供适当的履行担保。若对方当事人在处理期间内不能提供适当担保,应视为对方明示毁约,此时可依法解除合同,并请求赔偿损失。此种自助措施与行使不安履行抗辩相似。

2.寻求司法救济,追究对方违约责任

依《合同法》第 108 条规定,一方当事人违约,对方可在履行期限届满之前要求其承担违约责任。此种措施,对于明示毁约易于操作;但对于默示毁约,守约方须掌握对方预期违约的确切的证据后方可诉诸法律,否则,将因证据不力反而于己不利。

3.坚持合同的效力,等待对方履行

当一方预期违约,对方可坚持合同的效力,要求或等待对方到期履行合同,以静观对方的态度是否有所变化,然后决定是否采取相应措施。对于明示毁约,守约方应明确要求对方撤回毁约的意思表示,而不能一味地坐等对方履行,以免扩大损失。对于默示毁约,守约方一时无确切证据证实对方毁约,可等待对方到期是否履行;若对方到期不履行,可依实际违约中的不履行情形追究其违约责任,或者依法解除合同,请求赔偿损失。

4.双方违约的处理

依《合同法》第 120 条的规定,违约各方按各自具体违约形态的法律后果分别向对方承担相应责任,亦即不适用过失相抵原则。所谓过失相抵,是指对损害的发生或扩大权利人亦有过失时,法官可按过失比例将损害在权利与义务人之间进行分摊,以减轻或免除义务人赔偿责任的一种制度。过失相抵最先适用于侵权法领域,而近现代大陆法系及美英法系国家的民法大都将该制度扩展到合同法领域。

《合同法》之所以未规定双方违约实行过失相抵原则,主要考虑到双方违约情况的复杂性,加之过失相抵与双方违约在适用方面存在三大区别:第一,过失相抵适用于法律规定所发生的损害赔偿领域,而双方违约适用于债务不履行领域;第二,过失相抵是互负损害赔偿责任时的责任抵销,而双方违约的责任承担并不限于赔偿损失,还包括实际履行、强行补正及支付违约金等其他责任方式,不同责任方式之间有时并不能抵销;第三,在过失相抵场合,双方过错是导致一方受损的共同原因，而在双方违约场合，双方各自违约通常是致对方受损的单独原因。因此，对于双方违约的处理，应首先分清双方各自违约的具体形态，然后据以确定各方所应负的责任，并分别由各自向对方承担。

依据《合同法》第 99 条、第 100 条的规定，若双方所负责任为同种责任，依其性质可抵销的，双方可在法律规定的范围内将各自承担的责任抵销；若双方所负责任为不同责任，但经双方协商一致，只要不违反法律禁止性规定，可协商抵销。

三、情势变更

1. 情势变更原则的适用条件

(1)必须有情势变更的事实。所谓情势，泛指合同成立的基础或环境的客观情况。

(2)情势变更须发生在合同成立之后，合同履行完毕之前。

(3)情势变更的发生必须是不可归责于当事人，即是由不可抗力、意外事故或其他原因引起，如果可归责当事人，则应由当事人承担风险或违约责任，而不适用于情势变更原则。

(4)情势变更是当事人不可预见的。

(5)情势变更使履行合同显失公平。

小资料

克雷尔诉亨利案

1902 年英王爱德华继承了维多利亚女王的王位，决定举行加冕典礼。为了观赏这场典礼，亨利与克雷尔谈妥，亨利在 6 月 26 日和 27 日的白天租赁克雷尔在楼上的公寓房以便从窗户向街上观看。双方约定，租金为 75 英镑，先付 25 英镑。然而在 6 月 22 日，下议院发出通报，国王要做阑尾炎手术，加冕典礼将改期举行。亨利在得到这一消息后拒绝再向克雷尔支付剩余的 50 英镑租金，合同的目的因该典礼的取消而落空，因此亨利支付租金的义务被取消了。克雷尔对亨利的行为极为不满，最终两人对簿公堂。法官强调，目的落空并不等于当事人履行不能。

英国法认为，合同落空是指在合同成立之后，非由于当事人自身的过失，而是由于事后发生的意外情况而使当事人在订约时所谋求的商业目标受到挫折。在这种情况下，对于未履行的合同义务，当事人得予免除责任。亨利预订房间的目的是观看登基典礼，克雷尔对此是清楚的，现在合同目的的落空，亨利得以免除支付剩余租金的责任，亨利的主张最终得到法律的支持。

2. 情势变更的效力

对于情势变更的效力，两大法系规定有所不同。英美法规定，合同订立后，发生情势变更导致合同目的受挫，法律应确定当事人之间所约定的条件不成，从而使当事人的债务被免除。大陆法中如德国法认为情势变更导致合同变更或解除。

我国法律对情势变更从目的上看，情势变更原则意在消除合同履行中出现的显失公平，从而使合同在公平基础上得到履行，或依诚实信用原则解除合同；从效力上看，情势变更原则体现为变更或解除合同，变更合同是使合同在公平基础上得到履行，解除合同是彻底地消除显失公平的现象。根据情势变更原则,变更或解除合同不存在违约行为,不承担违约责任,但因一方解除合同致另一方损害的,则应给予赔偿。

3.情势变更原则与有关概念之区别

(1)情势变更原则与显失公平规则。显失公平规则与情势变更原则有一定联系,因为情势变更原则通常是发生了一定的情势变更后,造成当事人之间利益不平衡,如果仍按原合同履行将显失公平。但二者毕竟有区别,因此显失公平规则不能取代情势变更原则。情势变更原则与显失公平规则的主要区别有以下几点:

①显失公平规则适用通常考虑当事人在交易过程中是否存在缺陷,如一方利用另一方的轻率、无经验等;但情势变更原则适用要求当事人双方没有过错,情势变更的发生是不可归责于合同当事人的。

②显失公平规则通常适用于一方在订立合同时就意识到该合同所产生的不公平结果,并努力追求这种结果的发生;而情势变更原则适用于当事人双方在订立合同时没有预见到未来可能发生的情势会导致当事人利益不平衡,利益失衡不是当事人所追求的。

③显失公平时,一方当事人可要求变更或撤销合同;而情势变更原则则直接发生合同变更和解除的效果。

(2)情势变更原则与不可抗力。许多学者将情势变更原则的事由限于不可抗力,认为情势变更是因不可抗力而发生,不以当事人的主观意志为转移,是当事人不可克服、不可避免的。实际上,不可抗力只是情势变更的一种类型,不可抗力不影响合同履行时,则不涉及情势变更原则。情势变更原则与不可抗力的主要区别有以下几点:

①功能不同。不可抗力是法定免责事由,它既可以适用于合同责任,又可以适用于侵权责任;既可以依法免除民事责任,又可以变更或解除合同。情势变更原则则主要是指合同履行的原则,即在合同履行过程中因情势变更的出现而仍使当事人履行义务,有违诚实信用原则,因而允许当事人变更或解除合同。

②在导致合同变更或解除方面,不可抗力引起合同变更或解除必然导致合同不能履行;而情势变更原则适用于履行过于艰难或成本过高,当事人又无法采取其他补救措施的情况下。

③在不可抗力的发生并不必然导致情势变更,且并没有引起当事人间利益失衡的情况下,则不适用情势变更原则。而情势变更原则的事由不限于不可抗力,还包括意外事故及其他事由。

④不可抗力出现后,当事人依法取得确切证据,履行法定义务如通知,则可以免除责任;而情势变更出现后,当事人主张情势变更,应向法院请求裁判,法院如果驳回请求,则合同仍应履行。

(3)情势变更原则与危险负担。危险负担是指双务合同中,因为不可归责于双方当事人的事由而致一方的债务不能履行时,所引起的损失由哪一方当事人承担。情势变更原则与危险负担的相似之处是两者都因不可归责于双方当事人的事由所导致,而且都以维护当事人的利益为宗旨。情势变更原则与危险负担的主要区别有以下几点:

①情势变更原则是民法诚实信用原则的具体体现,适用范围广泛,双务合同、单务合同都可适用;而危险负担主要适用于双务合同,目的是为维护双方当事人利益的平衡。

②情势变更原则适用的结果是变更或解除合同,从而维护当事人利益平衡;而危险负担的适用主要是解决危险归属的分配问题,不发生合同变更或解除。

4.情势变更原则与合同落空

情势变更在大陆法系体现为情势变更原则，在英美法系则体现为合同落空原则。合同落空，又称合同履行的不可能、不现实和无意义，是指当事人在订立合同时未预见到并不可避免的原因使合同不能履行或进一步履行非常艰难，一方当事人的合同目的已经不可能实现。合同落空与情势变更虽极为相似，却有着细微而本质的区别，主要有以下几点：

(1)外延不同。合同落空的外延比情势变更广泛，除了不可抗力、意外事件等共同事由外，还包括当事人死亡、特定标的物的灭失等履行不能。

(2)标准不同。显失公平是判断情势变更的客观标准；而合同落空则因为某些客观原因致合同基础已不存在或合同义务发生了根本变化，致使合同履行不能或履行非常艰难，这与情势变更的显失公平是完全不同的。

(3)对合同效力的影响不同。在合同落空的情况下，合同自动终止，合同效力随之消灭；情势变更则并不必然导致合同的终止，它只是赋予一方当事人请求变更或解除合同的权利，是否变更和解除合同，取决于法院或仲裁机构的裁判。

(4)当事人所承担的责任不同。合同落空免除了当事人的未来义务，双方当事人有责任将双方财产关系恢复到合同成立之初的状况；而在情势变更的情况下，行使请求权的一方当事人仍需赔偿对方损失或进行适当补偿。

第五节 合同的消灭

合同的消灭是指合同当事人依法或依约使合同设立的权利义务关系客观上不复存在，简称合同终止。合同的权利义务随之终止。合同之债一旦消灭，合同即丧失了法律上的效力，从而终止了原来的权利义务关系，原债权人不得再主张债权，原债务人也不再负有法律义务。

一、大陆法的规定

合同权利义务终止在大陆法系属于债的消灭范畴。

除撤销或解除合同、履行不可能作为债的消灭的原因外，还有清偿、提存、抵销、免除、混同等各种具体原因将导致债的消灭。

(1)清偿。清偿是指债务人向债权人履行债的行为。除了基于债的性质必须由债务人亲自履行外，原则上允许债务人以外的第三人向债权人清偿债(即代位清偿)。但是代位清偿必须满足一定的条件：第一，非专属性的债务，即因信任关系产生的，如代理以及人身关系，未作禁止第三人代为清偿的约定；第二，债权人无拒绝代为清偿理由的；第三，代为清偿第三人必须有代为清偿的意思表示。

清偿的标的：一般应当是合同规定的标的物，但如果债权人同意，债务人也可以用规定的标的物以外的物品来清偿其债务。

清偿的费用：如果当事人没有在合同中规定，一般由债务人负担，但如果由于债权人的住所发生变更，以使清偿费用有所增加时，其增加的部分应由债权人负担。

(2)提存。提存是指在债务人履行债务时，由于债权人受领迟延，债务人有权把应给付的金钱或其他物品寄托于法定的提存所，从而使债的关系消灭的一种行为。债务人为提存人，债权人为提存受领人。提存的法定机构或由法院指定,在我国为公证处。

提存必须具备以下条件:①债权人迟延受领;②不能确定谁是债权人,如变更住所、去向不明、未确定继承人、合并、分立等。

提存对债务人的效力:①债务人免除责任,自提存之日起。②除非无法确定债权人,标的物提存后,债务人负有及时通知的义务。

提存对债权人的效力:①所有权转移,提存标的物的所有权及孳息归债权人所有。②风险转移,自提存之日起,标的物损毁、灭失由债权人承担。③费用负担转移,费用由债权人承担。④债权人享有随时领取提存物的权利,但该权利的行使有法定的除斥期间。债权人领取提存物的权利,自提存之日起五年内不行使而消灭,提存物扣除提存费用后归国家所有。⑤在对债权人领受权的限制方面,债权人对债务人负有到期债务,在债权人未履行债务或者提供担保之前,提存部门根据债务人的要求应当拒绝其领取提存物。

(3)抵销。抵销是指两个当事人彼此互负债务,而且债务种类相同,并均已到清偿期,因而双方均得以其债务在等额的范围内归于消灭。抵销可分为法定抵销与合意抵销。法定抵销是指具备法律所规定的条件时,依当事人一方的意思表示所为的抵销。其依当事人一方的意思表示,使双方的债权按同等数额消灭的权利,称为抵销权。通常所说的抵销即是指法定抵销。合意抵销又称为契约上抵销,是指依当事人双方的合意所为的抵销。合意抵销是由当事人自由约定的,其效力也决定于当事人的约定。我国《合同法》第100条规定:"当事人互负债务,标的物种类、品质不相同的,经双方协商一致,也可以抵销。"这里规定的就是合意抵销。

抵销是自罗马法后期以来,各国法律都承认的制度。但在立法上,各国对抵销的规定有所不同。有的国家采取当然抵销说,认为无须当事人的行为,依双方债权对立的事实即当然发生抵销。例如,《法国民法典》第1290条规定:"债务人双方虽均无所知,根据法律的效力仍可发生抵销;两个债务自其同时存在起,在同等的数额的范围内互相消灭。"有的采取单独行为说,认为因有债权相互对立的事实,从而产生抵销权,因抵销权的行使而抵销。例如,《日本民法典》第506条中规定:"抵销由当事人的一方对其相对人以意思表示为之。但其意思表示,不得附条件或期限。"我国《合同法》第99条中规定:"当事人互负到期债务,该债务的标的物种类、品质相同的,任何一方可以将自己的债务与对方的债务抵销,但依照法律规定或者合同性质不得抵销的除外。"

抵销也是债的消灭的原因,并且用抵销方式消灭债,可便利当事人双方节省交易成本。因为在当事人双方相互负有同种类给付的债务时,若各方均须履行自己的债务,双方就要相互交换给付,势必增加给付的费用。此外,抵销还有担保作用。例如,双方互负同类债务时,若其中一方的资金变化,另一方向其履行,就有可能得不到相反的履行。但若实行抵销,则另一方即使不能履行债务,他方的利益也可得到保障。

抵销一般须具备以下要件:

①须双方互负有债务,互享有债权。抵销是通过冲抵债务,使双方的债权在同等数额内消灭,因此,抵销必以当事人双方相互享有对立的债权、负有对立的债务为前提。若当事人一方对另一方仅有债权而不负债务,或者仅负债务而不享有债权,当然也就不可能抵销。抵销人供抵销的债权应为自己享有的具有完全效力的债权。若抵销人的债权为诉讼时效完成后的债权,则不得以之供抵销,但对方以其债权与之抵销的,可发生抵销的效力。抵销人只能以自己的债权供抵销。对于他人的债权,即使债权人同意,也不得以之供抵销。

②须双方债务的给付为同一种类。抵销的债务以同一种类的给付为必要条件。因为只有给付的种类相同时，当事人双方的经济目的才一致，通过抵销才可满足当事人双方的利益需要。两项债务为不同种类的给付，若当事人以抵销而不必为给付，则会难以满足当事人的经济需要。因此，抵销的债务一般为金钱债务。

③须双方的债务均届清偿期。因为抵销具有清偿的效力，因此只有债务已届清偿期时才可抵销。债务未到清偿期，债权人不能请求履行，若债权人以其债权与对方的债权抵销，也就等于请求债务人提前清偿。两项债务，一项已届清偿期，而另一项未届清偿期时，若未到期的债务人主张抵销的，可以抵销；已届清偿期的一方主张抵销，未到期的一方同意抵销的，则也可以抵销。因为于此情形下，债务人自愿放弃自己的期限利益，法律无限制的必要。如果两项债务都没有规定清偿期，则因为债权人都可随时要求债务人履行，则可以抵销。但是，在当事人一方破产宣告时，破产债权人的债权不论是否已届履行期限，也不论是否附有期限或解除条件，还不论给付种类是否相同，均须抵销。此为破产中的抵销与民事上的一般抵销不同之处。

④须双方的债务均为可抵销的债务。抵销的债务须为可以抵销的债务。对于依法律规定或者性质不得抵销的债务，不得抵销。双方约定不得抵销的债务也不得抵销。法律规定不能抵销的债务主要有：禁止强制执行的债务；因故意侵权行为而产生的债务；约定应向第三人为给付的债务；违约金债务、赔偿金债务等。

抵销的法律效力由《合同法》第 99 条第 2 款规定："当事人主张抵销的，应当通知对方。通知自到达对方时生效。抵销不得附条件或者附期限。"抵销的效力主要表现在以下方面：

第一，双方的债权债务于抵销数额内消灭。双方债务数额相等的，双方的债权债务全部消灭；双方的债务数额不等的，数额少的一方的债务全部消灭，另一方的债务于与对方债务相等的数额内消灭，其余额部分仍然存在，债务人就此部分债务余额负清偿责任。

第二，抵销双方债务的消灭为绝对消灭。除法律另有规定外，任何人不得主张撤回抵销。已抵销的债务再为清偿时，发生不当得利。

第三，抵销的意思表示于抵销时发生消灭债的效力。双方的债务适于抵销时，即为抵销权发生之时。在双方的债务清偿期不一致时，以主张抵销的一方当事人发生抵销权的时间为适于抵销的时间。

(4)免除。免除是指债权人免除债务人的债务。法国、德国、瑞士等国将免除视为双方法律行为，需经债务人同意才成立；日本认为免除是单方法律行为；我国对免除未有明确的解释，但多数学者认为免除系单方法律行为。

免除的效力是使债消灭。债务全部免除的，债即全部消灭；债务部分免除的，债即于免除的范围内消灭；主债务因免除而消灭的，从债务也随之消灭。因为免除债务实质上是对债权的放弃，所以就法律禁止放弃的债权而免除债务的，其免除为无效，不发生债消灭的效果。

(5)混同。混同是指债权与债务同属于一个人时债的关系无存在的必要，从而归于消灭。我国《合同法》第 106 条规定："债权和债务同归于一人的，合同的权利义务终止，但涉及第三人利益的除外。"因此，混同的效力是导致债的关系绝对消灭，并且主债消灭，从债也随之消灭。但在涉及第三人利益的情形下，虽发生混同，债也不消灭。例如，在债权出质时，债权不因混同而消灭；票据的债权人与债务人混同时，债也不当然消灭。

混同的原因主要有以下几种：①民法上的继受，即自然人死亡导致的；②商法上的继受，如公司的合并；③特定的继受，如债权转让或债务承担等。

我国《合同法》第 91 条规定，有下列情形之一的，合同的权利义务终止：

(1)债务已经按照合同约定履行。

(2)合同解除。

(3)债务相互抵销。

(4)债务人依法将标的物提存。

(5)债权人免除债务。

(6)债权债务同归于一人。

(7)法律规定或当事人约定终止的其他情形。

二、英美法的规定

(1)合同因双方当事人的协议而消灭。

①以新的合同代替原合同，原来的合同消灭。

②更新合同。与以新合同代替原合同相似，但是不同之处在于，更新合同至少要有一个新的当事人加入，新加入当事人享有原合同权利并承担原合同义务。合同更新后，原合同消灭。

③根据合同自身规定的条件解除合同。

④弃权，即合同一方当事人自愿放弃依合同所享有的权利，从而解除对方的履约责任。

⑤废除，即双方当事人同意终止合同义务，任何一方均无需再履行合同。

(2)合同因履行而消灭。合同消灭的主要原因是当事人按约履行了合同义务，合同一经履行完毕，债权债务关系即告消灭。

(3)合同因违约而消灭。违约不能当然导致合同消灭，当在一方当事人根本违反合同，表示不愿意履行合同，以自己的行动使履约成为不可能或不履行其合同义务时，可能使对方取得解除合同的权利，行使解除权导致合同的消灭。

(4)合同依法律而消灭(合同因不能履行而消灭)。合并、破产和擅自修改书面合同是法律规定合同消灭的主要条件，出现合同落空、合同因无效或撤销而被解除。

小资料

合同是否因违反地方政府的规定而导致无效

合同违法必然无效，这是《合同法》的一个基本原则，但违反哪一等级的法才会导致合同无效？违反地方政府的行政规定是否导致合同无效？这个问题可以用一个案例说明。1994 年，云南某公司签订了一份卷烟带糖的销售合同，当时云南省政府云政复字(1992)34 号批复规定卷烟带糖应以 1∶10 为比例，这份合同的比例违反了批复的规定，因此合同对方向人民法院提出该合同无效。本案由最高人民法院于 1995 年 9 月 27 日作出判决，最高人民法院认为，该批复是政府指导辖区内企业营销的行政文件，有关单位基于行政关系应当执行，但其不具备规范民事关系的效力，当事人之间有权协商约定商品的配销比例及是否搭配销售，合同不因违反该批复而无效。最高人民法院的这个判例清楚地说明，地方政府的行政规定不具备规范合同内容的效力，不能导致合同无效。

不过，上述判决只以判例形式存在，只有参考意义，直到《合同法》施行后，上述命题才得到法律的最终确认。最高人民法院《关于适用〈合同法〉若干问题的解释》第 4 条规定:“《合同法》实施以后,人民法院确认合同无效,应当以全国人民代表大会及其常务委员会制定的法律和国务院制定的行政法规为依据,不得以地方性法规、行政规章为依据。”地方性法规由省级人民代表大会制定,行政规章由国务院制定,这两种“法”的等级都高于地方政府的行政规定,连它们都不能作为确认合同无效的依据,地方政府的行政规定就更不言而喻了。

关键词汇

合同　要约　承诺　对价　约因　合意　公平　真实意思表示　合同履行　情势变更　合同落空　合同的消灭

本章小结

合同是双方的法律行为,即需要两个或两个以上的当事人互为意思表示,是将能够发生民事法律效果的意思表现于外部的行为。合同双方当事人意思表示须达成协议,即意思表示要一致,合同方能生效,因为合同是以发生、变更、终止民事法律关系为目的。合同是当事人在符合法律规范要求条件下而达成的协议,故应为合法行为。合同一经成立即具有法律效力,在双方当事人之间就发生了权利、义务关系;或者使原有的民事法律关系发生变更或消灭。当事人一方或双方未按合同履行义务,就要依照合同或法律承担违约责任。

思考题

1. 试述合同的分类,并说明如何区分双务合同和单务合同。
2. 合同法的基本原则是什么?
3. 合同成立要件包括几个方面?要约生效的要件是什么?
4. 合同成立和生效的区别是什么?
5. 大陆法和英美法对于合同的灭失各有怎样的约定?

案例分析题

甲、乙两人于 2009 年 3 月 1 日约定,如果在 2010 年举办的广州亚运会上,中国取得金牌最多,甲就赠送乙 100 万。同年 5 月 20 日,甲又与丙约定,如果有一天太阳从西方升起,甲就将现住的房子赠送给丙。

问题:

1. 甲、乙合同有没有效力?如有效何时生效?理由是什么?
2. 甲、丙合同有没有效力?如有效何时生效?理由是什么?

第五章 国际货物买卖法

学习目标

知识目标

· 了解关于国际货物买卖法的渊源
· 掌握国际货物买卖合同买卖双方的权利和义务
· 熟悉国际货物买卖合同在履行过程中的违约救济方法
· 掌握货物风险转移制度

技能目标

· 培养对国际货物买卖中交易事项的敏锐观察力和判断力，并能分析和解决相关的法律问题

案例导入

不可撤销的要约纠纷案

甲、乙公司是分处不同国家的外国公司。乙公司（买方）向甲公司（卖方）发盘，要求凭乙公司提供的规格、性能生产供应某机械设备，并列出产品名、质量、数量、价格、付款、交货期等必要条件，规定有效期为1个月，以便使甲公司有足够的时间研究决定是否能够按照买方提出的条件生产供应。甲公司收到发盘后，立即组织人员进行设计，探寻必要生产设备添置的可能性和生产成本核算。两周后，甲公司突然接到乙公司通知，称由于资金原因，决定不再订购并撤销发盘。此时，甲公司已因设计、询购必要生产设备添置的可能性和生产成本核算等付出了大量费用。接到乙公司撤销发盘通知后，甲公司被迫停止尚未完成的设计与成本核算等工作。

思考题：

乙公司的做法正确吗？

第一节 国际货物买卖法概述

一、有关国际货物买卖的国内立法

1. 大陆法系国家国内法

在大陆法系国家，大都把有关买卖的法律编入民法典内，使其作为民法典的一个组成部

分。如《法国民法典》第 3 篇第 6 章、《德国民法典》第 2 篇第 2 章、《日本民法典》第 2 章第 3 节，都对买卖双方的权利义务作出具体规定。

2. 英美法系国家国内法

在英美法系国家，买卖法由判例法和成文法两个部分构成。其中在成文法方面，英国《1893 年货物买卖法》(Sale of Goods Act，1893)是英美法系买卖法的范例，美国《1906 年统一买卖法》(Uniform Sale of Goods Act，1906)是在参照英国《1893 年货物买卖法》的基础上而制定的，该法曾被美国 36 个州所采用。从 1942 年起，美国统一各州法律委员会和美国法学会着手起草一部新的《美国统一商法典》(Uniform Commercial Code，U. C. C.)，该法典于 1952 年正式公布，其后多次修订，现在使用的是 1987 年公布的文本，该法典的第 2 篇专门对货物买卖作出了具体规定，其内容在西方各国的买卖法中最为详尽，但该法典不是由美国的立法机关制定和通过的法律，而是由一些法律团体起草，供各州自由采用的一部法律样本。根据美国《宪法》的规定，关于贸易方面的立法权原则上属于各州，联邦只对涉及州际之间的贸易和国际贸易享有立法权。所以，各州对于是否采用上述《美国统一商法典》有完全的自主权。但因该法典能够适应当代美国经济发展的要求，故现在美国所有各州均已通过本州的立法程序采用了《统一商法典》，使之成为本州的立法。《美国统一商法典》施行后，《1906 年统一买卖法》即予废止。

3. 我国国内法

我国有关货物买卖的法律，主要见诸《民法通则》和《合同法》。《民法通则》第 4 章第 1 节有关民事法律行为的规定和第 5 章第 2 节有关债权的规定，以及第 6 章有关民事责任的规定，都与货物买卖有密切的关系。《合同法》第 9 章对买卖合同(即货物买卖合同)也作出了明确的规定。

二、有关国际货物买卖的国际公约

关于国际货物买卖的国际公约主要有：1964 年《国际货物买卖统一法公约》和《国际货物买卖合同成立统一法公约》，1974 年《国际货物买卖时效期限公约》，1980 年《修订国际货物买卖时效期限公约的议定书》，1980 年《联合国国际货物销售合同公约》，1983 年《国际货物销售代理公约》，1985 年《国际货物买卖合同适用法律公约》和《国际货物买卖适用法律公约》及 1994 年《国际商事合同通则》等。其中，1980 年《联合国国际货物销售合同公约》(以下简称《公约》)影响最为广泛。

由于各国在货物买卖法方面存在着不少分歧，在国际经济交往中不可避免地会引起法律冲突，这对国际贸易的发展是不利的。为了解决这个问题，早在 1930 年，罗马国际私法统一所就决定拟订一项有关国际货物买卖的统一法，以便协调和统一各国关于国际货物买卖的实体法。后来因为第二次世界大战爆发，这项工作一度中断。第二次世界大战后，该所继续进行这项统一法的起草工作。1964 年在海牙会议上正式通过了《国际货物买卖统一法公约》和《国际货物买卖合同成立统一法公约》。前者于 1972 年 8 月 18 日生效，批准或参加该公约的有比利时、冈比亚、联邦德国、以色列、意大利、荷兰、圣马利诺和英国等 8 个国家；后者于同年 8 月 23 日生效，在上述 8 国中，除了以色列外，其他国家均批准或参加了这项公约。

但是，上述两项公约在国际上并没有被广泛接受和采用。这主要是因为许多国家认为这两项公约受欧洲大陆法传统的影响较多,内容比较繁琐,有的概念比较晦涩难解。因此,在其通过后的40多年来参加的国家寥寥无几。这一事实表明,上述两项公约未能达到其预期目的,没有能够起到统一国际货物买卖法的作用。由于《国际货物买卖统一法公约》和《国际货物买卖合同成立统一法公约》两个公约在国际上并未被广泛接受和采用,1969年联合国国际贸易法委员会决定成立了一个专门工作小组,在上述两项公约的基础上制定了一部统一的国际货物买卖法,于1978年完成《联合国国际货物销售合同公约》的起草工作,《公约》于1980年3月在维也纳召开的有62个国家参加的外交会议上获得通过,1988年1月1日起生效。到目前为止,《公约》成员国已有60多个,包括美国、德国、法国、意大利、挪威、瑞士、瑞典和中国等世界主要贸易国,但英国、日本、韩国、中国香港和中国台湾地区等还没有加入。

《公约》共分为四个部分:①适用范围;②合同的成立;③货物买卖;④最后条款。《公约》全文共101条,采取了双方的营业地处于不同国家的国际性标准,而不是以合同双方的国籍为标准。《公约》采用排除法,规定了不适用《公约》的货物,如股票、投资证券、流通票据、货币、船舶、飞机、电力的买卖。《公约》调整的买卖,不包括以下内容:调整供私人和家庭适用的消费交易;根据法律执行令状或其他令状进行的买卖,如拍卖;供货一方的绝大部分义务是提供劳务或提供其他服务的合同或由买方提供制造货物大部分原材料的合同,如来件装配、来料加工、国际租赁、国际服务合同。《公约》调整的合同内容,不包括合同与惯例的效力;货物售出后对货物所有权的影响;货物产生的侵权责任(产品责任)。

我国于1981年9月30日在《公约》上签字,1986年12月11日交存批准书,但我国在核准《公约》时曾根据其第95条和第96条的规定,对《公约》提出了两项重要的保留。

(1)关于采用书面形式的保留。按照《公约》第11条的规定,国际货物买卖合同不一定要以书面形式订立或以书面来证明,在形式方面不受任何其他条件的限制。这就是说,《公约》对国际货物买卖合同没有提出任何特定的形式要求,无论采取口头方式或采取书面方式订立合同都是有效的。《公约》的这一规定以及其他类似内容的规定,同我国当时的《涉外经济合同法》关于涉外经济合同(包括国际货物买卖合同在内)必须采用书面形式订立的规定是不一致的。因此,我国在核准该《公约》时,对此提出了保留。但是,我国新《合同法》第10条已经不再要求合同必须采用书面形式订立,已经与《公约》第11条的规定相一致。

(2)关于公约适用范围的保留。根据《公约》第1条第(1)款(a)项的规定,如果合同双方当事人的营业地处于不同的国家,而且这些国家都是《公约》的缔约国,《公约》就适用于他们之间订立的买卖合同,即《公约》适用于营业地处于不同缔约国的当事人之间订立的买卖合同。该款中的(b)项又规定,只要双方当事人的营业地处于不同的国家,即使他们的营业地所在国不是《公约》的缔约国,但如果按照国际私法的规则导致适用某一缔约国的法律,则《公约》亦将适用于这些当事人之间订立的买卖合同。这项规定的目的是为了扩大《公约》的适用范围,使《公约》不仅适用于营业地处在缔约国的当事人之间订立的买卖合同,而且还可以适用于营业地处于非缔约国的当事人之间所订立的买卖合同,只要依据国际私法的规则导致该合同适用某一缔约国的法律(例如,依照合同的订立地或履行地法而导致适用某一缔约国的法律)即可。对于这一点,我国在核准《公约》时也提出了保留,即我国认为《公约》的适用范围仅限于双方的营业地分处于不同缔约国的当事人之间所订立的买卖合同。

我国是《公约》的缔约国,我国外贸企业同营业地位于其他缔约国的当事人之间所订立的买卖合同都将适用于《公约》,除非当事人在合同中排除了《公约》的适用。

三、有关国际货物买卖的国际贸易惯例

国际贸易惯例是国际贸易法的渊源之一。在国际货物买卖中，双方当事人可以在他们的买卖合同中规定采用某种国际贸易惯例，用以确定他们之间的权利、义务。目前有关国际货物买卖的、通行的国际贸易惯例主要有以下几种：

1.《国际贸易术语解释通则》(International Rules for the Interpretation of Trade Terms)

《国际贸易术语解释通则》是由国际商会在1935年制定的，后于1953年加以修订。近年来为了适用国际货物运输方式的新发展，国际商会又于1980年、1990年、2000年和2010年对其进行了修改和补充。现行的文本为《2010年国际贸易术语解释通则》。

该通则对内陆交货，如工厂交货(EXw)、装运港船上交货(FOB)以及成本加运费与保险费交货(CIF)等11种贸易术语作出了详细的解释，具体限定了买卖双方在交货方面的权利与义务。该通则在国际上已经得到广泛的承认和采用，是国际货物买卖最重要的贸易惯例。

2.《华沙—牛津规则》(Warsaw-Oxford Rules)

《华沙—牛津规则》是国际法协会在1932年制定的。因曾先后在华沙、牛津等地开会研究讨论，故定名为《华沙—牛津规则》。该规则共有21条，完全是针对"成本加运费与保险费交货(CIF)"制定的。它对CIF合同中买卖双方所承担的责任、费用与风险作出了详细的规定，反映了资本主义各国对CIF合同中买卖双方权利、义务的一般解释，曾经在国际上有过较大的影响，但目前已经基本上由于《2010年国际贸易术语解释通则》的采纳而失去影响。

此外，美国1941年修订的《国际贸易定义》(Revised American Foreign Trade Definition, 1941)，对美国在对外贸易中经常使用的贸易术语作出了解释，具体规定了在各种不同的贸易术语中买卖双方在交货方面的权利与义务。它对FOB这一术语的解释，同国际商会制定的《2000年国际贸易术语解释通则》所作出的解释有较大的区别。《国际贸易定义》在南北美洲各国有一定影响。

必须指出的是，上述各项国际贸易惯例并不具有普遍约束力，双方当事人可以采用，也可以不予采用。只有当双方当事人在他们订立的国际货物买卖合同中规定了采用某种国际贸易惯例来确定他们之间的权利、义务时，该项惯例才适用于该合同并对当事人产生约束力。

第二节 国际货物买卖合同的成立及买卖双方的权利和义务

一、国际货物买卖合同的成立

国际货物买卖合同作为合同的一种，适用合同法的一般原则，即当事人具备法定行为能力、买卖双方意思表示一致、合同内容合法、具备法定形式等。

鉴于世界各国政治、经济、法律、制度等存在差异，对当事人的行为能力及合同的合法性等问题很难达成一致，因此国际货物买卖合同的成立，必须具备两个根本条件：一是双方意思表示一致，即当事人就合同内容达成协议；二是确定合同形式。前者称为实质要件，后者称为形式要件。在实践中通常的做法是：买卖双方就合同条款进行谈判，然后签订协议，这时意味着

双方意思表示一致，双方签字的日期和地点就是合同订立的时间和地点，就此确定合同的实质要件；再由当事人双方确定合同的订立形式，即书面形式或口头形式。

(一)国际货物买卖合同实质要件确定

买卖双方通过网络、电话或信件等方式隔地订立合同时，双方是否达成意思表示一致，以及在何时何地达成一致，均较难判断。我国《合同法》第 13 条规定："当事人订立合同，采取要约、承诺方式。"

小案例

费兰图诉洽尔维奇国际公司案(1992)

被告洽尔维奇国际公司(卖方)与俄罗斯一外贸公司签订了销售鞋子的合同，规定所有争议在莫斯科仲裁。接着被告即与位于意大利的原告(费兰图)协商落实货源。1990 年 5 月份，被告将一份自己已签名的书面文件寄给原告签署。该文件不仅包含交货、价格及信用证支付条款，而且合并了上述仲裁条款。被告当月给原告开出了信用证，部分货物得到装运，被告也支付了部分货款。8 月份，原告签署了上述书面文件，同时也附了一封信表示不接受仲裁条款。由于被告拒绝接受其余的货物，原告向美国法院提起诉讼。被告提出管辖异议，认为该案应在莫斯科仲裁。美国联邦法院 1992 年判决被告胜诉，其理由是：《公约》第 18 条第 1 款规定承诺既可以用声明的方式，也可以用其他行为的方式；原告对被告要约中的仲裁条款没有及时表示异议，反而接受了被告的履行，原告的这种行为构成了《公约》中的承诺。

(二)国际货物买卖合同形式要件确定

合同形式有的是采用当面交谈或电话的形式，有的是采用信件、电报、电传等形式。如果采用信件、电报、电传进行洽商的，便可构成书面证明。

我国《合同法》第 32 条规定："当事人采用合同书形式订立合同的，自双方当事人签字或者盖章时合同成立"。《合同法》第 33 条还规定："当事人采用信件、数据电文等形式订立合同的，可以在合同成立之前要求签订确认书。签订确认书时合同成立"。采用数据电文等形式订立合同的，除非当事人另有约定，以收件人的主营业地为合同成立地；没有主营业地的，以其经常居住地为合同成立地(我国《合同法》第 34 条)。

对外贸易合同的书面形式，国际上没有统一的规定，在我国出口业务中，外贸公司所采用的形式有买卖合同和买卖确认书两种。何时采用买卖合同，何时采用买卖确认书，要根据商品或成交金额大小来确定。一般的做法是：在出口大宗商品或成交金额较大时，采用买卖合同；出口一般商品或成交金额较小时，采用买卖确认书。在法律上，两者的效力并无差异。

小资料

国际合同的形式

英国法将合同分为简单合同(书面、口头、默示形式)、盖印合同、记录合同。盖印合同是指不仅采取书面形式，还必须签字盖章和进行正式交付手续的合同，适用于船舶转让、合同章程、无偿赠与、地产转让等。记录合同是指通过法庭裁判、具结或其他强制措施确定的合同，适用于法院调解书。

《美国统一商法典》对买卖合同签订的形式没有限制，但规定不按照法律规定和约定没有采取书面形式的合同，将不能通过诉讼来强制执行(不是合同无效)。该法规定货款为500美元或500美元以上的货物买卖合同，需采取书面形式订立。

《联合国国际货物销售合同公约》规定合同可以采取任何形式。同时《联合国国际货物销售合同公约》提醒，如果合同的订立采取书面形式的，合同的变更也必须采取书面形式，除非对方信赖。

《国际商事合同通则》则没有对合同形式加以限制。

(三)国际货物买卖合同的主要条款

尽管《公约》对合同的主要条款并未加以规定，实务中的每份国际货物买卖合同也并不完全一致，但作为一个比较完备的合同，通常由“约首”、“正文”、“约尾”三部分组成。约首是合同的起始部分，包括合同的名称、编号、缔约日期、缔约地点、缔约双方的名称及地址、合同序言等；约尾是合同的结束部分，包括合同的份数、附件、使用文字及其效力、合同的生效日期与双方签字等。

正文是合同的主体部分，应当包括以下主要条款：

(1)货物条款。该条款应具体描述货物的名称、品质、数量、规格、包装等。其中描述货物品质的内容是合同非常重要的部分。在国际货物买卖中，表示货物品质的方法主要有：凭样品买卖，凭规格、等级或标准买卖，凭牌号或商标买卖，凭说明书买卖等。

(2)价格条款。该条款应写明计价货币、价款总额、有关价格术语和确定价格的方法等。

(3)交货条件。该条款是指所选择的国际贸易术语，每一术语应包括相应的指定地点、目的地、装运港或目的港，并注明《2010年国际贸易术语解释通则》。

(4)交货时间。根据上述相应的贸易术语，应确定卖方必须完成其交货义务的日期或期间。

(5)货物检验。该条款主要包括检验权、检验机构与检验证书、检验的时间与地点，以及检验的方法和检验标准等内容。

(6)支付条件。该条款即采用何种支付方式，如跟单托收、信用证等。

(7)违约责任。该条款主要规定买卖双方在各种违反合同的情况下，对方可采取的救济方法。

(8)保险条款。该条款中应写明由谁投保和支付保险费用、投保的险种和保险金额等。

(9)不可抗力条款。该条款是国际买卖合同中普遍采用的一项例外条款。它的作用是在签订合同后，如果发生了人力不可抗拒的意外事故，以致不能履行合同或不能如期履行合同，遭受事故的一方可以免除履行合同的责任或推迟履行合同，另一方无权要求其履行合同或赔偿损失。该条款应写明不可抗力的含义、范围，以及不可抗力引起的后果。

(10)争议解决。该条款主要由双方约定，既可以约定仲裁，也可以约定诉讼，但约定了其中一项，就不能约定采取另一项。约定仲裁的，应写明仲裁机构；约定诉讼解决的，应写明管辖的法院和适用的法律。

二、买卖双方的权利和义务

《公约》、《2010 年国际贸易术语解释通则》、《国际商事合同通则》、我国《合同法》和各国的国内法规定,合同成立之后买卖双方当事人应根据合同的约定全面履行自己的义务。

(一)卖方的义务

根据《公约》规定,卖方的主要义务有以下三项:①交付货物;②移交一切有关货物的单据;③把货物的所有权移转于买方。

《公约》第 31—33 条对卖方履行交货义务的时间与地点作出如下几项规定:

1. 交付货物

(1)关于交货的地点。如果买卖合同对交货地点已有规定,卖方应按合同规定的地点交货。如果合同对交货地点没有作出规定,根据《公约》第 31 条的规定,卖方应按下述三种不同情况履行其交货义务:

①如果合同没有规定具体的交货地点,而该合同又涉及货物的运输,即要求卖方把货物运送给买方,如铁路交货合同、装运港船上交货合同等,则卖方的交货义务就是把货物交给第一承运人。

②如果该合同出售的货物是特定物,从某批特定的存货中提取的货物或尚待加工、生产、制造的未经特定化的货物,而双方当事人在订立买卖合同时已经知道这些货物存放在的这个地方,或者已经知道它们将在某个地方生产、制造,则卖方应在该地点把货物交给买方处置。

③在上述情况外的其他情况下,卖方的交货义务是在其订立买卖合同时的营业地点把货物交给买方处置。如果双方当事人已经使用某种贸易术语明确规定了交货的地点,则卖方的义务就不是将货物交给第一承运人或在特定货物的所在地交货,而是应当把货物交到指定地点。

(2)关于交货的时间。《公约》第 33 条对如何确定卖方交货的时间作出如下规定:

①如果合同中规定了交货的日期,或从合同中可以确定交货的日期,则卖方应在该日期交货。

②如果合同中规定了一段交货的期间,或从合同中可以确定一段时间,则除情况表明买方有权选定一个具体日期外,卖方有权决定在这段期间内的任何一天交货。

③在其他情况下,卖方应在订立合同后的一段合理的时间内交货。至于何谓合理时间,应根据交易的具体情况来确定。

2. 提交有关货物的单据

根据《公约》第 34 条的规定,如果卖方有义务移交有关货物的单据,卖方必须按照合同规定的时间、地点和方式移交这些单据。这类与货物有关的单据,主要是指提单、保险单和商业发票,有时还可能包括领事发票、原产地证书、重量证书或品质检验证书。

小案例

我国某贸易公司与澳大利亚某矿产公司签订购买镉合同,到了合同履行期 3 月份的最后一天,澳方提出未装船发货是因为中方没有按合同规定及时提供商品检验证明、详细的装箱单和申请享受普惠制待遇的表格。中方称合同规定这些文件应由买方提供显属打字错误。中方申请仲裁，澳方反诉要求申诉人赔偿因其违约给被诉人造成的损失10 783.98美元。

本案中，中国与澳大利亚属于《公约》的缔约国，且合同当事人没有排除《公约》的适用，所以适用《公约》。第一，《公约》规定了卖方提交有关货物单据的义务。第二，根据国际贸易惯例，在CIF价格条件下，提供与货物有关单据的义务属于卖方（在本案为被诉人），而不属于买方（在本案为申诉人）。第三，事实上买方在收到货物之前，以及在根本不知道卖方货物存放地点的条件下，也不可能提供该批货物的商品检验证明书和装箱单等。合同中规定由买方提供上述单据，即使不是因为作为卖方的被诉人打字错误，也是违反国际贸易惯例和事实上不能执行的，因此这项规定是无效的。最终，仲裁庭裁决合同未能履行的责任在于被诉人，即澳方。

3. 卖方的品质担保义务

关于卖方对货物的品质担保义务，各国法律和《公约》都有具体的规定。一般来说，如果买卖合同对货物的品质规格已有具体规定，卖方应按合同规定的品质、规格交货；如果合同对货物的品质规格没有作出具体规定，则卖方应按合同应适用的法律的有关规定办理。现将《公约》有关卖方对货物的品质担保义务的规定介绍如下：

《公约》对卖方的品质担保义务作出明确的规定。按照《公约》第 35 条的规定，卖方交付的货物必须与合同所规定的数量、质量和规格相符，并须按照合同所规定的方式装箱或包装，除双方当事人另有协议外，卖方所交的货物应当符合下列要求，否则即认为其货物与合同不符。

(1)货物应适用于同一规格货品通常使用的用途。

(2)货物应适用于订立合同时买方曾明示或默示地通知卖方的任何特定用途，除非情况表明买方并不依赖卖方的技能和判断力，或者这种依赖对卖方来说是不合理的。

(3)货物的质量应与卖方向买方提供的货物样品或样式相同。

(4)货物应按同类货物通用的方式装入容器或包装，如无此种通用方式，则应按足以保全和保护货物的方式装进容器或包装。

4. 检验货物的时间和地点

为了鉴定卖方所交的货物是否与合同相符，各国法律一般都承认买方有权对货物进行检验，如果经检验发现货物与合同不符，买方有权向卖方要求赔偿损失，甚至可以要求退换。

《公约》对检验货物的时间和地点作出了明确的规定，现简要介绍如下：

(1)检验货物的时间。《公约》第 38 条第 1 款规定："买方必须在按情况实际可行的最短时间内检验货物或由他人检验货物。"

(2)检验货物的地点。《公约》第 38 条第 2 款对检验的地点作出了规定："如果合同涉及货物的运输，检验可推迟到货物到达目的地后进行。"这一规定反映了国际贸易的通常做法。

《公约》第 38 条第 3 款还进一步规定，如果货物在运输途中改运或买方再发运货物，没有合理机会进行检验，而卖方在订立合同时已经知道这种改运或再发运的可能性，则检验可推迟到货物到达新目的地后进行。这项规定的目的旨在当货物需要转运时，允许把检验的地点延展到新的目的地。

(3)通知货物不符合合同的时间。《公约》第 39 条作出以下两项规定：一是买方认为货物不符合合同，必须在发现或理应发现此种情况后的一段合理的时间内通知卖方，说明不符合同情形的性质，否则就丧失声称货物不符合同的权利。二是在任何情况下，如果买方不在实际收到货物之日起两年内将货物不符合同的情况通知卖方，就丧失了声称货物不符合同的权利，除非这一时限与合同规定的保证期限不符。

5.**卖方对货物的权利担保**

权利担保是指卖方应保证对其所出售的货物享有合法的权利，没有侵犯任何第三人的权利，并且任何第三人均不会就该项货物向买方主张任何权利。在货物买卖中，卖方最重要的义务就是保证其确实享有出售货物的所有权，或者卖方受货主的委托，作为代理人或受托人享有处分货物的权利。具体来说，卖方的权利担保义务主要包括以下三个方面的内容：①卖方保证对其出售的货物享有合法的权利；②卖方保证在其出售的货物上不存在任何未曾向买方透露的担保物权，如抵押权、留置权等；③卖方应保证其所出售的货物没有侵犯他人的权利，包括商标权、专利权等。按照各国的法律，上述权利担保义务是卖方的一项法定义务，即使在买卖合同中对此没有作出规定，卖方依法仍应承担此项义务。现根据《公约》，对卖方的这一义务说明如下。

《公约》对卖方的权利担保义务，主要有以下两项规定：

(1)卖方所交付的货物必须是第三方不能提出任何权利或请求的货物。《公约》第 41 条规定，卖方所交付的货物必须是第三方不能提出任何权利或请求的货物，除非买方同意在受制于这种权利或请求的条件下，收取这项货物。这项规定实质上就是要求卖方保证对所售货物享有合法权益，如果任何第三人对货物提出权利，主张请求权，卖方应对买方承担责任。这往往涉及货物的所有权或担保物权方面的问题。

(2)卖方所交付的货物不得侵犯任何第三方的工业产权或其他知识产权。根据《公约》第 42 条规定，卖方所交付的货物，必须是第三方不能根据工业产权或其他知识产权提出任何权利或请求的货物。但这是有一定的条件限制的，这些限制性的条件是：

①卖方只有当其在订立合同时已经知道或不可能不知道第三方对其货物会提出工业产权方面的权利或请求时，才对买方承担责任。

②卖方并不是对第三方依据任何一国的法律所提出的工业产权或知识产权的权利或请求都要向买方承担责任，而只是在下列情况下才须向买方负责：a.如果买卖双方在订立合同时已知买方打算把该项货物转售到某一个国家，则卖方对于第三方依据该国法律(如专利法、商标法、版权法等)所提出的有关工业产权或知识产权的权利请求，应对买方承担责任。b.在任何其他情况下，卖方对第三方根据买方营业地所在国法律所提出的有关侵犯工业产权或知识产权的请求，应对买方承担责任。

③如果买方在订立合同时，已经知道或不可能不知道第三方对货物会提出有关侵犯工业产权或知识产权的权利或请求，则卖方对由此而引起的后果不承担责任。

④如果第三方所提出的有关侵犯工业产权或知识产权的权利或请求，是由于卖方按照买方提供的技术图纸、图案或其他规格为其制造产品而引起的，则应由买方对此负责，卖方对此不承担责任。

此外，《公约》还规定，卖方在已经知道或理应知道第三方对货物的权利或请求后，应在合理时间内通知买方，否则，买方就会丧失援引上述第 41 条和第 42 条所规定的权利，除非买方对未及时通知卖方能提出合理的理由。

小案例

知识产权担保违约案

日本公司与中国公司签订了一项买卖合同，合同规定由日本公司向中国公司出售一批精密仪器，并约定该批仪器将转售到M国并在该国使用，合同履行完毕。M国一生产商发现该仪器的制造工艺侵犯了其专利权，遂根据M国《专利法》向当地法院提出请求，要求法院禁止该仪器在M国境内的销售和使用，同时要求损害赔偿。M国法院作出判决，禁止在M国境内销售和使用该仪器。中国公司提起仲裁，要求日本公司承担违约责任。仲裁庭经过审理认为，日本公司所售的仪器侵害了M国生产商的知识产权，违反了对其出售的商品的知识产权担保义务，应当承担违约责任。

（二）买方的义务

根据《公约》的规定，买方的主要义务有两项：①支付货款；②受领货物。现将《公约》有关买方义务的规定介绍如下：

1. 支付货款

按照《公约》的规定，买方支付货物的义务涉及许多方面的问题，如履行必要的付款手续，确定货物的价格，确定付款的时间和地点等。对这些问题，《公约》的规定比许多国家的国内法都更为详细和具体。

(1)履行必要的付款手续。《公约》第54条规定，买方支付货款的义务包括按照合同或任何法律、规章所要求的步骤及手续，以便使货款得以支付。

(2)确定货物的价格。如果合同没有明示或默示地规定货物的价格或确定价格的方法，在这种情况下，如合同已成立，则应当认为双方当事人已默示引用订立合同时这种货物在有关贸易中在类似情况下出售的通常价格。

(3)支付货款的地点。如果买卖合同对付款地点没有作出具体的规定，买方应按《公约》第57条规定，在下列地点向卖方支付货款：

①在卖方的营业地付款。如果卖方有一个以上的营业地点，则买方应在与该合同及合同的履行关系最为密切的那个营业地点向卖方支付货款。

②如果是凭移交货物或单据支付货款，则买方应在移交货物或单据的地点支付货款。

(4)支付货款的时间。《公约》第58条规定了买方支付货款的时间与条件。它包括以下三项内容：

①根据《公约》第58条第1款规定，如果买卖合同没有规定买方应当在什么时候付款，则买方应当在卖方按合同和《公约》的要求把货物或把代表货物所有权的装运单据（如提单）移交给买方处置时，支付货款。

②如果合同涉及货物的运输，买方可以在发货时订明条件，规定必须在买方支付货款时，方可把货物或单据交给买方。

③《公约》规定，买方在未有机会检验货物以前没有义务支付货款，除非这种检验的机会与双方当事人约定的交货或支付程序相抵触。

2. 收取货物

买方的另一项基本义务是收取货物。根据《公约》第60条的规定，买方收取货物的义务主要包括以下两项内容：

(1)采取一切理应采取的行动，以便卖方能交付货物。

(2)在卖方交货时有义务接收货物。

第三节　违约及其补救方法

违约(breach of contract)是指合同当事人违反合同义务的行为，即当事人一方不履行合同义务或者履行合同义务不符合约定，即构成违约。依《英国法律辞典》的解释，“违约是指无论是行为也好，遗漏也好，凡是不履行契约里所规定的都叫做违背契约”。

在国际货物买卖中，卖方的违约主要表现为不履行交货义务或不适当履行交货义务，如所交货物或单据与合同不符，交付的货物违反了卖方的权利担保等；买方的违约则主要表现为不付款，不依合同的约定付款或不依合同的约定提取货物。

国际货物买卖合同有效成立后，当事人应该根据合同的规定履行自己的权利和义务，以实现其各自的经济目的。但由于国际货物买卖的复杂性，常有不履行合同的情况发生，除了部分属于免责允许，更多的是由于当事人一方的违约行为造成的。不论违约的性质如何，受害方均有权依照合同规定采取合理的救济措施，以维护自身的权益。这些违约救济措施中，有的仅限于卖方或买方采用，有的则是买卖双方当事人均可采用。

一、双方共同的补救方法

(一)损害赔偿

根据《公约》的规定，当一方违反合同时，对方都有权利要求赔偿损失，而且要求损害赔偿的权利并不因其已采取其他救济方法而丧失。《公约》第74—77条对损害赔偿的责任范围和计算办法作出了具体的规定。

对于损害赔偿的原则及责任范围，《公约》第74条规定：“一方当事人违反合同应负责的损害赔偿额，应与另一方当事人因其违反合同而遭受的包括利润在内的损失额相等。但这种损害赔偿不得超过违反合同一方在订立合同时，依照其当时已知道或理应知道的事实和情况，对违反合同预料到或理应预料到的可能损失。”但是，没有违反合同的另一方有义务采取必要的措施，以减轻因违约而引起的损失。根据《公约》第77条的规定：“声称另一方违反合同的一方，必须按情况采取合理措施，减轻由于另一方违反合同而引起的损失，包括利润方面的损失。如果该方不采取这种措施，违反合同一方可以要求从损害赔偿中扣除原应可以减轻的损失数额。”这项规定适用于买方或卖方的各种违约索赔情况。

小案例

买方诉卖方违约赔偿案

申请人与被申请人按信用证付款条件签订了两份买卖硅的合同。合同订立后，硅价格上涨，申请人依约开出了信用证，但被申请人拒不按约交货。申请人看到信用证已过期，为减少损失，便从别公司购买了相同品质的替代货物。之后，申请人以被申请人违约为由，向被申请人索赔差价损失。双方协商未果，申请人遂向中国国际经济贸易仲裁委员会提请仲裁。仲裁庭开庭审理后，对申请人采取的补救措施予以支持，裁定被申请人应赔偿申请人购买合同替代货物所造成的货物差价损失。该案被申请人在收到申请人依约开来的信用证后，理应履行约定的交货义务，但由于其出售的货物市价上涨，即拒不交货，违反了诚信原则，构成根本违约。由于被申请人未按约定时间交货，导致信用证已过期，在此情况下，为了减少损失，申请人采取合理补救措施，从别公司购买了合同替代货物，并要求被申请人赔偿其差价损失。申请人的上述补救措施和索赔请求是有合同依据的，也符合国际贸易的一般惯例，理应得到支持。

(二)预期违反合同(anticipatory breach)(预期违约)

关于预期违反合同的规定，在第四章已阐明，此处不再赘述。一方预期违约的救济方法是使另一方当事人可以中止履行合同。

(1)根据《公约》第 71 条第 1 款规定，如果订立合同后，另一方当事人由于下列原因显然将不履行其大部分重要义务，对方当事人可以中止履行义务：①一方履行义务的能力或其信用严重缺陷；②其在准备履行合同或履行合同中的行为显示其将不履行其主要的义务。

(2)《公约》规定了在援用中止履行合同时所必须采取的通知程序。根据《公约》第 71 条第 3 款的规定，宣告中止履行义务的一方当事人，必须立即通知另一方当事人；如果另一当事人对履行义务提供了充分的保证，则必须继续履行义务。

(三)对分批交货合同发生违约的救济方法

分批交货合同是指一个合同项下的货物分成若干批交货。《公约》第 73 条专门就此作出规定。根据此条的规定，主要有以下三种情况：

(1)在分批交货合同中，如果一方当事人不履行对其中任何一批货物的义务，便已对该批货物构成根本违反合同，则对方可以宣告合同对该批货物无效，即宣告撤销合同对这一批交货的效力，但不能撤销整个合同。

(2)如果一方当事人不履行对其中任何一批货物的义务，使另一方当事人有充分理由断定今后各批货物亦将会发生根本违反合同，则该另一方当事人可以在一段合理时间内宣告合同今后无效，即撤销合同对今后各批货物的效力，但对在此以前已经履行义务的各批货物不能予以撤销。

(3)当买方宣告合同对某一批交货无效时，如果合同项下的各批货物是互相依存、不可分割的，不能将任何其中的一批货物单独用于双方当事人在订立合同时所设想的目的(如大型设备分批装运交货)，买方可以同时宣告合同对已经交付或今后将交付的各批货物均为无效，即可以宣告撤销整个合同。

(四)支付利息

《公约》第 78 条是关于支付利息的补救办法的规定。支付利息是指拖欠价款或其他金额的一方当事人应向另一方当事人支付上述款项的利息。支付利息有两种情况：一种是支付货款的利息；另一种是支付拖欠金额的利息。采用了支付利息的补救办法后，仍然可以要求损害赔偿。

(五)免责

《公约》第 79—80 条对免责的情况进行了规定。

(1)免责的条件包括以下三点：

①不履行必须是由于当事人不能控制的障碍所致。例如，战争、禁运、风暴、洪水等。

②这种障碍是不履行一方在订立合同时不能预见的。

③这种障碍是当事人不能避免或不能克服的。《公约》所称的“不能控制的障碍”实际上就是不可抗力，《公约》没有采用不可抗力这一传统用语，是由于各国对该用语的理解有一定的差异，沿用传统用语可能会引起不必要的误解。

(2)免责的通知。《公约》第 79 条第 4 款规定，不履行义务的一方必须将障碍及其对履行义务能力的影响通知另一方。如果对方在不履行义务的一方已知道或理应知道此一障碍后一段合理时间仍未收到通知，则不履行义务的一方对由于对方未收到通知而造成的损害应负赔偿责任。

(3)免责的后果。《公约》第 79 条第 5 款规定，免责一方所免除的是对另一方损害赔偿的责任，但受损方依《公约》采取其他补救措施的权利不受影响。

小案例

不可抗力纠纷案

1974 年，波兰公司出售一批食糖给英国公司。合同规定“1974 年 11—12 月份交货”，还规定“如发生政府干预行为，合同应予延长，甚至撤销”。1974 年 8 月由于波兰连遭大雨，甜菜严重歉收。1974 年 11 月 5 日波兰政府禁止食糖出口，此项禁令一直到 1975 年 7 月份仍然有效。英国公司因波兰公司未能出口食糖而提出损失赔偿，但波兰公司认为它是因为不可抗力的原因而不能履行义务，双方发生纠纷。

法院认为，波兰公司以不可抗力为抗辩理由是成立的。因为，本案涉及有自然灾害和政府禁令问题。前者是指在合同订立后，原规定 1974 年 11—12 月份交货，但 8 月因波兰连下大雨，致使甜菜严重歉收，导致食糖的原料短缺。但仅凭这一点而撤销合同的理由是不充分的，因为双方买卖的商品是食糖，一家公司不仅是有待生产的新货，还有过去的存货。但是，这个原因正是导致波兰政府发布禁止食糖出口命令的关键所在，而这项禁令才是波兰公司不能履约的真正无法克服的障碍。因此，波兰公司以政府禁令作为不可抗力的抗辩理由，要求免除其不能履约的责任，理由是充分的。

(六)宣告合同无效的效果

宣告合同无效的效果是指合同无效对买卖双方当事人基于合同产生的权利义务的影响。《公约》第 81—84 条关于宣告合同无效效果的规定，包括以下几点：

(1)合同一经被宣告无效，即解除了买卖双方在合同中的义务。但它并不解除违约一方损害赔偿的责任及合同中有关解决争议和合同中有关双方在合同无效后的权利义务的规定。

(2)宣告合同无效要求买方必须按实际收到货物的原状归还货物。如买方归还的货物不具有交货时的使用价值，买方就丧失了宣告合同无效或要求卖方交付替代货物的权利。

(3)合同宣告无效后，买卖双方必须归还因接受履行所获得的收益，即卖方应归还所收取的货款的利息，买方应归还由于使用货物或转卖货物所得的收益。

(七)保全货物

《公约》第 85—88 条是关于保全货物规定。保全货物是指在一方当事人违约,另一方当事人仍持有货物或控制货物的处置权时,该当事人有义务对其所持有的或控制的货物进行保全。保全货物的目的是为了减少违约一方当事人因违约而给自己带来的损失。

(1)保全货物的条件。卖方保全货物的条件是:买方没有支付货款或接受货物,而卖方仍拥有货物或控制着货物的处置权。买方保全货物的条件是:买方已接收了货物,但打算退货。

(2)保全货物的方式。保全货物的方式是将货物寄放于仓库,或将易坏货物出售。

二、卖方违约时买方的救济方法

卖方违反合同主要有以下几种情况:①不交货;②延迟交货;③交付的货物与合同规定不符。根据《公约》第 3 部分第 2 章第 3 节的规定,如果卖方不履行其在合同和《公约》中的任何义务,买方可以采取下列救济方法:

1.要求卖方履行其合同义务

《公约》第 46 条规定,如果卖方不履行合同的义务,买方可以要求卖方履行其合同或《公约》中规定的义务。但是,根据《公约》第 28 条的规定,当一方当事人要求另一方当事人履行某项义务时,法院没有义务作出判决要求当事人具体履行此项义务,除非法院依照其本身的法律规定,对不属于公约范围的类似销售合同愿意如此判决。

2.要求卖方交付替代货物

《公约》第 46 条第 2 款规定,如果卖方所交付的货物与合同规定不符,而且这种不符合合同的情形已构成根本违反合同,则买方有权要求卖方另外再交一批符合合同要求的货物,以替代原来那批不符合同的货物。

3.要求卖方对货物不符合同之处进行修补

《公约》第 46 条第 3 款规定,如果卖方所交的货物与合同规定不符,买方可以要求卖方通过修理对不符合同之处作出补救。

4.给卖方一段合理的额外时间让其履行合同义务

《公约》第 47 条第 1 款规定,如果卖方不按合同规定的时间履行其义务,买方可以规定一段合理的额外时间,让卖方履行其义务。

5.卖方须对不履行义务作出补救

按照《公约》第 48 条的规定,除第 49 条的规定(关于撤销合同)外,卖方即使在交货日期之后,仍可自付费用,对任何不履行义务作出补救,但这种补救不得给买方造成不合理的迟延,也不得使买方遭受不合理的不便,或使买方无法决定卖方是否将偿付预付的费用。但是,买方保留《公约》所规定的要求损害赔偿的任何权利。

6.撤销合同

根据《公约》第 49 条的规定,当卖方违反合同时,买方在下述情况下可以宣告撤销合同:

(1)卖方不履行其在合同中或《公约》中规定的任何义务,已构成根本违反合同。

(2)如果发生不交货的情况,如卖方在买方规定的合理的额外时间内仍不交货,或卖方声明其将不在买方规定的合理的额外时间内交货。

7. 要求减价

按照《公约》第 50 条规定，如果卖方所交的货物与合同不符，不论买方是否已经支付货款，买方都可以要求降低价格。减价按实际交付的货物在交货时的价值与符合合同的货物在当时的价值两者之间的比例计算。但是，如果卖方已按《公约》规定对其任何不履行合同义务之处作出了补救，或者买方拒绝接受卖方对此作出补救，买方就不得要求降低价格。

8. 当卖方只交付部分货物或所交货物只有一部分符合合同规定时，买方可采取的救济方法

按照《公约》第 51 条的规定，当卖方只交付一部分货物，或者卖方所交付的货物中只有一部分与合同的要求相符合时，买方只能对漏交的货物或对与合同要求不符的那一部分货物，采取上述第 46—50 条所规定的救济方法，包括退货、减价及要求损害赔偿等。但一般不能宣告撤销整个合同或拒收全部货物，除非在卖方不交货或者不按合同规定交货已构成根本违反合同时，买方才可以宣告撤销整个合同。

9. 当卖方提前交货或超量交货时，买方可以采取的补救方法

《公约》第 52 条规定，如果卖方在合同规定的日期以前交货，买方可以收取货物也可以拒绝收取货物。但如果卖方在提前交货遭拒绝后，等到合同规定的交货期临到的时候再次向买方提交货物，买方仍须收取这批货物。《公约》还规定，如果卖方所交货物的数量大于合同规定的数量，买方可以收取全部货物，也可以拒绝收取多交部分的货物，而只收取合同规定数量的货物，但不能拒收全部货物。如果买方收取多交部分的货物，就必须按合同规定的价格付款。

10. 请求损害赔偿

《公约》认为，损害赔偿是一种主要的救济方法。根据《公约》第 45 条的规定，如果卖方违反合同，买方可以要求损害赔偿，而且买方要求损害赔偿的权利，不因其已采取其他补救方法而丧失。《公约》第 75 条和第 76 条对在撤销合同的情况下，如何计算损害赔偿额的具体办法作出规定，主要有以下两种情形：

(1)如果买方已宣告撤销合同，而在宣告撤销合同后的一段合理时间内，买方已以合理方式购买了替代货物，则买方可以取得合同价格和替代货物的交易价格之间的差额，以及因卖方违约而造成的其他损害，这种做法叫做实际补进。

(2)如果买方在撤销合同之后，没有实际补进原来合同项下的货物，而此项货物又有时价的话，则买方可以取得原合同的规定价格和宣告撤销合同时的时价之间的差额，以及因卖方违约造成的任何其他损害赔偿。但是，如果买方是在接收货物之后才宣告撤销合同，则应按接收货物时的时价与合同规定的价格之间的差额计算，而不是按宣告撤销合同时的时价计算。这里所说的时价，是指合同原定交货地点的现行价格。如果该地点没有时价，则指另一合理替代地点的现行价格。但在这种情况下，应适当考虑货物运输费用的差额。

三、买方违约时卖方的救济方法

买方违反合同主要有以下几种情况：①不付款；②延迟付款；③不收取货物；④延迟收取货物。对买方出现上述违约情事时，卖方可以采取的各种救济方法介绍如下：

1. 要求买方实际履行其合同义务

《公约》第 61—63 条规定，如果买方不履行其在合同中和《公约》中规定的任何义务，卖方

可以要求买方支付货款、收取货物以及其他应履行的义务，前提是卖方没有采取与此要求相抵触的某种补救办法。

但是，根据《公约》第 28 条规定，当一方当事人要求对方实际履行其合同义务时，法院并没有义务判令对方实际履行其义务，除非法院依照法院所在地国的法律对不属于《公约》范围的类似合同亦将作出实际履行的判决。

2. 卖方可以规定一段合理的额外时间，让买方履行其义务

如果买方没有在合同规定的时间内履行其合同义务，卖方可以规定一段合理期限让买方履行其义务。但是在这种情况下，除非卖方已收到买方的通知，表明将不在卖方所规定的额外时间内履行其义务，否则，卖方不得在这段时间内对买方采取任何救济方法。但卖方并不因此而丧失其对买方延迟履行合同可能享有的根据《公约》第 76 条要求损害赔偿的权利。

3. 卖方在一定情况下，可以宣告撤销合同

卖方在下列情况下，可以宣告撤销合同：

(1)如果买方不履行合同或《公约》的义务已经构成根本违反合同，即卖方因买方的违约行为遭到重大损失，以致实质上剥夺了卖方根据合同有权得到的东西，在这种情况下，卖方可以宣告撤销合同。

(2)如果卖方已经给买方规定了一段合理的额外时间，让买方履行其义务，但买方不在这段时间内履行其义务，或买方声明其将不在所规定的时间内履行其义务，则卖方亦可宣告撤销合同。

但是，如果买方已经支付货款，卖方在原则上就丧失了宣告解除合同的权利，除非卖方按照下面规定的办法去做：

①对于买方延迟履行义务，卖方在知道买方履行义务前已宣告撤销合同。

②对于买方延迟履行义务以外的任何违反合同的情事，卖方必须在知道或理应知道这种违约情事后的一段合理的时间内宣告撤销合同，否则，卖方亦将失去宣告撤销合同的权利。

③根据《公约》第 81—84 条的规定，当买方或卖方撤销合同后，就解除了双方在合同中规定的义务，即卖方不需要交货，买方不需要支付货款，如果卖方已经交货，则可以要求买方归还货物。特别值得注意的是，按照《公约》的规定，撤销合同并不终止违约一方对其违约所引起的一切损害赔偿责任，也不终止合同中关于解决争议的任何规定。

4. 自行确定货物的具体规格

《公约》第 65 条规定，如果买方在合同规定的时间内或在收到卖方要求后的一段合理时间内没有提出具体规格要求，则卖方在不损害其可能享有的权利(如请求损害赔偿的权利)的情况下，可以依照其所知道的买方的要求，自行确定货物的具体规格。

5. 请求损害赔偿

当买方违反其合同义务或《公约》所规定的义务时，卖方有权请求损害赔偿。而且根据《公约》的规定，卖方请求损害赔偿的权利，不因其已采取上述其他补救方法而受到影响。

6. 要求支付利息

如果买方没有支付价款或拖欠任何其他金额，卖方有权对这些款额收取利息，但这并不妨碍卖方根据《公约》第 74 条的规定取得损害赔偿。

第四节　货物所有权与风险的转移

一、货物的所有权转移

国际货物买卖合同是卖方向买方转移货物所有权、买方支付价款的合同。在国际货物买卖中，所有权的转移意味着货物所有权从原所有人处转移到新的所有人处。货物所有权从何时起由卖方转移到买方，是关系到买卖双方切身利益的一个重大问题。因为一旦货物的所有权移转于买方，如果买方拒付货款或遭遇破产，卖方就将蒙受重大的损失。但货物所有权何时由卖方向买方转移，国际公约、各国法律没有统一规定。《公约》将这一问题交由各国国内法决定，所以，货物所有权转移是各国国内法调整的问题。在国际货物买卖实践中，一般由受理国际货物买卖争议的法院或仲裁庭，依据有关国际惯例或以国际私法冲突规范指引的国内法来解决该问题。

(一)我国《合同法》中的有关规定

我国《合同法》第 133 条规定，在买卖合同中，货物所有权自标的物交付时起移转，但法律另有规定或者当事人另有约定的除外。这表明：

(1)我国《合同法》允许买卖双方在合同中规定所有权移转的时间。例如，当事人可以在买卖合同中约定买方未履行支付价款或其他义务的，货物所有权不移转给买方。

(2)如果双方当事人在买卖合同中没有特殊的约定，法律亦无专门的规定，则货物所有权自交付货物时起移转。

(二)《美国统一商法典》的有关规定

在《美国统一商法典》以前，美国各州关于货物所有权移转的法律同英国法基本上是一致的。当时，美国法也同英国法一样认为所有权的移转是一个至关重要的问题，它决定着风险的移转、保险利益的归属、买卖双方可享有的救济方法以及有关的权利义务。在制定《美国统一商法典》时，抛弃了这种陈旧过时的观念，把所有权的移转问题同风险移转及救济方法问题分离开来，分别作出具体规定，而不再以所有权的移转作为决定风险移转及救济方法的关键性因素。

根据《美国统一商法典》的规定，在把货物确定在合同项下(identification to the contract)以前，货物的所有权不移转于买方，这是美国关于所有权移转的一项基本原则。

《美国统一商法典》允许双方当事人在合同中明确规定所有权移转的时间。根据《美国统一商法典》第 2—401 条的规定，除双方当事人另有特别约定外，货物的所有权应于卖方完成其履行交货义务时移转于买方，而不论卖方是否通过保留货物所有权的凭证(如提单)来保留其对货物的权利，因为按照该法典的规定，买方保留货物所有权的凭证(如提单)，一般只起到担保权益(security interest)的作用，即以此作为买方支付货款的担保，但这并不影响货物所有权依照法典的规定移转于买方。

按照《美国统一商法典》的规定，货物所有权移转于买方的时间主要应区别以下两种不同的情况：

(1)当货物需要运输时。如果按照合同的规定,卖方需要把货物运交买方,但并未规定具体的目的地,则货物的所有权应于货物装运的时间和地点移转于买方。如果合同要求卖方把货物运达到指定的目的地,则货物的所有权应于目的地交货时移转于买方。

(2)当货物毋需移动时。有时卖方可能已经把货物交给第三人保管,如已把货物存入仓库而让买方到指定的仓库提货,在这种情况下,卖方在交货时就毋需移动货物,而只要把仓库收据交给买方,让其自行提货即可。这时,货物的所有权应按下列规定移转于买方:

①如果卖方已将货物交给一个作为第三方的保管人保管,并由保管人(如仓库保管人)对货物出具了可转让的物权凭证(negotiable document of title),则货物的所有权在卖方将此项物权凭证背书交给买方时即转移于买方。

②如果上述保管人没有出具任何可以转让的物权凭证,而且货物在订立合同时已经确定在合同项下,则货物的所有权应于订立合同时移转于买方。

(三)《德国民法典》的有关规定

《德国民法典》认为,所有权的移转属于物权法的范畴,而买卖合同则属于债法的范畴,买卖合同本身并不起到移转所有权的效力。依照《德国民法典》,所有权的移转必须符合下列要求:①如为动产须以交付标的物为必要条件,即在卖方有义务交付物权凭证的场合,卖方可以通过交付物权凭证(如提单)而把货物所有权转移于买方。②如为不动产,其所有权的转移须以向主管机关登记为必要条件。

(四)《公约》的有关规定

《公约》第 4 条(B)款明确规定,《公约》不涉及买卖合同对所售货物所有权可能产生的影响。因此,《公约》除原则性地规定卖方有义务把货物所有权移转于买方,并保证卖方所交付的货物必须是第三方不能提出任何权利或请求权的货物之外,对所有权移转于买方的时间、地点和条件,以及买卖合同对第三方货物所有权所产生的影响(如货主对其货物被非法出售时可否向买方进行追夺)等问题,都没有作出任何规定。这主要是因为各国关于所有权移转问题的法律分歧较大,不容易实现统一。所以,在拟订《公约》的过程中,各国代表都同意把风险移转问题同所有权移转问题分开来处理。《公约》着重规定货物的风险从卖方移转于买方的时间与条件,而对所有权移转的问题则没有作出任何具体规定。

二、货物的风险转移

(一)风险和风险移转的概念

国际货物买卖中,风险转移的风险主要是指货物高温、水浸、火灾、严寒、盗窃或查封等非正常情况下发生的短少、变质或灭失等损失。

风险转移一般须符合两个基本特点:首先,这种损失并不是因为合同一方当事人的违约造成的,也就是说任何一方当事人对此损失都无过失。其次,这种风险是当事人不可预见的,具有不确定性,在商业贸易中的正常风险,如货物行情的涨跌等并不包括在内。

风险的转移问题在国际货物买卖中涉及买卖双方的基本权利和义务,关系到由何方承担风险和损失。货物风险转移的后果是:如果货物的风险已由卖方移转至买方,则货物由于意外事件所遭受的损失就应由买方承担,即使货物灭失或损坏,买方也不能以此为理由拒绝支付货款及履行其他相应的义务；如果货物的风险尚未转移给买方，则货物遭受的损失仍由卖方承担，即使卖方已经托运交付货物，也不能以此为理由要求免除其交货义务，除非卖方能证明这是由于不可抗力事件造成的。

（二）风险移转的原则

风险转移的关键是从何时起风险开始转移。根据《公约》第 9 条规定，双方当事人业已同意的任何惯例和他们之间确立的任何习惯做法，对双方当事人均有约束力。

如果双方当事人在买卖合同中采用了《2010 年国际贸易术语解释通则》中的贸易术语，则风险转移的时间应按这些贸易术语的规定来确定，即约定优先原则。而且，风险转移的前提是货物特定化。除此，各国相关理论对风险转移时间的规定大概有三种。

1. 合同订立的时间为风险转移时间

此规定是指买卖合同一经订立，货物的风险损失就由卖方转移到买方。《瑞士债务法典》第 185 条规定："除因特别关系或约定外，货物之收益及风险于契约成立时转移于买受人。"此观点显然不符合公平原则，在国际货物买卖中，双方远隔重洋，订立合同时货物大都在卖方控制下，即使买方想对货物加以保护以避免风险损失，也很难做到。

2. 所有权转移的时间为风险转移时间

此规定是指把风险转移同货物所有权转移联系在一起，以货物所有权转移的时间决定风险转移的时间。英国《货物买卖法》第 20 条规定："除双方当事人另有约定外，在货物所有权转移于买方前，货物的风险由卖方承担，但所有权一经转移给买方，则不论货物是否已经交付，其风险即由买方承担。"此观点也不符合公平原则，因为在国际货物买卖中，货物所有权转移常常是一种名义上的转移，而货物实际仍在卖方的控制下。

3. 交货时间为风险转移时间

此规定是指以交货时间(time of delivery)来决定风险转移的时间。美国、德国、奥地利以及北欧各国的法律都属于此类。此观点认为风险转移直接关系买卖双方利益，应公平合理解决。特别在国际货物买卖中，货物所有权同其占有权常常分离，因此主张应当把所有权转移同风险转移区别开来，原则上应以交货时间来确定风险转移的时间，而不论所有权是否已经转移。该观点具有科学性和公平性，为《公约》所采纳，并得到《公约》缔约国的广泛认同，《2010年国际贸易术语解释通则》以及我国《合同法》均采用了这一原则。

小案例

货物风险转移纠纷案

出口商甲向进口商乙出售小麦1 000吨，CFR 价格条件。但在装运港装船的小麦都是混装的，共3 000吨，卖方准备当货物运抵目的港后再分拨1 000吨给买方。但小麦在路途因高温天气发生变质，共损失1 200吨，其余1 800吨得以安全运抵目的港。卖方向买方声明其出售的1 000吨小麦已在途中全部损失，且认为根据 CFR 合同，风险从货物越过船舷时已转移给买方，故卖方对以上损失不应承担任何法律责任。买方则要求卖方继续履行合同。双方遂提起仲裁。

仲裁庭认为，本案使用的是 CFR 价格条件，按照国际惯例的规定，此条件下当事人的风险划分是以装运港船舷为界。该案中货物在运输途中遭受风险损失，货物损失看似应由买方承担,但实际上卖方在装船时是将3 000吨小麦混装的,在货物抵运目的港后,再将其中1 000吨分拨给买方,即在货物海运途中,合同项下属于买方的1 000吨小麦尚未从3 000吨小麦中划拨出来,因此不具备风险转移的前提条件,即使货物已在装运港越过船舷,但风险仍不发生转移,在航程过程中的风险损失仍由卖方承担。

(三)当事人违约对风险转移的影响

从交货时间起,风险转移于买方,这是国际惯例的一般规则。但是假若有违约行为的发生,则此规则不适用。所以违约行为对风险转移将产生不同的影响。

1.买方违约对风险转移的影响

按照《公约》第69条规定,如果卖方已按约定的时间将货物交给买方处置,而买方没有在适当的时间内接受货物,即使买方没有实际占有货物,风险也自货交买方处置时转移。《2010年国际贸易术语解释通则》也作出相似的规定,如在CFR术语条件下,买方一旦有权决定装运货物的时间和目的港,买方必须就此给予卖方充分通知,若买方未履行此义务,则风险提前至约定的装运日期或装运期限届满之日起转移。

2.卖方违约对风险转移的影响

《公约》第66条规定,在合同履行中如果卖方违约,买方可拒绝履行支付价款义务。同时,《公约》第70条规定,如果卖方已根本违反合同,《公约》第67—69条的规定,不妨害买方因此种违反合同而可以采取的各种补救办法。

这里,根本违约在实践中表现为两种情形:一是卖方不履行交付或者未按约定的时间交付,此时风险当然由卖方承担。二是卖方交付的货物不符合合同的约定,此时风险是否转移,若买方出于经济和效率的考虑,接受了货物并采取了违约救济办法,则根本违约不影响风险转移;但买方因此种违约而拒绝接受货物或者解除合同时,风险由卖方承担。

(四)《公约》有关风险移转的规定

关于货物的风险从何时起由买方承担的问题,《公约》所采取的某些原则同美国法有相似之处。它舍弃了所有权决定风险移转的陈旧观念,原则上以交货时间来确定风险移转时间。《公约》第66—70条对风险移转问题规定了下列几项原则:

(1)允许双方当事人在合同中约定有关风险移转的规则。

(2)风险移转的后果。《公约》第66条规定,如果货物在风险移转给买方后发生灭失或损坏,买方支付货款的义务并不因此解除,除非这种灭失或损坏是由于卖方的行为或不行为所造成的。

(3)当买卖合同涉及货物的运输时风险何时转移。《公约》第67条规定,如果买卖合同涉及货物的运输,但卖方没有义务在某一特定地点交付货物,则自货物按照合同交付给第一承运人以运交给买方的时候起,风险就移转给买方承担。如果卖方有义务在某一特定地点把货物交付给承运人,在货物于该地点交付给承运人以前,风险不移转给买方承担。但卖方有权保留控制货物处分权的单据,且并不影响风险的移转。

(4)当货物在运输途中出售时风险何时转移。《公约》规定了以下三项原则或三种解决办法:

①对于在运输途中出售的货物,原则上从订立买卖合同时起,风险就移转给买方承担。

②如果情况表明有需要时，则从货物交付给签发载有运输合同单据的承运人时起，风险就由买方承担。

③如果卖方在订立买卖合同时已知道或理应知道货物已发生灭失或损坏，而卖方又隐瞒这一事实不告知买方，则这种损失应由卖方负责。

(5)在其他情况下风险何时转移。有些买卖合同并不涉及货物运输问题，即由买方自行安排运输。在这种情况下，风险从何时起由卖方移转给买方，《公约》第 69 条作出如下规定：

①在不属于上述第 67 条和第 68 条规定的其他情况下，从买方收受货物时起，或者如果买方不在适当时间内收受货物，则从货物已交给买方处置而买方违反合同不受领货物时起，风险即移转给买方承担。

②如果买方有义务在卖方营业地点以外的某一地点(如某个公共仓库)收取货物，则当交货时间已到而买方知道货物已在该地点交给其处置时起，风险才移转给买方承担。

但是，如果合同所出售的货物在上述时间尚未确定在该合同项下，即尚未特定化，则在这些货物清楚地确定在该合同项下以前，不得视为货物已交给买方处置，风险亦不移转于买方。

(五)我国《合同法》有关风险转移的规定

我国《合同法》对于买卖合同中货物风险的转移作出较为详细的规定，从第 142—149 条共计 8 条。其主要内容如下：

(1)买卖双方当事人可以在合同中约定货物风险转移的时间。(第 142 条)

(2)如双方当事人没有约定，则原则上货物风险的移转时间以货物的交付为标志。即在标的物交付之前，由卖方承担货物毁损、灭失的风险；在标的物交付之后，则由买方承担货物的风险。(第 142 条)

(3)如果双方当事人约定了具体的交付地，则货物的风险在该交付地卖方将货物交付给买方时从卖方转移到买方。如果双方没有约定交付地点，且货物需要运输的，则货物的风险从卖方将货物交付给第一承运人时移转到买方。(第 145 条)

(4)当买卖的标的物是处在运输途中的货物时，即所谓“在途货”时，除非双方当事人另有约定，否则货物的风险从合同成立时起由买方承担。(第 144 条)

(5)当卖方交付的货物质量不符合质量要求而导致买方拒收货物或解除合同时，则货物的风险由卖方承担。(第 148 条)

(6)如果由于买方的原因，导致卖方未能按照合同规定的交货期交付货物，货物的风险自约定的交货期届满时起由买方承担。例如，在 FOB 合同中，如果买方未能按期派船，导致卖方未能在合同规定的交货期履行交付的义务，则货物的风险应从交货期到期时，而不是从货物实际装船时转移给买方。(第 143 条)

(7)如果卖方已经按期交付货物，而买方违约没有及时履行收取货物的义务，则货物的风险自买方应当收取货物之日起转移给买方。(第 146 条)

(8)即使货物风险转移到买方，但是如果卖方在履行交货义务过程中有违约行为，买方仍然有权向卖方追究其违约责任。(第 149 条)

关键词汇

违约救济　所有权　风险转移　交付

本章小结

国际货物买卖法律关系的核心内容是合同双方当事人的权利义务关系。为了保证国际货物买卖合同的顺利履行和合同目的的实现，合同中所涉及的买卖双方的权利义务通常是具体而详尽的，它们与违约救济共同构成了买卖法的制度框架。

卖方的主要义务有五项：交付货物、转移单证、品质担保、权利担保、转移货物所有权。相应地，卖方的权利为收取货款。

买方的义务主要有支付货款和接收货物。相应地，买方的权利为检验货物，以及获得与合同相符的货物。

在国际货物买卖中，卖方的违约主要表现为不履行交货义务或不适当履行交货义务，如所交货物或单据与合同不符，或交付的货物违反了卖方的权利担保等；买方的违约则主要表现为不付款或不依合同的约定付款，或不依合同的约定提取货物。具体到买卖双方各自的救济方式，卖方违约时买方可采取要求卖方交付替代货物、要求对货物不符之处进行修补、购买替代货物、对不履行义务作出补救、要求减价、拒绝收取货物等救济方式；买方违约时卖方可采取：转卖货物、自行确定货物的具体规格、要求支付利息等救济方式。

关于货物风险转移，各国规定不同。《公约》认为，风险转移时间的划分依据有：当事人约定的时间、交付货物的时间、订立合同的时间。风险转移的后果是由买方承担货物灭失的损失，买方不得拒绝履行支付货款的义务。

思考题

1. 国际货物买卖合同的成立要件有哪些？
2. 国际货物买卖合同中买方和卖方的义务各有哪些？
3.《联合国国际货物销售合同公约》对货物风险的转移是怎样规定的？
4. 国际货物买卖合同中卖方和买方有哪些违约救济措施？

案例分析题

2003年2月，美国S公司与中国A公司签订了购进100吨钼铁的买卖合同，交货条件是天津FOB每吨3 000美元，于2004年2月前交货。合同签订后，A公司立即与各生产厂家联系，但由于当时钼铁市场需求量很大，各厂家供货紧张，A公司向S公司要求推迟交货期，遭到S公司拒绝。2004年开始，国际市场钼铁价格暴涨，A公司要求S公司抬高合同价格，也遭到拒绝。2月前，A公司未能履行交货义务，直至4月，国际市场钼铁价格已涨到合同签订时的近2倍。6月5日，S公司根据合同中仲裁条款向中国贸易仲裁委员会提请仲裁，要求A公司赔偿S公司于6月初补进的100吨钼铁与合同价格的差额货款。

问题：

1. S公司的要求是否合法？
2. 应由哪家公司对未能及时补进货物而产生的额外损失负责？

中国甲公司与美国乙公司订立一份木材买卖合同，约定卖方甲公司7月份将该批木材自吉林交铁路运至大连，再由大连船运至美国纽约。但7月份，甲公司没有履行。8月3日，乙公司通知甲公司，该批木材最迟应在8月20日之前发运。8月10日，甲公司依约将该批木材交铁路运至大连。但该批木材在自大连至纽约的运输途中因海难损失80%。双方因对货物灭失的风险约定不明，发生争执。乙公司认为：甲公司未于7月份履行合同违约在先，甲公司应承担损害赔偿责任；合同因甲公司违约而已终止，故货物损失的风险应由甲公司承担。

问题：

1. 乙公司可否要求甲公司承担损害赔偿责任？为什么？
2. 乙公司认为货物损失的风险应由甲公司承担的观点及其理由分别是否正确？为什么？

第六章 国际产品责任法

学习目标

知识目标

· 了解世界上主要国家产品责任法的基本内容

· 掌握美国《产品责任法》的归责原则及责任构成条件

· 掌握我国产品责任的构成条件、归责原则及免责情况

技能目标

· 能够根据不同产品责任归责原则的原理和规定，实现产品责任追偿的技巧，解决产品侵权问题

案例导入

格林曼诉尤巴电动产品公司案

1995年，格林曼的妻子为他在一零售商处购买了一种组合电动工具，该种组合电动工具是由尤巴电动产品公司生产的。后来，格林曼在使用该种组合电动工具时，一块木头突然从电器中飞出击伤其头部。格林曼对尤巴电动公司提起损害赔偿之诉。法院判决尤巴电动公司承担赔偿责任。法院认为只要制造商将产品投放市场，如果该产品具有致人损害的缺陷，并造成他人损害，制造商即应承担赔偿责任，而不要求其主观上存在疏忽或过错，受害人也只需证明其损害是制造商的缺陷产品造成的即可获得赔偿。这一案例确立了产品责任法中的严格责任原则，更加有利于消费者利益的保护。

思考题：

产品责任的归责原则经历了哪些变化，现在各国普遍适用的归责原则是什么？

第一节 产品责任法概述

一、产品责任的概念与性质

产品责任是指产品生产者、销售者因生产、销售缺陷产品致使他人遭受人身伤害、财产损失而应承担的特殊侵权责任。

产品责任具有以下法律特征：①产品责任发生在产品流通领域。产品进入流通领域的标

志，是产品经过交易、转让等合同行为，由制造、生产者之手，转由消费者之手，中间可以经过若干个流通环节，即批发、销售、仓储、运输等过程。②致人损害的产品必须存在缺陷。产品责任并不是产品自身质量问题和自身损坏造成的产品本身的财产损失，而是产品因缺陷造成使用人的人身伤害或者缺陷产品以外的财产损害。这个问题关系到产品责任的性质是侵权责任还是合同责任。早期的产品责任属于合同责任范畴，产品侵权责任源于合同责任。③产品责任是特殊侵权责任。产品责任是物件致人损害的特殊侵权责任，是人对物所造成的损害负责任。产品致人损害时，与该致害产品有关联的人，即制造者、销售者等对所造成的损害承担赔偿责任，是一种特殊侵权责任。

二、产品责任法的概念与性质

产品责任法是调整产品的制造者、销售者因制造、销售缺陷产品造成消费者、使用者或其他人损害所引起的赔偿关系的法律规范的总称。

产品责任法的性质体现为：

(1)产品责任法的调整范围为缺陷产品造成的人身伤害及缺陷产品以外的其他财产损害所引起的赔偿关系，不包括单纯的产品本身的损害。单纯的产品本身所发生的损失而产生的赔偿关系不属于产品责任法的调整范围，应由合同法调整。

(2)产品责任法主要调整没有任何合同关系的产品侵权关系。产品责任法与合同法有密切关系，有合同关系的产品责任问题还可以由合同法调整，而没有合同关系的产品责任问题只能作为侵权责任由产品责任法调整。

(3)产品责任法中的各项规定和原则大多属于强制性规定。产品责任法体现了现代商法发展的典型趋势——具有公法性和强制性，为体现国家对于处于弱势地位的公众消费者的保护意志，产品责任的产生不以约定为先决，也不得以无约定而排除。

小资料

产品责任法的产生和发展

产品责任法是国际上正在形成的一个法律部门。在西方，产品责任首先在英美判例中出现，最初体现在英国习惯法中生产者或销售者对产品应负“谨慎之责”的规定。从这一总的原则出发，再在民法和有关的单行法规中加以具体规定。1842 年英国温特博诉赖特一案是英国产品责任最古老、最著名的案例。它确立了“无合同，无责任”的原则，即生产者对所生产的产品的责任大小是由买卖合同中的担保责任所决定的，如果生产者或销售者同消费者之间没有合同关系，则对所生产或销售的产品一概不负责任。这项原则在英美法中奉行了 100 多年。

随着现代工业的发展，人类社会开始从以卖方利益为中心转为以买方利益为中心，从以生产者利益为中心转为以消费者为中心。从 20 世纪二三十年代开始，产品责任不再作为附属于合同的准合同关系来处理，而是被纳入到侵权行为的范畴来处理，开始以侵权行为中的疏忽责任原则作为生产者和销售者承担产品责任的原则，即生产者和销售者因疏忽大意造成产品缺陷致使消费者人身和财产损害的应承担赔偿责任。但是，对于生产者和销售者的疏忽大意，应由消费者负责举证。

到了20世纪六七十年代，生产技术迅速发展，产品责任问题不断增多，对消费者的损害也越发严重。专业化和高技术使得消费者的识别、检查和防范能力相对降低，消费者的权益经常受到侵犯。为了更有效地保护消费者的利益，世界各国相继制定了产品责任法，并且签订了一些国际公约，在此基础上，形成了一个新兴的法律部门。与以往的法律不同，这个法律部门确立了严格责任，即只要因产品的缺陷导致消费者的人身或财产损害，生产者或销售者就应承担赔偿责任，无须消费者举证生产者或销售者主观上是否存在过失。严格责任更有利于维护消费者的利益。

三、我国的《产品质量法》与产品质量责任

我国的产品质量立法起步较晚，直至20世纪80年代初才开始进行产品质量立法。1984年4月7日国务院发布了《工业产品生产许可证试行条例》；1985年3月15日经国务院批准，国家标准局发布了《产品质量监督试行办法》；1985年9月6日第六届全国人民代表大会常务委员会第十二次会议通过了《中华人民共和国计量法》；1986年4月5日，国务院颁发了《工业产品质量责任条例》；1988年12月29日第七届全国人民代表大会常务委员会第五次会议通过了《中华人民共和国标准化法》；1991年5月7日国务院发布了《中华人民共和国质量认证管理条例》。1993年2月22日第七届全国人民代表大会常务委员会第三十次会议通过了《中华人民共和国产品质量法》(以下简称《产品质量法》)，该法于1993年9月1日起施行。这是我国产品质量基本法，也是我国第一部全面、系统地规定产品质量的法律。随着经济的发展，1993年《产品质量法》在打击假冒伪劣产品、保护消费者利益以及维护经济秩序方面显露出一些不足，为了使该法能够更好地发挥作用，2000年7月8日第九届全国人民代表大会常务委员会第十六次会议对《产品质量法》进行了全面的修订，修订后的《产品质量法》自2001年1月1日起施行。

我国《产品质量法》与美国等国家的产品责任法不同，采取的是综合性的立法体例，涉及面较为广泛，在内容上包括了广义的产品质量法所需涉及的所有主要问题：既有产品行政管理和监督方面的规定，又有生产者、销售者产品质量义务的规定，还有产品质量责任的规定。在产品质量责任的规定中，分别规定了行政责任、民事责任以及刑事责任。

第二节 美国的产品责任法

根据美国《布莱克法律辞典》的规定，产品责任是指“生产者和销售者对于因其制造和出售有缺陷的产品而使该产品的购买者、使用者及第三者遭受人身伤害或财产损失而进行赔偿的法律责任”，调整这种法律责任而引起的权利义务关系的各种法律规范的总称就是产品责任法。

一、产品责任的诉讼依据

美国产品责任法的诉讼依据是指产品责任法的归责理论，主要包括疏忽责任理论、担保责任理论和严格责任理论。

1.疏忽责任理论

疏忽责任是指由于生产者和销售者的疏忽，造成产品缺陷，致使消费者的人身或财产遭受损害，对此，生产者和销售者应对其疏忽承担责任。这里的“疏忽”，是指生产者和销售者没有做到合理的注意，即违反了合理的注意义务。一般来说，衡量生产者和销售者是否违反注意义务主要要法律和司法判决确定的行为标准。在没有上述标准的情况下，依据具体案件中的生产者和销售者的情况，可采用客观标准衡量其是否能够合理地预见到对消费者所造成的损害。

疏忽责任突破了传统的契约原则。在疏忽责任理论中，不仅是产品的买方，而且任何与买卖合同无关的人，即使是旁观者，只要是由于该产品的缺陷而直接受到损害的，都可以对产品生产者和销售者提起疏忽之诉。

根据疏忽责任理论，当受害者对生产者或销售者提起疏忽之诉要求赔偿损失时，必须提出证据证明：①被告没有做到“合理的注意”，即被告有疏忽之处；②由于被告的疏忽直接造成了原告的损失。仅凭原告使用产品造成了损失这一事实的本身一般不能推定被告有疏忽。另外，由于原告自己的疏忽造成了损失，原告也不能要求被告赔偿损失。

2.担保责任理论

担保责任是指因产品有缺陷，生产者或销售者违反了对货物明示的或默示的担保，以致消费者或使用者造成了损害而应承担的法律责任。

担保是对产品的质量或性能规格的陈述或说明。它可以是由各方明示或由法律规定默示的。在美国《产品责任法》中，担保分为明示担保和默示担保两种。明示担保基于当事人的意思表示，是货物的生产者或销售者对货物的性能、质量或所有权的一种声明或陈述。明示担保一般载于产品标签、广告或使用说明上。默示担保基于法律的规定，可分为商销性的默示担保和适合特定用途的默示担保。商销性的默示担保是指出售的产品因符合该产品之所以制造和销售的一般目的。适合特定用途的默示担保则是指如果卖方订立合同时有理由知道买方对货物的特定用途，而且买方信赖卖方的技能和判断能力来挑选货物或提供合适的货物，则卖方就承担了货物必须适合这种特定用途的默示担保。

如果卖方违反了对货物的明示或默示担保，提供了缺陷产品而给消费者、使用者造成损害，受害者可以对其提起诉讼要求赔偿。由于违反担保之诉是根据买卖合同提起的诉讼，因此根据美国普通法的原则，凡依合同提起的诉讼，原告与被告之间必须要有直接的合同关系。具体到买卖合同，只有买卖双方才存在直接的合同关系，所以，如果卖方违反担保义务，只有买方才能对卖方起诉，买方以外的任何人都无权对卖方起诉；反过来，买方只能对其卖方起诉，而不能对卖方以外的其他人如货物供应商或制造商起诉。美国普通法的这一规定，在涉及产品责任的诉讼中存在一定的局限性，不利于消费者利益的保护。因为一种有缺陷的产品不仅仅只是给消费者本人造成损害，还可能损害消费者的家人、亲友或者客人，而按照这一原则，对他们的损害无从保护；另外，如果提供产品的销售商财力有限，无法赔偿消费者的损失，消费者也不能要求生产者进行赔偿。为了更好地保护消费者的利益，美国的法院在审判中逐渐取消了对产品责任诉讼中双方当事人存在直接合同关系的要求，有权提起产品责任诉讼的人除了买方外，还包括一切因使用缺陷产品而遭受损失的人；同时，受害者不仅可以对卖方起诉，而且可以对生产或销售缺陷产品的各责任方起诉，包括零售商、批发商、进口商、出口商及制造商。

以违反担保为理由对卖方提起诉讼，对受害者比较方便，无须证明被告有疏忽，而只须证明被告违反了对产品明示或默示担保，产品确有缺陷；或原告的损失是缺陷产品造成的。

3. 严格责任理论

严格责任又称为侵权法上的无过失责任，是新发展起来的一种产品责任理论。按照严格责任理论，只要产品有缺陷，对消费者和使用者具有不合理的危险，并因而使他们的人身或财产受到损害，该产品的生产者和销售者就应负责赔偿。

以严格责任为依据对卖方提起诉讼对受害者是最有利的。因为严格责任原则克服了疏忽责任和担保责任的弱点。与疏忽责任相比，严格责任不要求原告证明被告存在过错；与担保责任相比，严格责任是一种侵权责任，不要求双方当事人之间存在合同关系，也无须证明被告违反担保义务。按照严格责任提起诉讼，原告的举证责任一般包括：证明产品确实存在缺陷或不合理的危险；消费者或使用者的损害是缺陷产品造成的；产品所存在的缺陷是在生产者或销售者把该产品投入市场时就已经存在的。只要原告能证明以上几点，被告就应承担赔偿责任。

二、被告可以提出的抗辩理由

根据美国《产品责任法》的规定，在产品责任诉讼中，被告可以提出某些抗辩，即设法证明原告的损失是由原告自身原因造成的，从而减轻或免除自己的责任。被告的抗辩理由主要有：

(1)原告自己的疏忽行为。原告自己的疏忽行为也称为过失分担或共有过失，是指原告因其自己疏忽未能发现产品中的缺陷或对于缺陷困难引起的损害没有采取适当预防措施，原告对此也应承担一部分责任。例如，原告在操作机器时因不小心而受伤，应由操作者本人负责。

(2)风险的承担。这是指原告明知产品有危险而仍故意不当使用该产品造成损害时，责任应由原告自己承担。如不依药品说明书上明示“多服有副作用”的指示擅自多服遭受伤害时，应由受害人自己负责，该药品的生产者和销售者可以免责。

(3)非正常使用产品。这是指原告将产品使用于其原有用途以外的用途，或用不适当的方法使用有关产品而造成损害时，应由受害人自己负责，产品生产者可以该损害不是由于产品的缺陷所致为由提出抗辩。

(4)合同的特殊约定。这是指当事人之间在法律所允许的范围和限度内，对产品缺陷可能引起的损害用合同作出特别的责任限制时，生产者或者销售者可以依合同的这种特殊约定来减免其责任。但是特殊约定不得违反法律的强制性规定，不妨碍社会公共利益，否则这种约定是无效的。

(5)特殊敏感性或过敏。这是指例如某种产品对绝大多数人不会造成损害，被告就可以进行抗辩，认为损害不是由产品缺陷造成，而是由使用者对产品的特殊敏感引起的，应由受害人自己负责。

三、原告可以请求损害赔偿的范围

在美国的产品责任诉讼中，原告可以提出的损害赔偿范围非常广泛，主要包括以下几条：

(1)对人身伤害的损害赔偿。根据美国 1981 年《产品责任风险保留法案》和《统一产品责任示范法》的规定，关于人身伤害的赔偿不仅涉及受害人的可预见的医疗性支出，还对受害人因伤残、生病所遭受的痛苦、疼痛等予以补偿。具体包括：①受害人过去和将来必要合理的医疗费用；②受害人生计上的损失以及失去谋生能力的补偿；③受害人肉体及精神痛苦的补偿。

如果因产品缺陷致人死亡，根据有关法律的规定，可由死者的遗嘱执行人、遗产管理人，死者的遗产继承人或受益人向产品提供者主张权利并获得赔偿。其中，补偿受害人精神痛苦的金额往往占赔偿总额的大部分。

(2)对财产损失的赔偿。对财产损失的赔偿不仅仅限于直接损失，还包括间接损失。例如，替换受损坏财产或修复受损财产所支出的合理的费用属于直接损失；在修理期间不能使用该产品而产生的损失属于间接损失。对于这些损失，生产者或销售者应给予赔偿。

(3)惩罚性赔偿。惩罚性赔偿制度是美国产品责任法的一项重要制度。如果产品责任事故异常严重，受害人可以要求法院给予惩罚性的损害赔偿，法院在判令行为人支付通常赔偿金的同时，还可以判令行为人支付高于受害人实际损失的赔偿金。惩罚性赔偿的金额一般很高，其目的是为了惩罚被告恶意的行为，以防止其再次实施类似行为。惩罚性赔偿在美国被广泛地加以应用，但是由于其对于加害人而言并非是一个必须加以给付的赔偿，因此对惩罚性赔偿金的适用，法院要综合考虑一些因素后，才能确定是否给予惩罚性赔偿以及金额是多少，这些因素一般包括：①在相关时间内，产品销售者的不当行为造成严惩损害的可能性；②产品销售者对上述可能性的认识(察觉)程度；③不当行为对产品销售者盈利的作用；④不当行为持续时间和产品销售者任何隐瞒行为；⑤产品销售者在不当行为被发现后采取的态度及行为，以及不当行为是否已停止；⑥产品销售者的经济条件或财务状况；⑦产品销售者由于不当行为，已经或可能受到的其他处罚的综合惩罚效果；⑧原告所遭受的损害是否亦是原告对自身安全采取轻率态度的结果。

四、诉讼管辖和法律适用

1.诉讼管辖

在美国，由于产品责任法属于各州的立法权限范围，因此，产品责任的诉讼案件最初一般也由各州的法院审理。后来，随着各州之间政治、经济贸易联系的不断加强，美国的法院逐渐采取了本州法院对另一州的居民也有管辖权的原则，即所谓的“长臂管辖”原则，只要非居民的被告与该州有最低限度的接触，该州的法院就对该被告享有管辖权。这里“最低限度的接触”通常是指被告经常直接地或通过代理人在该州境内从事商业活动，或因其行为或不行为在该州境内造成了损害。只要符合这个标准，法院就可以取得对该被告的管辖权。

2.法律适用

在美国早期的产品责任诉讼中，通常适用损害发生地法来确定当事人的责任，即产品在什么地方对消费者或用户造成了损害，就适用那个地方的法律来确定产品的生产者和销售者的责任。这种原则有时对受害者的利益保护不够，现在美国多数州已不再采用这一原则，而转为适用对原告最有利的地方的法律，即由原告在与案件有联系的因素中选择对自己最为有利的法律。与案件有联系的因素很多，包括加害地、受害地、产品购买地、原告或被告的营业地或住所地、法院地等。可以自行选择适用法律，更有利于受害人利益的保护。

第三节 欧洲各国的产品责任法

欧洲各国产品责任法的发展比美国晚。20 世纪 80 年代以前，欧洲各国都没有对产品责任实行专门立法，主要是以民法典中有关合同和侵权行为的规定为依据来处理涉及产品责任的案件。1985 年 7 月欧共体理事会正式通过了《关于对有缺陷的产品的责任的指令》(简称《产品责任指令》)，1988 年起由各成员国正式开始实施，并要求各成员国通过立法程序将其纳入国内法予以实施。随后，欧共体各国及欧洲自由贸易区相继颁布了产品责任法。这里主要介绍英国和德国的产品责任法。

一、英国的产品责任法

英国有关产品责任的立法体现在 1989 年生效的《消费者权益保护法》，该法的第 1 章即关于产品责任的规定，其主要内容有：

(1)产品的范围。根据该法，产品是指任何产品，包括不论是作为零部件还是作为原材料或是作为其他物件组装到另一产品中的产品。

(2)产品缺陷。该法规定，如果产品未能提供人们有权期待得到的安全，该产品即存在缺陷；产品的"安全"包括组装进该产品的各种产品的安全和与财产损害、人身伤亡风险有联系的安全。

(3)产品责任的主体。根据该法的规定，产品责任的主体包括：①产品的生产者；②通过将其名字标示在产品上或使用某种商标或其他识别标记，以表明自己是该产品生产者的任何人；③为了在其商业活动中向他人提供产品而将产品从非欧共体成员国进口到欧共体成员国者；④产品的提供者。

(4)抗辩理由。根据该法，被告在产品责任诉讼中可进行抗辩的理由包括：①缺陷可归因于执行法律的强制规定或履行共同体义务；②被告未供应该商品；③被告不是在其商业活动中将产品提供给他人；④在相关的时间里，产品不存在该缺陷；⑤在相关的时间里，科学技术尚未达到这种水平，即使该类产品的生产者能够发现所控制的产品已存在缺陷；⑥组装产品中的零部件或原材料缺陷由该组装产品的设计者或生产者造成。

(5)损害赔偿。产品责任的损害包括人身伤亡或财产损失，但不包括：①缺陷产品本身和由缺陷产品组装的任何产品的损失；②损害的财产不是通常用作个人使用、占有、消费的产品。

(6)产品责任适用原则。该原则是指生产者生产的产品因缺陷造成他人人身和财产损害时，不论生产者是否有过错，均应向受害人赔偿。按照这一原则，生产者产品责任的构成，不以生产者对其产品存在的缺陷有过错为条件，受害人也无须对生产者的过错承担举证责任。但是，对于产品存在缺陷以及产品缺陷与损害后果之间的因果关系，受害人仍负有举证责任。

二、德国的《产品责任法》

德国于 1989 年通过了《产品责任法》，将欧共体《产品责任指令》纳入了本国国内法。德国《产品责任法》主要包括以下内容：

(1)产品与缺陷的含义。德国《产品责任法》所指的产品是指一切产品，但不包括未经加工的初级产品。缺陷是指产品未提供人们有权期待的安全。

(2)产品责任适用原则。该法采用严格责任原则，规定：如果缺陷产品造成了他人人身伤害或财产损失，生产者应予以赔偿。

(3)产品责任的责任主体。德国《产品责任法》对产品责任的主体规定较为广泛,包括:

①生产者。生产者包括成品制造者、原材料的生产者和零部件的制造者,亦包括将其名字、商标或其他识别特征标示在产品上表示自己是生产者的任何人。

②任何人在商业活动中,为销售、出租、租借或为经济目的的任何形式的分销,将产品进口到适用欧共体条约的地区,也应视为生产者。

③在产品的责任者不能确认的情况下,销售者应当被视为生产者。除非销售在接到要求的一个月内将产品生产者的身份或向他提供产品的人告知受害者。

(4)生产者的免责条件。生产者可以免除产品责任的情况包括:未将产品投入流通;产品投入流通时,造成损害的缺陷并不存在;产品投入流通时,依当时的科技水平尚不能发现存在的缺陷;产品的缺陷是由于为使产品符合投入流通时的国家强制规定而造成的;产品既非为销售或为经济目的的任何形式的分销而制造,亦非在商业活动过程中制造或分销。

(5)损害赔偿。根据德国《产品责任法》,因产品事故造成受害人死亡的,生产者应赔偿死者生前的医疗费用以及治疗期间丧失或减少收入能力而带来的经济损失;造成人身伤害的情况下,应赔偿医疗费用,以及受害人因收入能力丧失或减少而造成的损失;因产品责任造成受害人财产损失的,生产者也应负责赔偿。

第四节 我国的产品责任法

一、产品的定义

我国《产品质量法》中的产品含义与其他国家法律中产品的含义相比范围较窄,具体是指经过加工、制作,用于销售的产品,不包括初级农产品和不动产。建设工程不适用《产品质量法》的规定,但是,建设工程使用的建筑材料、建筑构配件和设备属于产品定义范围的,适用《产品质量法》的规定。

二、缺陷的定义

产品缺陷是指产品存在危及人身、他人财产安全的不合理的危险。若产品有保障人体健康、人身安全的国家标准、行业标准,缺陷是指不符合该标准。缺陷具体可包括设计上的缺陷、制造上的缺陷和指示上的缺陷三种。设计上的缺陷是指产品在设计上存在着不安全、不合理的因素。例如,结构设置不合理、设计选用的材料不适当、没有设计附加应有的安全装置。制造上的缺陷是指产品在加工、制作、装配等制造过程中,不符合设计规范,或者不符合加工工艺要求,没有完善的控制和检验手段,致使产品存在不安全的因素。指示上的缺陷是指在产品的警示说明上或者在产品的使用指示标志上未能清楚地告知使用人应当注意的使用方法,以及应当引起警惕的注意事项;或者产品使用了不真实、不适当的甚至是虚假的说明,致使使用人遭受损害。

三、产品责任的归责原则

根据我国《产品质量法》的规定，产品生产者适用的是无过错责任原则，产品销售者适用的是过错责任或过错推定责任原则。具体体现为：因产品存在缺陷造成他人人身、缺陷产品以外的其他财产损害的，生产者应承担赔偿责任。由于销售者的过错使产品存在缺陷，造成人身、他人财产损害的，销售者应当承担赔偿责任，销售者不能指明缺陷产品的生产者也不能指明缺陷产品的供货者的，销售者应当承担赔偿责任。

四、承担产品责任的责任主体

因产品存在缺陷造成人身、缺陷产品以外的其他财产损害的，受害人可以向产品的生产者要求赔偿，也可以向产品的销售者要求赔偿。属于产品的生产者的责任，由产品的销售者进行赔偿的，产品的销售者有权向产品的生产者追偿；反之，属于产品的销售者的责任，由产品的生产者进行赔偿的，产品的生产者有权向产品的销售者追偿。

五、被告可以提出的抗辩

我国《产品质量法》规定，生产者能够证明下列情形之一的，不承担赔偿责任：①未将产品投入流通的；②产品投入流通时的科学技术水平尚不能发现存在的缺陷；③产品投入流通时，引起损害的缺陷尚不存在的。

六、损害赔偿的范围

因产品存在缺陷造成受害人人身伤害的，侵害人应当赔偿医疗费、治疗期间的护理费、因误工减少的收入等费用；造成残疾的，还应当支付残疾者生活自助器具费、生活补助费、残疾赔偿金以及由其扶养的人所必需的生活费等费用；造成受害人死亡的，并应当支付丧葬费、死亡赔偿金以及由死者生前扶养的人所必需的生活费等费用。

因产品存在缺陷造成受害人财产损失的，侵害人应当恢复原状或者折价赔偿。受害人因此遭受其他重大损失的，侵害人应当赔偿损失。“其他重大损失”是指其他经济等方面的损失，包括可以获得的利益的损失。

七、产品责任诉讼时效

按照《产品质量法》的规定，因产品存在缺陷受到损害要求赔偿的诉讼时效期间为 2 年，自当事人知道或者应当知道其权利受到损害时起计算。因产品存在缺陷受到损害要求赔偿的请求权，在造成损害的产品交付最初用户、消费者满 10 年后丧失；但是，尚未超过明示的安全使用期的除外。

小资料

诉讼时效

诉讼时效是指民事权利受到侵害的权利人在法定的时效期间内不行使权利，当时效期间届满时，人民法院对权利人的权利不再进行保护的制度。在法律规定的诉讼时效期间内，权利人提出请求的，人民法院可强制义务人履行所承担的义务。而在法定的诉讼时效期间届满之后，权利人行使请求权的，人民法院就不再予以保护。在我国，诉讼时效可分为一般诉讼时效和特别诉讼时效。一般诉讼时效是指在一般情况下普遍适用的时效，这类时效不是针对某一特殊情况规定的，而是普遍适用的，一般诉讼时效期间为 2 年，因产品存在缺陷受到损害要求赔偿的诉讼时效就属于一般诉讼时效。特别诉讼时效是指针对某些特定的民事法律而制定的诉讼时效。特殊诉讼时效优于一般诉讼时效，也就是说，凡有特殊诉讼时效规定的，只适用特殊诉讼时效。特殊时效可分为三种，即短期诉讼时效、长期诉讼时效和最长诉讼时效。诉讼时效期间在 2 年以下的为短期诉讼时效，我国《民法通则》规定以下几种情况的诉讼时效为 1 年：身体受到伤害要求赔偿的；出售质量不合格的商品未声明；延付或拒付租金的；寄存财物被丢失或者毁损的。诉讼时效期间在 2 年以上的即长期诉讼时效。例如，因国际货物买卖合同和技术进出口合同争议提起的诉讼或者申请仲裁的诉讼时效为 4 年。最长诉讼时效是指对于各类民事权利予以保护的最长时效期间。根据我国法律的规定，最长诉讼时效的期间是 20 年，从权利被侵害之时起计算，并且不适用时效中止、中断的有关法律规定，但可以适用时效延长的有关规定。

第五节　关于产品责任的法律适用公约

一、关于产品、产品责任主体以及损害的规定

由于世界各国的产品责任立法存在一定的冲突和矛盾，适用起来并不方便，也不利于消费者利益的维护，鉴于此种情况，各国都积极致力于国际产品责任的协调与合作工作，相继签订了一些国际条约，主要有《斯特拉斯堡公约》、《产品责任指令》以及《海牙公约》。

《斯特拉斯堡公约》的全称是《关于造成人身伤害与死亡的产品责任的欧洲公约》，它由欧洲理事会各成员 1977 年 1 月 27 日签订于法国斯特拉斯堡。目前，该公约已经生效，奥地利、比利时、法国等国家都属于该公约的成员国。《产品责任指令》本章第三节已述。《海牙公约》全称《产品责任法律适用公约》，1973 年 10 月 2 日于海牙国际私法会议由各成员国签署，1978 年 10 月 1 日开始生效。目前已有奥地利、比利时、法国、卢森堡、荷兰、瑞士、挪威等国批准了该公约。

1. 关于产品的规定

根据《斯特拉斯堡公约》第 2 条的规定，产品是指所有的动产，包括天然动产或工业动产，无论是未加工的还是加工过的，即使是组装在另外的动产内或组装在不动产内亦在范围之中。各国一般将房地产以外的财产称为动产，但其范围并不将蜂房作为动产。

《产品责任指令》第 2 条规定"产品"为除初级农产品和狩猎产品以外的所有动产，即使已

被组合在另一动产或不动产之内亦在范围之中。初级农产品是指种植业、畜牧业、渔业产品，不包括经过加工的这类产品。产品亦包括电。考虑到绝大多数欧盟国家对不动产都有专门的法律调整，欧盟产品责任法中的“产品”不包含不动产。尽管如此，其关于动产“产品”的范围仍然是十分广泛的。

《海牙公约》规定产品的范围比《产品责任指令》的更为广泛，规定凡因缺陷产品造成损害而引起的生产者和销售产品责任纠纷案件都应适用该公约。这里的“产品”一词是指一切可供使用或消费的物，包括天然产品和工业产品，而不论是加工过的还是未加工过的，不论是动产还是不动产。

2. 产品责任主体

(1)《斯特拉斯堡公约》所指的产品责任主体主要包括：①成品或零配件的制造商以及天然产品的生产者；②产品的进口商和任何使自己的名字、商标或其他识别特征出现在产品上而将其作为自己的产品的人；③产品没有标明任何生产者身份时，每个提供产品的人都被视为公约所指的生产者。

(2)《产品责任指令》规定的产品责任主体范围较广泛，根据《产品责任指令》第 3 条的规定，产品责任主体是指产品的生产者。生产者具体又包括：①成品生产者；②原料生产者或零部件生产者；③通过在产品上标明其姓名、商标或其他可辨识的特征，表明其为生产者的任何人；④在不减损产品生产者责任的情况下，任何将产品输入到欧盟市场用于销售、租用、出租或任何形态之商业销售者，都将被认为该指令意义上的生产者，并将承担与生产者相同之责任；⑤如果生产者不能被确认，产品的供应商将被视作生产者，除非在合理的时间内，其能够向消费者告知生产者或向其提供产品的供应商的身份，此规定同样适用于上述④情况中的进口产品，即即使在产品上标有生产者，但如果供应商不能向消费者提供产品进口商或向其提供产品的供应商的身份，其将被视作生产者。

此外，对于缺陷产品给消费者造成的损害，如果有两个以上的责任承担者，他们将承担连带责任。

(3)《海牙公约》规定，承担产品责任的主体包括：①成品或零部件的制造者；②天然产品的生产者；③在产品准备或销售等整个环节中的有关人员，包括修理人和仓库管理员；④上述人员的代理人或雇员。

3. 关于损害的规定

《斯特拉斯堡公约》对产品责任的损害赔偿范围仅限于人身伤亡，不包括其财产所造成的损失。关于赔偿限额，该公约对提出的赔偿没有数额限制，受害人能获得多少赔偿取决于有关国家国内法的规定。

关于损害赔偿的范围，《产品责任指令》没有规定对人身伤害赔偿的最高额，它授权各成员国自行作出规定。但生产者对于同一产品、同一缺陷所引起的人身伤害或死亡的总赔偿额不得少于7 000欧洲货币单位；对于每一诉讼财产损失，《产品责任指令》规定最低赔偿额为 500 欧洲货币单位。

《海牙公约》对“损害”的解释也更为广泛，认为损害是指对人身的伤害或对财产的损害以及经济损失，但是，产品本身的损害以及由此引起的经济损失一般不包括在内。

二、产品责任的法律适用归责

《斯特拉斯堡公约》对产品责任适用严格责任原则，即只要是产品存在缺陷瑕疵，而这种缺陷使消费者受到了人身伤害或死亡，该缺陷瑕疵产品的生产者就应承担损害赔偿责任。

《产品责任指令》亦采用严格责任原则，这一规定与《斯特拉斯堡公约》基本相同，规定遭受损害的消费者只须证明有关产品存在缺陷，而且该缺陷的存在与其所遭受的损害之间有因果关系，就可以依法请求生产者给予损害赔偿。

《海牙公约》确立了较为详细的法律适用规则。当有关产品责任纠纷同时涉及几个国家的法律，而各国法律的规定又不尽相同时，应依据哪个国家的法律来审理判决有关纠纷案件的问题上，《海牙公约》规定了比较特别的法律适用原则，主张依据两个以上的连接因素来确定应予适用的准据法，即规定以某国家的国内法为基本的适用法律，同时又规定了几个连接因素，该国内法只有同时具备其中至少一个连接因素，才能被作为准据法适用。《海牙公约》规定的连接因素通常包括损害地、直接受害人的惯常居住所在地、被请求承担责任人的主营业地、直接受害人取得产品的所在地。上述规定具体体现为：

(1)以侵害地所在国的国内法为基本的适用法律，其适用条件是：只有侵害地同时又是直接受害人的惯常居住所在地或被请求承担责任人的主营业地，或者是直接受害人取得产品的所在地，侵害地所在国的国内法才能适用。

(2)以直接受害人的惯常居住所在地国的国内法作为基本的适用法律，其适用条件是：①直接受害人的惯常居住所在地是被请求承担责任人的主营业地；②直接受害人的惯常居住所在地是直接受害人取得产品的地方。

(3)如果上述两项原则所确定的法律都无法适用时，则除非原告选择侵害地国家的国内法，否则，适用的法律应为被请求承担责任人的主营业地国家的国内法。

(4)如果被请求承担责任人证明其不能合理地预见该产品或自己的同类产品会经商业渠道在侵害地国家或直接受害人的惯常居住所在地国家出售，则侵害地国家和直接受害人的惯常居住所在地国家法律均不适用，应适用被请求承担责任人的主营业地国家的法律。

关键词汇

产品　缺陷　产品责任　疏忽责任　担保责任　严格责任

本章小结

产品责任法是调整产品的制造者、销售者因制造、销售缺陷产品造成他人损害所引起的赔偿关系的法律规范的总称。本章主要介绍了产品责任法的概念、性质及适用范围；重点介绍了美国产品责任法的有关制度，对其产品责任的诉讼依据、抗辩理由、赔偿范围、诉讼管辖等进行了详细分析；同时，本章还介绍了欧洲主要国家的产品责任法以及我国的产品责任法的相关规定；最后介绍了调整产品责任的国际公约的内容。

思考题

1. 什么是产品责任，产品责任的性质是什么？
2. 简述美国产品责任法的主要内容。
3. 简述我国产品责任法的主要内容。
4. 简述欧洲主要国家的产品责任法的内容。
5. 简述调整产品责任的国际公约的内容。

案例分析题

某东南亚国家玩具公司向美国出口塑料弹弓。出口后不久，美方就反映质量有问题，称美国儿童使用弹弓时弓柄断裂，并已发生多起伤害案件，有的案件甚至使受害人眼睛致残。经法院审理，美方提出证明表示，玩具公司出口的弹弓所使用的材料不合格，仅经受9磅拉力弓柄就会断裂，而合格材料制造的弹弓弓柄能承受60磅拉力。

问题：

该产品属于质量不合格还是缺陷产品？该国玩具公司是否应承担产品责任？应对谁承担产品责任？

第七章 国际票据法

学习目标

知识目标

- 熟练掌握汇票、本票、支票的基本概念和法律特点
- 掌握票据使用的条件和策略

技能目标

- 能根据票据的法律规定与特点，把握票据在实践运作中的法律程序和基本技巧
- 具有在商事交易实践中依照各国的法律规范正确使用票据的能力

案例导入

违反票据规定遭退票

某进出口公司委派采购员刘某到某棉区采购棉花，签发支票一张，其金额和收款人处授权刘某根据棉区采购的实际情况填写，但明确告知支票的金额最多可以填写30万元，否则将超出公司目前在银行的存款额。支票的用途栏写明"采购棉花"。该公司给刘某出具了明确的法定代表人授权委托书和公司营业执照副本。然而，刘某听信个体户叶某之言，企图利用短短的时间差，先做一笔彩电批发生意，赚取相当利润后再赴棉区采购棉花。于是，该二人将支票金额填写为183万元，收款人栏写上叶某的商号，再由叶某以商号名义背书给"某五金家电批发公司"。所购买的彩电转手成功后，全部款项被刘某和叶某卷逃。当"某五金家电批发公司"将叶某提交的支票送银行结算时，因进出口公司账户上存款额不足而被退票。

思考题：

1. 货款结算采用票据工具具有哪些规定？
2. 刘某存在哪些过失或违法行为？

第一节　票据法概述

一、票据与票据法

(一)票据的概念与功能

1. 票据的概念

票据是指出票人签发的，由自己或委托他人于见票时或者确定的日期，向持票人或受款人

无条件支付一定金额的有价证券。

票据有广义和狭义之分。广义的票据是指商业活动中使用的一切凭证,包括发票、提单、仓单等;狭义的票据是以支付一定金额为目的的票据,包括汇票、本票和支票。票据法上所指的票据是狭义的票据。

2. 票据的功能

票据在经济生活中的功能,主要表现在以下四个方面:

(1)支付功能。票据最基本、最简单的功能是作为支付工具,代替现金使用。以票据作为支付工具,可以减少货币发行量;对于交易双方分处两地或远居异国的商业交易,利用票据的汇兑功能亦能避免现金输送的麻烦和风险。

(2)流通功能。一方面,票据可以作为信用货币代替现金用于支付和流通;另一方面,票据经由背书或交付转让,转让人对票据付款负有担保义务,转让次数越多,对票据负责的人就越多,进而提高了票据的流通性。

小资料

票据与法定货币的主要区别

票据与法定货币的主要区别在于:票据所凭借的是出票人、承兑人或背书人的私人信用,它不具有法定货币的强制流通效力。因此,当债务人以法定货币清偿债务时,在法律上成为法偿,债权人必须予以接受;但若债务人准备以票据清偿其债务时,则必须征得债权人的同意,或在合同中作出规定,否则债权人可以拒绝接受。

(3)信用功能。票据的信用功能实际上是"人的信用证券化",即当事人之间可以用票据约定付款期限。而在票据到期之前,票据的持有人可以利用出票人和承兑人的信用通过贴现取得现金,或者通过背书转让履行其他债务。

(4)融资功能。通过票据贴现可实现筹集、融通资金的作用。票据贴现是指持有人把未到期的承兑汇票出售给银行,银行在扣除规定的贴现息后把票据的款项交付给持票人,等票据到期后,银行再向付款人请求付款。银行的行为实际上是向持票人提供其急需的资金,加速了资金的周转。

(二)票据法的概念及特征

1. 票据法的概念

票据法是调整票据关系的法律规范的总称。广义的票据法是指涉及票据关系调整的各种法律规范,既包括专门的票据法律、法规,也包括其他法律、法规中有关票据的规范。一般意义上所说的票据法是指狭义的票据法,即专门的票据法规范,它是规定票据的种类、形式和内容,明确票据当事人之间的权利义务,调整因票据而发生的各种社会关系的法律规范,如《中华人民共和国票据法》。

2. 票据法的特征

(1)强行性而非任意性。票据法虽然属于民法的特别法或部门法,但其对于民法中的任意规范采用较少,票据法中的规定几乎都是强行性规定。

(2)技术性而非伦理性。票据法的规范更多考虑的是方便交易、繁荣市场的技术上的要求，而较少受不同国家、不同民族的思想文化传统和伦理道德的影响，是一种技术性规范。

(3)司法兼具公法性。票据法作为民商法的特别法，调整的是平等主体之间因票据而产生的社会关系，理应属于私法的范畴，但其也规定了大量的公法性规范，体现了票据法的公法性特征。

(4)国内法兼具国际性。票据法虽然属于国内法，但却具有较强的国际统一性。各国的票据立法都尽可能地与国际票据规则接轨，使各国的票据法在内容上日渐趋同，票据法也因而成为国际间统一化程度最高的法律。

(5)实体法兼具程序性。票据法属于实体法，但同时具有许多程序性规定，票据的运作注重程序，许多规定都体现了票据法程序的严格性。

小资料

涉外票据的准据法

所谓涉外票据是指在票据关系上具有一定涉外因素的票据。我国《票据法》规定，涉外票据是指出票、背书、承兑、保证、付款等行为中，既有发生在我国境内又有发生在我国境外的票据。

我国成为世界贸易组织的成员，伴随的是我国融入世界贸易体系。大量的国际贸易和融资的增加将带来涉外商业票据的大量使用。

我国《票据法》根据通常法律冲突的处理原则，规定了涉外票据发生法律冲突时的准据法。

1. 当事人行为能力的法律适用

一般情况下，票据债务人的民事行为能力，适用其本国法律；如果依照其本国法律为民事行为能力或者为限制民事行为能力而依照行为地法律为完全民事行为能力的，适用行为地法律。

2. 出票时记载事项的法律适用

汇票和本票出票时的记载事项，适用出票地法律；支票出票时的记载事项，适用出票地法律，经当事人协议，也可以适用付款地法律。

3. 背书、承兑、保证、付款和保证行为的法律适用

票据的背书、承兑、付款和保证行为，适用行为地法律。

4. 追索权行使期限的法律适用

票据追索权的行使期限，适用出票地法律。

5. 提示期限、拒绝证明的方式及出具拒绝证明期限的法律适用

票据的提示期限、拒绝证明的方式及出具拒绝证明期限，适用付款地法律。

6. 票据丧失时保全票据权利程序的法律适用

票据丧失时，失票人请求保全票据权利的程序，适用付款地法律。

二、票据的法律特征

票据与其他有价证券相比具有以下法律特征：

(1)票据是完全的有价证券。完全的有价证券是指权利完全证券化、权利与证券融为一体不可分离的一类证券。票据权利的行使以向票据债务人提示票据为必要，票据权利的转让也以交付票据为要件，票据权利与票据不可分，票据丧失而无法提示票据，便无法行使票据权利，因此票据是完全的有价证券。

(2)票据是金钱证券。票据以金钱为给付标的，代替现金作为支付工具和流通工具。

(3)票据是文义证券。票据当事人权利义务的确定，严格依票据所载文字意义决定，票据文义以外的任何事实与因素均不能作为认定票据上的权利和义务的依据。票据作为文义证券，同样在于保障使用票据进行交易和票据流通的安全。

(4)票据是无因证券。票据上的权利义务关系基于出票人的出票行为而完成，权利人享有票据权利只以持有票据为要件，而不需证明其取得票据的原因。因此，票据只要符合法定的形式要件，持票人即可实现其票据权利。因为凡是在票据上签章的人，无论基于何种票据原因，都必须依票据的记载承担票据义务。票据的这种无因性保证了票据流转的安全性。

(5)票据是要式证券。票据必须依法定方式做成，必须符合票据法规定的形式要件，要记载票据法规定必须记载的事项，否则票据无效。票据法之所以将票据设计为要式证券，规定票据的形式和应记载的事项，其目的是方便人们使用票据进行交易，也方便对票据效力的审查，从而保障使用票据进行交易的安全，促进票据的转让和流通。

(6)票据是设权证券。票据权利必须经过出票人的出票行为方可产生，即由出票行为设立票据权利。非设权证券如股票、债券等并不能设立一种权利，它们只能证明一种已存在的债权。

(7)票据是流通证券。票据作为一种流通证券，可以通过交付或背书的方式自由转让，无需通知原债权人，受票人基于此而取得票据的全部权利。各国票据立法表明，只要受票人获得票据且支付了对价，即使票据转让人的票据权利有瑕疵，如票据是捡来的，该善意受让人对票据的权利也不受前手权利缺陷的影响。

(8)票据是金钱债权证券。票据的持有人享有向票据上的债务人请求支付票面金额的权利，这种兑付请求权包括追索权本质上都是债权，而且此债权的内容就是请求支付一定的金钱，因而它有别于他种行使的证券，属于证券中的“金钱债权证券”。

三、票据法律关系

票据法律关系简称票据关系，是指票据当事人基于票据行为而发生的票据权利义务关系。票据关系具有以下特征：

(1)票据关系基于票据行为而产生。票据法规定的票据行为是唯一能够引起票据关系发生的法律行为。除此以外的任何行为，均不能引起票据权利义务关系。

(2)票据关系主体的多重性和相对性。票据是流通证券，在有效期内，持票人可以通过背书转让票据。每多一次背书，票据关系就多一个人参加，再加上承兑、保证等票据行为，票据关系的主体就更多，此为票据关系主体的多重性。同时，在票据的转让过程中，背书人相对于其前手为债权人，而相对于被背书人则为债务人，此为票据关系主体的相对性。

(3)票据关系的客体为票据记载的货币金额。票据是一种货币证券，所以，票据关系的客体只能是货币。至于货币的种类，一般不加限制，可由当事人依法自由选择。

(4)票据关系的内容为票据权利义务。这种权利义务有两类：一类是票据债权人的付款请求权与债务人的付款义务;另一类是票据债权人的追索权与债务人的偿付义务。

四、票据行为

(一)票据行为的概念

票据行为有广义与狭义之分。广义的票据行为是指以发生、变更或消灭票据债权债务关系为目的的法律行为。它包括票据的签发、背书、承兑、参加承兑、保证、保付、付款、参加付款、追索等行为。狭义的票据行为是指能产生票据债权债务关系的要式法律行为,主要包括出票、背书、承兑、参加承兑、保证和保付等,不包括解除票据债务的付款、参加付款、追索等。

(二)票据行为的特征

票据行为除具备法律行为的一般特征外,还有自己独具的特征,表现在以下方面:

(1)要式性。票据行为必须按照票据法规定的形式和要求实施,记载票据法要求记载的事项,不允许当事人自主变更。

(2)文义性。票据行为的内容依照票据上所记载的文义而定,即使该项记载与行为的真意或实际情况不符,也不允许当事人用票据以外的事实或证据予以变更或补充。

(3)独立性。票据行为之间互不依赖而独立发生效力。所有附属票据行为都以出票为前提,但各票据行为之间是独立的,只要该票据行为符合法定的要件,具有独立的发生法律效力,其他票据行为纵然无效或被撤销,也不影响该票据行为继续有效。

(4)无因性。票据行为只需具备法律规定的形式要件即可生效,而不问其基于的原因关系或基础关系存在与否或是否有效。

(三)票据行为的特别要件

票据行为属于民事法律行为,因此必须具备一般民事法律行为应具备的要件。同时,票据行为又是一种特殊的、要式的民事法律行为,因此还必须具备票据法规定的特别要件,包括书面、签章、记载事项和交付等四项。票据为文义证券,因此各种票据行为都必须以书面形式做成才能生效,任何以口头形式所为的票据行为均属无效。签章是所有票据行为共同的要件,其意义在于辨别行为人的真伪,并确定行为人的票据责任。票据行为要有效成立,还必须根据票据法的具体规定,在票据上记载有关事项,票据行为人须将票据实际交付给对方持有,方可完成票据行为的最后环节。

五、票据抗辩及其限制

(一)票据抗辩的概念

所谓票据抗辩,是指票据债务人根据票据法的规定对票据债权人拒绝履行义务的行为。抗辩是债务人用于保护自己的一种防御方法和手段。债务人享有的抗辩权越多,对债务人就越有利,对债权人就越不利。相反,债务人享有的抗辩权越少,对债权人就越有利,对债务人就越不利。基于注重票据流通性和保护票据权利人利益的价值取向,票据抗辩规则又合理限制债务人的抗辩权。各国票据法一般都规定了票据抗辩切断制度,即票据受让人在从其前手处受让取得票据权利时,并不同时继受就该权利而存在的抗辩原因。票据债务人对原权利人可以主张的抗辩，不得对受让人主张。

（二）票据抗辩的种类

票据抗辩包括物的抗辩、人的抗辩、恶意或重大过失的抗辩和无对价的抗辩。

1. **物的抗辩**

物的抗辩，又称绝对抗辩、客观抗辩，是指票据债务人基于票据本身的内容，如票据上的记载事项、票据的性质、发生的事由而进行的抗辩。由于物的抗辩原因来自票据本身，因此，不论持票人（票据权利人）是谁，票据债务人均得以依法提出。

在物的抗辩中，根据行使抗辩权的人的不同，可以将物的抗辩再细分为任何票据债务人可以对任何票据债权人行使的抗辩和特定票据债务人可以对任何票据债权人行使的抗辩。

(1)任何票据债务人可以对任何票据债权人行使的抗辩。这一类物的抗辩是指票据本身欠缺有效要件而无权利，或者虽然有票据权利但权利已经消灭和未到期限，故任何票据债务人都可以依此进行抗辩。这种抗辩又可分为以下几种情况：

①票据上欠缺票据法规定的绝对必要记载事项的无效票据，任何票据债务人均可依此对抗任何票据债权人。这是因为票据为文义证券，票据上欠缺票据法规定的绝对必要记载事项，该票据为无效票据，所以任何票据债务人都可以进行抗辩。

②票据的付款日期尚未截止，任何票据债务人均可对任何票据债权人进行抗辩。汇票和本票上均有付款日期的记载，票据债权人在付款日期尚未截止不得提示票据要求付款，如果票据债权人在付款日期尚未截止时请求债务人履行债务，则任何票据债务人均可以进行抗辩。

③票据因法院作出除权判决而被宣告无效的，任何票据债务人均可以依此进行抗辩。

④票据债务人已依法付款，任何票据债务人可以依此进行抗辩。

(2)特定票据债务人可以对任何票据债权人行使的抗辩。这一类物的抗辩是指在票据关系中，由于票据行为的独立性特点，存在着有瑕疵的票据行为和无瑕疵的票据行为，有瑕疵的票据行为所产生的票据关系并不影响无瑕疵票据行为所产生的票据关系。因此，在票据上就产生出特定的票据债务人可以对任何票据债权人行使的抗辩。

①因欠缺票据行为能力的抗辩。无民事行为能力人或者限制民事行为能力人在票据上签章的，其签章无效，但是不影响其他签章的效力。这些行为能力人的法定代理人或这些行为能力人成为有行为能力人之后，可以签章时不具有票据行为能力而对抗票据债权人，拒绝支付票据款项。但是这不影响票据上有行为能力人签章的效力。

②无权代理的票据行为的抗辩。这是指没有代理权而在票据上签章的，应当承担票据责任；代理人超越代理权的，应当就其超越代理权的部分承担票据责任。无权代理的票据行为是指因本人未授予代理权，故不负票据上的责任，本人可依此对抗任何票据债权人。对于超越代理权的，就是超越行为，本人可对抗任何票据债权人。

③伪造或变造票据行为的抗辩。票据伪造是指伪造了票据上的签章，票据变造是指变更了票据上签章以外的记载事项。未在票据上签章的人，不负票据责任，因此，票据上被伪造的签章人可以依此对抗任何票据债权人。在票据变造情况下，在票据变造前的背书人、出票人仍依变造前的票据文义负责，因此，票据变造前的背书人、出票人可以依此对任何票据债权人进行抗辩，主张自己仅依票据变造前的文义承担票据责任。

④票据权利行使或保全手续欠缺的抗辩。持票人行使追索权时，应提供被拒绝承兑或付款的证明，持票人不能提供拒绝证明的，丧失对其前手的追索权。因此，票据债务人可以依此

进行抗辩，拒绝履行票据债务。

2. 人的抗辩

人的抗辩，又称相对抗辩、主观抗辩，是指票据债务人基于其与特定的票据债权人之间的关系而发生的，因而只能向特定的债权人提出的抗辩。人的抗辩的特点是：它是票据债务人和特定的票据债权人之间的关系，离开了特定的债权人，抗辩即受影响，对于和票据债务人没有特殊关系的票据债权人，票据债务人不得以人的抗辩为由进行抗辩。

根据抗辩人的资格，可以将人的抗辩细分为任何被请求的票据债务人对特定票据债权人或持票人主张的抗辩和特定被请求的票据债务人对特定票据债权人主张的抗辩。

(1)任何被请求的票据债务人对特定票据债权人或持票人主张的抗辩。

①票据债权人欠缺票据行为能力的抗辩。这是指票据债权人在取得票据时具有票据行为能力；在持有票据期间丧失了票据行为能力，如法人破产、自然人患精神病等。任何票据债务人均可依此进行抗辩。

②票据债权人欠缺形式受领票据债权资格的抗辩。这是指持票人应以背书的连续证明其权利，如果背书不连续，则票据债务人有权进行抗辩，拒绝支付票据金额。

③票据债权人欠缺实质受领票据债权资格的抗辩。这是指票据债权人取得票据具有恶意或重大过失，票据债权人无权取得票据权利，任何票据债务人均可以对恶意持票人行使抗辩权，拒绝履行票据义务。恶意持票人是指知道、应当知道其取得的票据权利是没有法律根据的持票人。例如，明知是偷来的票据而仍然受让，就是恶意持票人。

(2)特定被请求的票据债务人对特定票据债权人主张的抗辩。

①原因关系无效，在特定的票据当事人之间可以进行抗辩。基于票据的无因性，原则上票据关系与原因关系是相互独立的法律关系，原因关系有效与否与票据关系无关。但是原因关系和票据关系又有牵连性，这种牵连性体现在现有原因关系的当事人与票据关系的当事人为同一人时，即在直接当事人之间票据债权人基于不法原因而接受票据时，该债务人可以此原因关系无效对抗票据债权人，拒绝支付票据款项。需要强调的是，基于原因关系无效而抗辩的仅限于前后手之间，或者为直接当事人之间。对于善意第三人不能因票据原因关系无效而抗辩。

②原因关系消灭，在特定的当事人之间可以进行抗辩。基于已经消灭的原因关系而产生的票据关系，在直接当事人之间取得票据有违公平，因此，票据债务人可以进行抗辩，拒绝支付票据金额。例如，甲为支付货款而向乙签发票据，后买卖合同解除，则甲可拒绝向乙承担票据义务。需要注意的是，这种抗辩权仅限于前后手之间，或者直接当事人之间。对于善意第三人不能因原因关系消灭而抗辩。

③无对价或未支付相当对价取得票据的，在特定的票据当事人之间可以进行抗辩。这是指持票人在取得票据时未支付对价，持票人不享有票据权利，因此，票据债务人可以依此抗辩，拒绝支付票据款项。持票人未按票面金额给付对价的，为对价不充分，而对价不充分的持票人，原则上也不能全额取得票据权利，票据债务人也可行使抗辩权。这种抗辩也只限于直接当事人之间，对善意第三人不得行使。

另外，我国《票据法》规定，因税收、继承、赠与可以依法无偿取得票据的，不受给付对价的限制，但是，所享有的票据权利不得优于前手。

3. 恶意或重大过失的抗辩

持票人恶意或重大过失取得票据的，不享有票据权利或其票据权利不得优于前手，若票据债务人对前手存在抗辩事由，则也可对其进行抗辩，但只限于对恶意或重大过失取得票据者，对善意并支付了相当对价的持票人不得进行抗辩。

4. 无对价的抗辩

持票人无对价取得票据，其票据权利不得优于前手，若票据债务人对前手存在抗辩事由，则也可对其进行抗辩。

(三)票据抗辩的限制

为了确保票据的流通和安全，各国票据法都对票据抗辩规定了不同程度的限制。所谓票据抗辩的限制是指票据法规定的票据债务人对特定持票人不得抗辩的限制。票据抗辩的限制有一定的原则和规则，票据抗辩限制的基本原理是：

(1)物的抗辩随票据而存在，不应当也不能予以限制。物的抗辩因票据本身的内容而发生并存在，无论票据流转到任何人手中，这种抗辩也不会消失。

(2)直接当事人之间的人的抗辩，不应也不能予以限制。在直接票据当事人之间，必然存在票据关系。票据债权人不能主张票据权利时，如果不允许票据债务人根据票据基础关系提出抗辩，不仅违反同时履行的公平原则，而且会导致当事人之间的关系变得更加复杂，进而有悖于公平、公正和效率。

(3)非直接当事人之间的人的抗辩，应当予以限制，以维护票据的流通性。

当然，票据抗辩的限制也有例外：当持票人无对价取得票据；持票人以欺诈、偷盗或者胁迫等非法手段取得票据；明知有前列情形，出于恶意取得票据；持票人明知票据债务人与出票人之间或者与出票人的前手之间存在抗辩事由而取得票据。以上均不受抗辩切断的保护。

第二节 汇票

一、汇票的定义、特征和种类

1. 汇票的定义和特征

尽管各国票据法对汇票的定义不尽相同，但多数国家认为，汇票在本质上属于一种不附条件的书面支付命令。

汇票是指由出票人签发的，委托付款人在见票时或者在指定日期，按照票据记载无条件向收款人或持票人支付确定金额的票据。汇票是国际结算中使用最广泛的一种信用工具。汇票关系通常涉及三方基本当事人，即出票人、付款人、收款人。汇票的出票人本身不是票据付款人，而是委托他人支付一定的金额。承兑是汇票特有的制度，是付款人作出的汇票到期无条件付款的意思表示。

2. 汇票的种类

(1)按照汇票上记载的到期日不同，可将汇票分为即期汇票和远期汇票。

①即期汇票是指以出票日期为付款到期日，付款人见票即付的汇票。

②远期汇票是指在票据上记载的到期日截止时，收款人或持票人才能依法请求付款的汇票。远期汇票付款方式有三种：定日付款、出票后定期付款、见票后定期付款。

(2)按照汇票上对收款人记载方式的不同,可将汇票分为记名汇票、无记名汇票和指示汇票。

①记名汇票,又称"抬头汇票",是指出票人明确记载了收款人姓名和名称的汇票。

②无记名汇票,又称"空白汇票",是指出票人未记载收款人姓名或名称,或仅记载持票人或来人的汇票。

③指示汇票是指出票人在记载收款人的姓名或名称的同时,又附加记载"或其指定人"字样的汇票。

(3)按照当事人的资格是否兼任,可将汇票分为一般汇票和变式汇票。

①一般汇票是指出票人、付款人、收款人为不同主体但互不兼任的汇票。

②变式汇票是指汇票的三方当事人中有一方兼具两种身份的汇票。此种汇票有三种形式:a. 指己汇票,即出票人指定自己为收款人的汇票;b. 已付汇票,即出票人以自己为付款人的汇票;c. 付受汇票,即出票人以付款人为收款人的汇票。

(4)按照汇票的承兑或付款是否要求附有单据,可将汇票分为光票和跟单汇票。

①光票是指无需附带任何商业单据,付款人或承兑人仅依汇票本身即可付款或承兑的汇票。

②跟单汇票,又称押汇汇票或信用汇票,是指必须附带相关的商业单据才能获得承兑或付款的汇票。

小资料

汇票的分类

根据我国《票据法》的规定,汇票被进一步分为银行汇票和商业汇票。银行汇票是指由银行作为出票人的汇票,其付款人也是银行。商业汇票是指出票人是工商企业的汇票。商业汇票又分为商业承兑汇票和银行承兑汇票,这是根据汇票承兑人性质的不同所作的划分。

二、汇票的出票

出票是指按法定形式做成票据并交付给收款人的行为。票据的做成必须具备法定的必要条件,记载必要的事项,票据上的一切权利义务均因出票而产生。出票包括做成票据和交付给收款人两个方面,如果票据已制作完成但未交付给收款人,则并未完成出票行为,票据上记载的收款人也不享有票据权利。

出票是创设票据关系的基础票据行为,其有效性直接影响到其后发生的附属票据行为的效力。汇票是一种要式证券,出票人在制作汇票时必须根据有关国家票据法的规定,把法定内容记载于汇票之上,欠缺必要记载事项的,除法律另有规定外,其票据无效。

1. 汇票的绝对必要记载事项

汇票出票时的绝对必要记载事项是指出票时必须在汇票上记载,如有欠缺将不产生票据效力的记载事项。具体包括:①标明"汇票"字样。其作用在于使汇票与其他票据相区别。②无条件支付确定金额的命令。这就要求汇票在措辞上不能使用"希望……"等虚拟请求式的语句,而只能用"付××元给××"的格式。③确定的金额。由于汇票的支付标的是金钱,因此汇票的金额必须确定。④付款人名称。汇票上的付款人名称应当记载清楚，付款人通常为进口商或其开户银行。⑤收款人名称。收款人是接受票据金额的当事人，是票据关系中的主债权人。⑥出票日期。汇票的出票日期是汇票的必要记载事项，它不仅可以确定付款日和期限届满的有效性，而且涉及法律适用的实效性问题。⑦出票人签章。签章表明出票人承担了汇票的付款责任，汇票的出票人必须在汇票上签章，汇票才能生效。

资料卡

汇票出票日期是否可做有悖事实出票日的记载

大陆法系学者认为，汇票上记载的出票日期只要符合形式上的要求即可，因为此项记载是当事人的一种意思表示，而非事实记录，因此，即使与真实的出票日期不符，也不会影响汇票的效力。而在英美票据法中，由于法律未将出票日期视为绝对必要记载事项，因此不会对此发生争议。我国《票据法》未对此作出规定。

2. 汇票的相对必要记载事项

相对必要记载事项是指本应在汇票上记载，但出票人未作记载时则可依法推定其内容，而不会因此导致汇票出票无效的记载事项。具体包括：①出票地。汇票的出票地点是汇票上提示付款的地点。②付款地。汇票的付款地点是出票人提示票据请求付款的地点，该地点是汇票承兑或付款的行为发生地。③到期日。凡未记载付款日期的，则一律视为见票即付。

3. 其他可能记载的事项

按照多数国家的票据法规定，汇票出票时除了上述必要记载事项外，出票人还可自由选择一些记载事项，这些任意记载事项不记载并不影响汇票的效力，但一经记载，即发生票据法上的效力。具体包括：①担当付款人，即代付款人为票据付款的人；②预备付款人，即持票人不获承兑或付款时，由他人参加承兑或付款的人；③利息及利率；④担保承兑的免除，出票人、背书人可以在票据上记载“本汇票不担保承兑”的文句；⑤禁止背书文句；⑥承兑的限制。

汇票的出票人因其出票行为对收款人或持票人应承担承兑和付款的责任，出票人在汇票得不到承兑或者付款时，应当向持票人清偿票面金额、利息和其他费用。出票人将做成的汇票交付收款人后，收款人即取得兑付请求权和追索权，并可背书转让，在承兑之前的付款请求权以及在被拒绝兑付前的追索权，实际上只是一种期待权。

4. 汇票出票的效力

(1)对出票人的效力——出票人承担保证汇票承兑和付款的责任。出票人在汇票得不到承兑或者付款时，应当向持票人清偿票面所载金额、利息和其他费用。《日内瓦公约》允许解除出票人保证承兑的责任，还有的国家甚至允许同时免除出票人的保证承兑和保证付款的责任。我国《票据法》规定，只要出票人签发的汇票被拒绝承兑或被拒绝付款，持票人即可向出票人行使追索权。

(2)对收款人的效力——收款人取得汇票并享有票据权利。出票人将做成的汇票交付收款人后，收款人即取得付款请求权和追索权，并可背书转让。

(3)对付款人的效力——付款人取得承兑和付款的资格。即期汇票的出票使付款人直接成为汇票的债务人，负有付款的义务。而对远期汇票来说，出票行为仅给付款人以承兑和付款的资格,是否对汇票承兑及付款,则完全取决于付款人自己的意愿。

三、汇票的背书

(一)背书的概念

背书是指持票人在票据的背面或者粘单上记载有关事项,并将其交付给被背书人,从而转让票据权利或将票据权利交予他人行使的行为。

票据作为一种流通证券,能够自由转让才能体现出其存在的价值,票据的转让方式有背书和交付两种。这里仅对背书进行介绍。在汇票上签章的是背书人,背书人背书转让的直接对象是被背书人,又称受让人。被背书人可以将受让的票据通过背书而转让给他人,称为再背书。这种票据的连续转让,形成票据的流通。

(二)背书的种类

(1)根据背书人在背书时的意图,背书可以分为两种,即转让背书与非转让背书。

①转让背书是指以转让票据权利为目的的背书。它是最基本的背书类型。转让背书又可以分为空白背书和记名背书。

空白背书是指不记载被背书人姓名或名称的背书。目前我国还未建立空白背书制度。实践中,背书人未记载被背书人名称即将票据交付他人的,持票人在票据被背书人栏内记载自己的名称与背书人记载具有相等的法律效力。记名背书是指记载被背书人名称的背书。

根据背书效力不同,转让背书还可分为一般转让背书与特殊转让背书。

一般转让背书,是指具有完全的、无限制效力的转让背书。一般转让背书依记载事项完全与否可以分为记名背书和不记名背书。

记名背书,又称完全背书,是指背书人依法记载了背书的类型、被背书人名称并完成签章的背书。无记名背书,又称空白背书,是指仅由背书人签章而不记载被背书人的背书。

特殊转让背书是指转让效力受到一定限制的转让背书。特殊转让背书包括限制背书、回头背书和期后背书等。

限制背书是指背书人在记载背书的有关事项时,对转让的票据权利给予一定限制的背书。《日内瓦公约》规定:“背书人须禁止任何再背书;在此情况下,该背书人对禁止后再经背书而取得汇票的人,不承担保证责任。”回头背书是指背书人以汇票上债务人为被背书人所做的背书。《日内瓦公约》规定:“不论受票人是否承兑,汇票得以背书方式转让于受票人,或转让于出票人或汇票上任何其他人。”期后背书是指在票据所载到期日届满后所做的背书。根据《日内瓦公约》第20条、《德国票据法》第20条规定,在汇票到期日后,尚未做成拒绝付款证书前所做的背书,或者在汇票到期日后,做成拒绝付款证书期限以内所为的背书,都与到期前的背书具有统一效力。我国《票据法》规定,期后背书是指在票据被拒绝承兑、拒绝付款或者超过付款提示期后所为的背书。期后背书的效力较弱,《日内瓦公约》及多数国家的票据法均规定期后背书仅具有“通常债权转让之效力”,而没有担保效力。

②非转让背书可进一步分为委托收款背书和设质背书。

委托收款背书,是指以委托他人代理收款为目的而做的背书。被背书人有权代背书人行使票据权利,收取票据款项,但不享有抗辩切断的利益,票据债务人可基于对背书人的抗辩事由对抗被背书人。设质背书是指背书认为担保债务履行，在票据上设定质权所做的背书。设质背书的目的是使背书人取得质权，在票据质押期间，质权人实际持有票据，当质权实现时，其即成为真实的票据权利人，可直接请求支付票据金额。在设质背书中，债务人不能以自己与质押背书的背书人之间的抗辩事由对抗被背书人。

资料卡

通常债权转让之效力

所谓"通常债权转让之效力"，是指民法中规定的一般债权转让的效力。据此，票据债务人对于背书人所能主张的抗辩，也可以对被背书人主张。背书人对被背书人不承担票据上的担保责任，被背书人不获付款时，只能依民法向背书人请求损害赔偿。

(三)背书的记载事项

背书是要式票据行为，票据法对背书的形式要求及记载事项也有相应的规则进行调整。对此，我国《票据法》作出明确规定。背书必须在汇票的背面进行，如果汇票凭证不能满足背书记载事项的需要，则可以加附粘单，粘附于票据凭证。粘单上的第一个记载人，应当在汇票和粘单的粘接处签名或盖章。就记载事项而言，有的属于绝对必要记载事项，有的属于相对必要记载事项，有的则属于任意记载事项。

1. 绝对必要记载事项

背书人的签章和被背书人的名称属于绝对必要记载事项，欠缺任何一项记载事项的，背书行为无效。

2. 相对必要记载事项

关于背书时是否必须记载背书日期的问题，各国的法律有不同的规定。如法国、比利时、意大利与荷兰的法律认为，背书必须载明日期；英美等国的法律则认为，载明日期并不是背书的必要条件。我国《票据法》规定，背书应记载背书日期，日期未记载的，视为在汇票到期前的背书。

3. 任意记载事项

各国票据法规定的任意记载事项主要包括：第一，禁止背书的记载。背书人在汇票上记载"禁止转让"的字样，其后手再背书转让的，做禁止转让记载的背书人对后手的被背书人不承担担保责任，其他票据债务人仍应承担票据责任。第二，无担保承兑背书。背书人在汇票上记载"不担保本票据承兑"字样。进行此种背书的目的是防止追索权的期前行使。

(四)背书的效力

持票人以背书的连续证明其汇票的权利。所谓背书的连续，是指第一背书人应当是该汇票的收款人，其后各次背书的背书人均应为前一次背书的被背书人，依次衔接，直至最后的持票人，中间没有间断。只要背书是连续的，持票人无需出具其他的任何证明，即可以当然地行使汇票上的权利，而付款人也可以背书在形式上的连续于付款后免除责任。付款人对于背书在实质上是否连续，包括背书人签名真实与否均不负认定之责，但付款人有恶意和重大过失的不在此限。

四、汇票的提示、承兑与付款

(一)汇票提示

1. 汇票提示的概念

汇票提示又称见票，是指汇票的持票人依法向付款人出示票据，并要求付款人承诺付款的行为。提示承兑行为的提示人是汇票的持票人，被提示人是汇票上记载的付款人。从票据法理论上看，提示承兑是进行承兑的必要前提，但提示行为本身并不是票据行为，不要求提示人在汇票上记载或签章，其效力在于行使和保全票据权利。

2. 汇票提示的规则

(1)提示地点规则。持票人提示承兑必须在法律规定地点进行。我国《票据法》规定，提示承兑的地点为票据上载明的付款地点，票据上未载明的，持票人提示承兑应当在汇票上记载的付款人的营业场所、住所或者经常居住地进行。

(2)提示交付规则。综合不同国家的票据立法，提示行为未必均须将票据交付给付款人。在德国等采取“即时承兑主义”的国家中，持票人只要向付款人出示票据，付款人必须立即决定是否承兑；而在法国、意大利等采取“考虑期限主义”的国家中，持票人的“提示”实际上是将票据交付承兑，给付款人留有考虑的时间，但此期限一般仅有一天。

根据我国《票据法》的规定，持票人在进行承兑提示时，应当将形式合法的票据交付给付款人，并请求付款人承兑。付款人收到持票人提示承兑的汇票时，应当向持票人签发收到汇票的回单，回单上应当记明汇票提示承兑日期并签章。

(二)汇票承兑

1. 汇票承兑的概念

汇票承兑是指汇票的付款人承诺在汇票到期时对汇票的票面金额予以付款，并在汇票的正面记载“承兑”的票据行为。

承兑是远期汇票特有的票据行为，本票由出票人自己付款，无需承兑，支票和即期汇票见票即付，持票人可随时请求付款，也无需承兑。远期汇票到期日前，持票人可向付款人提示票据，请求承兑，一经承兑，承兑人即成为该票据的第一债务人，承担票据到期时无条件支付票款的绝对责任。已到期的远期汇票，持票人可以直接请求付款人付款，无需承兑。

2. 汇票承兑的程序

承兑须经承兑提示和承兑两个过程，在必要情况下还有参加承兑这一过程。

(1)承兑提示。承兑提示是指持票人向付款人出示票据，请求付款人承诺付款的行为。承兑提示必须在法定期限内进行。各国法律都对承兑提示的期限予以限定，《日内瓦公约》的国家一般规定：见票后定期付款的票据，持票人应在出票日起 1 年内为承兑提示；其他须作承兑提示的票据，除出票人或背书人另有规定外，持票人应在票据到期之前提示承兑；未在法定期限内提示承兑的，持票人丧失对其前手(不包括出票人)的追索权。

(2)承兑。承兑的方式通常是由付款人在汇票证面记载“承兑”字样并签章，同时注明承兑的日期。付款人的签章是绝对必要记载事项，大多数国家不以载明承兑日期作为承兑生效的必要条件。汇票上未记载承兑日期的，已承兑期限的最后一日为承兑日期。根据《日内瓦公约》的规定，对于见票后定期付款的汇票与特别约定提示承兑期限的汇票，承兑人必须注明承兑的日期。

(3)参加承兑。参加承兑是指因汇票不获承兑，为维护票据债务人的权益，防止持票人行使追索权，由票据债务人之外的第三人于汇票到期日前参加到票据关系中，代替付款人承兑的行为。参加承兑人与承兑人的身份不同，他是票据债务中的从债务人，当付款人拒绝承兑时，他仍可依据票据关系对出票人行使追索权。

参加承兑与承兑的主要区别如下：承兑的目的是确定债务人的付款责任，参加承兑的目的在于防止汇票到期日前行使追索权。承兑人是票据的主债务人，承担绝对的付款义务；而参加承兑人不是票据的主债务人，只是在票据拒付时，承担偿还义务。承兑人对全体票据债务人承担付款义务，而参加承兑人只对持票人和被参加承兑人的后手负责。

参加承兑的效力主要表现在两个方面：对于持票人来说，参加承兑的效力在于防止其在到期日前向其前手行使追索权，其只享有对参加承兑人的付款请求权；对于参加承兑人来说，参加承兑行为使其具有了票据债务人的身份，影响持票人支付法律要求的金额，并要求持票人交出汇票和拒绝证书，以便行使追索权。

资料卡

票据的承兑能否附有条件

由于票据是流通证券，需要保证付款的安全性，因此，大多数国家规定，票据付款人可以选择承兑或拒绝承兑。但是，一旦做出承兑行为，则不得附有条件，如我国《票据法》就有此种规定。英美法系对此采取了较灵活的做法，如《美国统一商法典》第 3－402 条规定，在遇到付款人未附条件的承兑时，持票人可以拒绝，如果持票人接受了此票据，出票人和背书人即解除对汇票的担保承兑责任。

3.汇票承兑的效力

付款人对汇票承兑的，负有于汇票到期日无条件付款的责任。若承兑人到期不付款，合法的持票人可以直接向承兑人提起诉讼。同时，即使付款人对汇票作出承兑，但在汇票到期日拒绝付款，持票人仍然有权在法定期限内对其前手和出票人行使追索权。

(三)汇票付款

1.汇票付款的概念

汇票付款有广义和狭义之分。广义的付款是指一切票据债务人向持票人支付票据金额的行为。狭义的付款是指汇票上记载的付款人或代理付款人依法向持票人支付汇票金额，以消灭汇票关系的行为。

2.汇票付款的程序

汇票付款程序一般包括持票人提示付款、付款审查、付款并缴回汇票三个步骤。

(1)持票人提示付款。所谓持票人提示付款，是指汇票的持票人向付款人或代理付款人依法出示汇票，并请求其付款的行为。提示付款实质上是行使付款请求权的行为，它不仅是取得汇票付款的前提条件，而且还具有保全持票人追索权的效果。

(2)付款审查。付款人或代理付款人在收到持票人提示交付的汇票后，应当依法对票据的形式进行审查。这种形式审查的内容主要有：

①票据形式的审查。这主要是指对票据记载事项的审查，主要包括：汇票上法定必要记载事项是否完备；票据金额等记载事项是否被伪造或变造；是否存在危及票据效力的记载事项；提示付款人的付款提示是否符合提示期间规则等。

②背书连续的审查。这是对持票人进行的形式审查，主要看汇票的背书是否连续，只有连续背书的最后的背书人才能成为形式上合法的持票人。

③附带审查责任。这是指审查提示付款人的合法身份证明或有效证件是否与持票人相吻合，其目的在于防止或发现不法分子假冒他人名义，利用票据骗取票据款项的违法犯罪行为。

(3)付款并缴回汇票。付款人或代理付款人在收到合法提示的汇票并经过审查后，对于合法有效的汇票应当及时支付票款。付款人在履行付款时，有权要求持票人在汇票上签收，并将该已付讫的汇票缴回付款人。

3.汇票付款的效力

(1)票据法律关系消灭。付款人按照票载文义全部支付票据金额后，票据法律关系因此而全部归于消灭，付款人和全体票据债务人的票据责任也因此而被免除，同时，付款人有权要求持票人交出票据以便向出票人求偿。但是，付款人以恶意或者有重大过失而付款的，不发生票据法上的付款效力。

(2)付款人取得向出票人求偿的权利。由于付款人是基于出票人的委托而支付票据金额的，二者之间是委托代理关系，因此在出票人未向付款人提供资金的情况下，付款人于付款后即取得向出票人求偿的权利，有权请求出票人偿还其支付给持票人的票据金额。不过，由于票据关系已因付款而消灭，故付款人的这种请求权仅属于民法上的请求权，其权利的基础是出票人与付款人之间的资金关系，其性质属于委托代理关系的代理人与被代理人之间的内部关系，付款人只能依据民法的规定主张权利。如果出票人在出票后付款前已向付款人提供票据资金的，付款人于付款后则无权再向出票人主张权利。

五、汇票拒付与追索权

汇票追索权是指汇票到期不获付款、期前不获承兑或有其他法定原因时，持票人依法向汇票上所有票据行为人请求偿还汇票金额、利息及其他法定款项的一种票据权利。汇票追索权是为补充付款请求权而设的第二次权利。

1.实质要件

(1)汇票被拒绝承兑。持票人于到期日前向汇票付款人提示承兑后被拒绝承兑的，有权行使追索权。

(2)被拒绝付款。票据到期，因汇票承兑人、见票即付的汇票付款人拒绝付款的，持票人可以行使追索权。

(3)承兑人或付款人死亡、逃匿。汇票到期日前，发生承兑人或付款人死亡、逃匿情况时，承兑及付款在事实上已经不可能，持票人可以在票据到期前行使追索权。

(4)承兑人或付款人被宣告破产、责令停止业务活动时，持票人可以行使追索权。

2.形式要件

(1)持票人必须依有效的票据进行提示。无论提示承兑还是提示付款必须依有效票据进行，才能发生提示效力，在被拒绝时方可发生追索权。

(2)持票人必须在法定期限内进行提示，即持票人只能在法律规定的提示承兑期间或提示付款期间作提示。

(3)取得拒绝证书。拒绝证书是指由付款地的公证人或其他依法有权作出这种证书的机构出具的，以证明持票人已经依法行使票据权利及保全行为，而未获得结果的一种要式证明文书。另外，有一些国家规定发生不可抗力可免除作出拒绝证书。

(4)必须在汇票遭到拒付后的法定期限内将拒付事实告之其前手。英美法系对拒绝事由的通知采用“要件主义”，即认为拒绝事由的通知是追索权行使的要件，若当事人未依法进行通知，则丧失追索权，票据债务人可以此为由拒绝履行票据义务。大陆法系采用“义务主义”立法模式，即持票人负一定的通知义务，拒绝事由的通知仅为行使追索权的程序之一。《日内瓦公约》规定，持票人应于拒绝承兑或拒绝付款证书做成之后 4 个营业日内通知其背书人与出票人，每一背书人应于收到此通知之日起 2 个营业日内通知其前手背书人，依次推及出票人。不在上述期限内发出通知的，并不因此而丧失其权利。如由于怠于通知而使汇票的债务人发生损失时，怠于通知的一方应承担赔偿责任，但赔偿额不得超过汇票金额。

3.追索权行使的程序

(1)持票人在法定期限内做成拒绝证书。拒绝证书是行使追索权的形式要件，未制作拒绝证书或未在法定期间内做成拒绝证书将丧失追索权。

我国《票据法》对拒绝证书是这样规定的：持票人提示承兑或提示付款遭到拒绝的，承兑人或付款人必须出具拒绝证明，或者出具退票理由，否则须承担由此产生的民事责任；同时，持票人若因承兑人或付款人死亡、逃匿或其他原因不能取得拒绝证明的，可依法取得其他证明；若承兑人、付款人被法院依法宣告破产的，法院的有关司法文书具有拒绝证明书的效力；承兑人或付款人因违法被责令终止业务活动的，有关主管部门的处罚决定具有拒绝证明的效力；若持票人不能出示拒绝证明或未按规定期限提供合法证明的，丧失对其前手的追索权，但承兑人或付款人仍应对持票人承担付款的责任。

(2)将拒绝事由通知前手。各国法律一般都规定，持票人取得拒绝证书后，应在法定期限内将拒绝事由通知其前手。根据我国《票据法》的规定，持票人应自收到有关拒绝证明之日起 3 日内将被拒绝事由通知前手；其前手应当自收到通知之日起 3 日内通知其再前手。持票人也可以同时向各汇票债务人发出书面通知，未按照这一期限通知的，在票据有效期间内仍可行使追索权，但因超期通知而给其前手或出票人造成损失的，由该未通知的当事人在汇票金额范围内承担赔偿责任。

(3)行使追索权时可请求的金额。持票人在行使追索权时可要求偿还的金额一般包括：被拒绝付款的金额；票据金额自到期日或提示付款日起至清偿日止的利息；做成拒绝证明或其他同等声明与通知的费用及其他费用。

被追索人可向其前手请求偿还的金额包括：向追索人已支付的总金额、前项金额的利息；所支付的其他任何必要的费用。

4.追索权的法律效力

在票据关系中，出票人、背书人及持票人的其他债务人对持票人承担连带责任，因此持票人可以向票据债务人中的任何一人行使追索权。持票人行使追索权时，既可以不分票据债务的发生先后，也可以不依据票据债务人的次序。持票人可以选择票据债务人中的一人或数人已经行使追索权的，对其他债务人仍可以行使追索权。被追索人清偿债务后，取得持票人的地位，与持票人享有同一权利。

六、汇票的保证与参加制度

1. 汇票保证的概念

汇票保证是指汇票债务人以外的第三人，担保特定的票据债务人能够履行票据债务的票据行为。被保证人是票据关系中的债务人，可以是出票人、背书人、承兑人等；保证关系中的债权人是被保证人的后手，被保证人如果是承兑人，持票人则是保证关系中的债权人。由于有第三人为票据的债务人提供保证，票据的信用将有所增强。

2. 汇票保证的法律特征

(1)汇票保证是一种单方的法律行为。这与民法上的保证是双方的法律行为有所不同。在汇票保证的情况下，即使被保证的主债务因任何原因无效时，除因款式欠缺而无效外，保证人仍应承担义务。

(2)汇票保证是一种要式无因行为。保证人在实施票据保证行为时，应遵守法定的方式，必须在票据或者粘单上记载"保证"文句并签章。《日内瓦公约》规定，保证人在作出保证时，可在汇票上记载被保证人的姓名，如果没有记载，已承兑的汇票推定承兑人为被保证人，未承兑的汇票以出票人为保证人。票据未记载保证日期的，推定出票日期为保证日期。保证不得附条件；附有条件的，该条件不发生任何效力，但不影响保证行为的效力。

(3)票据保证具有独立性，即被担保的票据债务无效，除因格式欠缺而无效外，并不影响保证的效力。

(4)汇票保证人不得享有先述抗辩权，即持票人可以不先向被保证人请求付款或追索，而直接向保证人主张票据权利，保证人不得拒绝承担保证责任。

3. 票据保证的法律效力

(1)保证人与被保证人负同一责任。

(2)保证人承担独立责任，即使被保证的票据债务无效，保证人仍然要承担责任。保证人也不能已被保证债务人的抗辩事由对抗债权人，但因款式欠缺无效者除外。

(3)保证人一旦履行了票据债务，除为承兑人的保证外，被保证人的后手的责任被免除。

(4)保证人承担了保证责任后，取得了持票人的权利，有权向被担保的票据债务人及其前手进行追偿。

我国《票据法》未规定票据保证可以是部分保证，也未禁止部分保证，在理解上可以认为我国《票据法》允许部分保证。但由于票据金额无法分割，部分保证实际上并无多大意义，在实践中票据保证应是全部保证，票据保证人应对被保证的票据债务人的全部票据债务担保证责任。

第三节　本票与支票

一、本票

本票是出票人作出的约定见票时或于一定日期无条件支付一定金额的书面承诺。我国

《票据法》中所称的本票仅指银行本票，而国外的票据法中所规定的本票范围较大，包括银行本票及远期本票等。

本票除具有一切票据的共性外，还具有以下特征：①本票是由出票人承诺自己支付的票据，即自付证券。在本票法律关系中，仅有两方当事人，即出票人和收款人（出票人就是付款人）。②本票无承兑制度。本票自出票时便确定了付款责任，无需通过承兑方式明确责任。持票人只有不获付款的追索权。③本票为信用证券。大陆法系国家规定本票有到期日，出票人既可以签发见票即付的即期本票，也可以约定自己在某一到期日届满时付款。

（一）本票的种类

（1）根据本票用途的不同，可以分为现金本票和转账本票。支付现金的为现金本票，通过转账方式完成支付的为转账本票。

（2）根据本票对权利人的记载方式不同，可以分为记名本票、指示本票和无记名本票。记载收款人名称的本票是记名本票；记载收款人的名称，并且附有“或其指定人”字样的本票是指示本票；未记载收款人名称的本票是无记名本票。我国《票据法》只承认记名本票。

（3）根据本票到期日的记载方式不同，可以分为即期本票与远期本票。即期本票是指见票即付的本票；远期本票包括定日本票、记期本票和注期本票。我国《票据法》只承认即期本票。

（4）根据本票使用和流通领域的不同，可以分为国内本票和国际本票。凡签发与付款均在一国之内，且流通也在该国内的本票即国内本票；出票地和收款地不在一国之内的本票即国际本票。

（5）根据本票出票人的不同，可以分为银行本票和商业本票。银行本票是指以银行为出票人签发的本票；商业本票则是指由银行以外的企业或个人签发的本票。多数国家并不区分这两种形式的本票，我国《票据法》只承认银行本票。

（二）本票与汇票的主要区别

（1）基本当事人不同。本票有两个基本当事人，即出票人和收款人，其出票人本身就是付款人；汇票有三个基本当事人，即出票人、付款人、收款人。

（2）付款方式不同。本票的出票人自己出票自己付款；汇票是出票人要求对汇票已承兑的付款人无条件地付款给收款人。

（3）主债务人不同。本票的主债务人是出票人；汇票的主债务人，承兑前是出票人，承兑后是承兑人。

二、支票

支票是指以出票人签发的，委托办理支票存款业务的银行或其他金融机构于见票时无条件支付确定金额给收款人或持票人的票据。《英国票据法》把支票作为汇票的一种，认为支票是以银行为付款人的即期付款的汇票。

（一）支票的种类

（1）根据支票上权利人记载方式的不同，可以分为记名支票、指示支票和不记名支票。这种分类与汇票、本票相同。

（2）根据支票付款方式的不同，可以分为现金支票和转账支票。票款以现金支付的，为现金支票;票款通过银行转账程序进入持票人账户的,为转账支票。

(3)根据支票使用有无特别限制和保障,可以分为普通支票和特种支票。无特别限制和保障的,为普通支票;反之,为特种支票。特种支票又分为划线支票和保付支票。

划线支票是指在支票正面画两条平行线的支票,是为防止支票遗失与被窃后冒领票款而设计的,收款人仅限于银行或付款银行的客户。划线支票又分为普通划线支票与特别划线支票。前者仅画两条平行线,平行线中间没有文字;后者在两条平行线中记载银行的名称。前者只能向银行或付款银行的客户付款;后者只能向平行线中记载的特定银行或金融机构的客户付款。

保付支票是指办理支票存款业务的银行或其他法定金融机构在支票上承诺承担绝对付款责任的支票。为支票保付的行为,必须在支票上记载"保付"或与此同义的文句,并由保付人签名。保付支票无需记载保付日期,持票人可以随时向付款人取款。支票一经保付,付款人即承担付款责任,其他所有债务人(出票人与背书人)均免责。为保障付款,付款人在保付时从出票存款中将票款划出,另立账户专门用于付款。保付支票对持票人非常安全,其保障甚至高于已承兑的汇票。

(二)支票的特征

1.支票的付款人仅限于银行或其他金融机构

将支票的付款人限定为银行或其他金融机构,可以使支票金额的支付在资金上和技术上得到更多的保障。例如,《美国统一商法典》第3-104条规定:"支票是由银行凭票即付的票据。"《德国支票法》第3条也规定:"支票只能在出票人有存款的银行付款,且应遵循出票人有权开立支票支用存款的明示或默示的约定。"

2.支票的签发以出票人与付款人存在资金关系为前提

各国票据法均要求,只有在银行或其他金融机构开户并与之订立有支付委托合同的存款人,才可使用支票。需明确的是,票据法理论上要求的资金关系不仅指存款关系。如英国法认为,银行与客户之间的关系基本上是债务人与债权人的关系;法国法认为,出票人与银行的关系是自己关系,银行之所以对出票人开立支票付款,是因为出票人在银行存有资金,或银行同意对出票人给予透支。所以,支票出票人与付款人之间的资金关系,可以是支票合同,也可以是透支合同。

3.支票是见票即付的票据

各国对此看法是一致的。例如,《统一支票法公约》第28条规定:"支票限于见票即付。任何相反规定视为无记载。"《德国支票法》、《法国支票法》、《日本支票法》均规定支票限于见票即付。

4.支票未设承兑制度

各国票据法均认为,支票是即期票据,且提示付款期极短,因而无需承兑。

小资料

空头支票与禁止透支规则

空头支票是指出票人签发的没有资金保障或超出其账户内资金余额的支票。签发空头支票的透支行为实际上是出票人违反与开户银行之间账户合同关系的违约行为。各国票据法普遍规定禁止签发空头支票和禁止透支。那么,空头支票是否具有票据法上的效力,对于签发空头支票的透支行为又应通过何种法律途径予以制止呢?

“空头支票是否具有票据法上的效力”的问题是票据法上最重要的问题之一。按照《统一规则》第3条的规定,出票人必须保证其签发的支票在付款银行处有“存款”,“并须符合出票人有权以支票方式处理该款之明示或默示之协议。但如不符合这些规定,所开票据作为支票仍为有效”。《德国支票法》和《日本支票法》也作了类似规定。按照《美国统一商法典》第4-401条和第4-402条的规定,付款银行对于形式合法的支票应予以付款,并可就可付票证借记客户账户,即使此种借记将造成透支。此外,付款银行应对客户事实上因错误拒付而受到的损害负责。据此,对签发空头支票的透支行为应当通过各种法律手段对出票人进行制裁,但此种法律制裁并不影响该支票在票据法上的效力。

按照多数国家法律的规定,对于签发空头支票的行为,尤其是恶意透支的行为,通常对行为人给予一定的民事、行政和刑事制裁。

(1)民事制裁。这是对签发空头支票的行为人应主要采用的一种制裁方法。持此种观点的理论认为,支票关系和账户资金关系本质上均为民法上的债的关系,除出票人恶意欺诈外,签发没有资金保证的空头支票,实际上是债的不履行问题。即使行为人有恶意欺诈的意图,其对付款人的损害赔偿也是不可缺少的。例如,《瑞士债务法典》第1103条第3款规定:“出票人发出支票时,并无可由付款人按照指示处分的金额,应对于持票人,在所致损害外,赔偿其指示而未得偿的金额的5%。”我国《支付结算办法》第125条也规定,持票人有权要求签发空头支票的出票人支付赔偿金。

(2)行政制裁。这是各国对签发空头支票的行为人较常用的一种做法。例如,《日本支票法》第3条、第71条的规定以及我国《支付结算办法》第125条的规定。

(3)刑事制裁。这是对较严重的恶意透支行为所采取的制裁方法。例如,依据《法国支票法》第64条的规定,对于事前无可充分之资金签发支票的行为人可依法处以支票金额6%的刑事罚金。依据我国《票据法》和《刑法》的规定,对于签发空头支票骗取财物的行为,如情节严重,不仅可对行为人依法处以罚金,还可对其处以自由刑的刑罚。

(三)支票与汇票的区别

支票虽与汇票在许多方面有相同或相似之处,但二者也存在着以下主要区别:

(1)支票的付款人仅限于金融者,而汇票的付款人则不限于金融者。

(2)支票均为见票即付,汇票则不以见票即付为限。

(3)支票无承兑这一附属票据行为,若支票上有承兑记载者,视为无记载;而汇票除见票即付外,持票人一般都要进行承兑这一附属票据行为。

(4)支票仅作为支付工具;而汇票除作为支付工具外,还起着信贷工具等作用。因此,支票的流通时间一般要比汇票的流通时间短。

第四节　联合国国际汇票和国际本票公约

自1972年开始,联合国国际贸易法委员会(简称UNCITRAL)开始着手进行统一国际票据法的工作，设立国际流通证券工作小组，并拟定了《联合国国际汇票和国际本票公约》(Convention on International Bill of Exchange and International Promissory Note of the United Nations)草案，简称《国际汇票本票公约》，1988 年 12 月 9 日在纽约联合国第 43 次大会上通过，并开放供各国签署。按该公约的有关规定，该公约须经至少 10 个国家批准或加入后，方能生效。这一公约尽管是在考虑到日内瓦统一票据法体系与英美票据法体系之间现存差异的基础上制定的，但其目的并不在于直接调和两大票据法体系，而仅仅着眼于解决国际贸易中汇票和本票使用上的不便，其适用仅限于国际汇票和国际本票。该公约目前尚未生效。

一、适用范围

《国际汇票本票公约》只适用于载有“国际汇票(贸易法委会公约)”或“国际本票(贸易法委会公约)”标题并在文内有上述字样的国际汇票和国际本票，不适用于支票。

二、关于票据形式的要求

(1)国际汇票是列明至少下列两处地点并指出所列明的任何两处地点位于不同国家的汇票，其票据形式要求：①汇票开出地点；②出票人签名旁所示地点；③受票人姓名旁所示地点；④受款人姓名旁所示地点；⑤付款地点。

但汇票上须列明汇票开出地点或汇票付款地点，而且两个地点均位于一个缔约国境内。

(2)汇票是一种书面票据，其票据形式要求：①载有出票人指示受票人向受款人或其指定之人支付一笔确定金额款项的无条件命令；②载明凭票即付或在一确定日期付款；③载有出票日期；④载有出票人的签字。

(3)国际本票是列明至少下列两处地点并指出所列明的任何两处地点位于不同国家的本票，其票据形式要求：①本票签立地点；②签票人签名旁所示地点；③受款人姓名旁所示地点；④付款地点。

(4)本票是一种书面票据，其票据形式要求：①载有签票人负责向受款人或其指定之人支付一笔确定金额款项的无条件承诺；②载明凭票即付或在一确定日期付款；③载有签票日期；④载有签票人的签字。

三、关于执票人的法律保护及票据的抗辩权

《国际汇票本票公约》第 4 章第 1 节中对执票人的法律保护及票据的抗辩权进行了详细介绍。

第 27 条

(1)票据持有人对该票据各当事人拥有本公约授予其的一切权利。

(2)持票人可按照第 13 条转让该票据。

第 28 条

(1)当事人可向不是受保护的持票人提出：

①按本公约第 30 条第 1 款可对受保护的持票人提出的任何抗辩。

②基于他本人与出票人或他本人与其受让人在票据项下一项交易的任何抗辩，但必须持票人在取得票据时对这种抗辩知情，或他系以欺诈或偷窃手段取得票据，或曾于任何时间参加与票据有关的欺诈或偷窃行为。

③基于他成为当事人的情况所产生的任何抗辩，但必须持票人在取得票据时对这种抗辩知情，或他系以欺诈或偷窃手段取得票据，或曾于任何时间参加与票据有关的欺诈或偷窃行为。

④对他本人与持票人间的合同内行动可提出的任何抗辩。

⑤根据本公约所能提出的其他任何抗辩。

(2)不是受保护的持票人对票据的权利须受任何人对该票据有效索偿的限制，但必须他在取得票据时对这种索偿知情，或他系以欺诈或偷窃手段取得票据，或曾于任何时间参加与票据有关的欺诈或偷窃行为。

(3)于提示付款期限届满后取得票据的持票人须受制约其转让人的任何对票据的索偿或票据责任提出的抗辩的限制。

(4)除有下列情形之一外，当事人不得以第三者对该票据有索偿的事实向不是受保护的持票人提出抗辩：①该第三者对该票据提出了有效索偿。②该持票人以偷窃手段取得该票据或伪造受款人或被背书人的签字，或参加该偷窃或伪造行为。

第 29 条

“受保护的持票人”是指以下票据的持有人，即该票据在他取得时是完整的，或该票据属于第 12 条第 1 款所指的不完整票据并已按照授权予以补齐，但必须是在他成为持票人时：

(1)他对第 28 条第 1 款①、②、③和⑤项所指的对票据责任的抗辩不知情。

(2)他对任何人对该票据的有效索偿不知情。

(3)他对该票据曾因不获承兑或不获付款而遭退票的事实不知情。

(4)该票据没有超出第 55 条所订的提示付款的期限。

(5)他未以欺诈或偷窃手段取得票据或未参加与票据有关的欺诈或偷窃行为。

第 30 条

(1)当事人不得对受保护的持票人提出任何抗辩，但下列抗辩除外：

①基于他本人与上述持票人在票据项下的交易或由于上述持票人有任何欺诈行为而使该当事人在票据上签字而提出的抗辩。

②基于上述当事人不具备履行票据责任的行为能力，或基于上述当事人在不知道他的签字会使他成为票据当事人的情况下而已签字的事实而提出的抗辩，但须这种不知情并非因其疏忽所致，且须他是被诱骗签字。

(2)受保护的持票人对票据的权利不受任何人对该票据的任何索偿的限制，但由于他本人与索偿者在票据项下的交易而引起的有效索偿除外。

第 31 条

(1)受保护的持票人转让票据后，即将受保护的持票人对该票据的权利和就该票据拥有的权利授予任何后手持票人。

(2)如有下列情形，后手持票人即不享有这种权利：

①他参与了一项引起对该票据索偿或就票据责任提出抗辩的交易。

②他以前曾是持票人但不是受保护的持票人。

第 32 条

除有相反证明外，第一个持票人均推定为受保护的持票人。

关键词汇

汇票　本票　支票　出票　背书　承兑

本章小结

在国际贸易中，由于各国普遍对货币实行了严格的管制，加上货币运输费用高、风险大，故国际贸易结算很少使用现金，而多数使用票据。

票据是出票人签发的，由自己或委托他人于见票时或者确定的日期，向持票人或受款人无条件支付一定金额的有价证券，一般包括汇票、本票和支票三种。本章主要介绍了票据的基本特征、票据权利、票据行为，着重分析了汇票、本票、支票的相关制度，以便学生更好地理解和掌握票据运行的基本规则和制度并予以运用。

思考题

1. 票据具有哪些法律特征？
2. 票据行为具有哪些法律特征？
3. 汇票背书的概念及法律效力是什么？
4. 汇票承兑的概念及程序是什么？
5. 比较汇票、本票和支票的联系与区别。

案例分析题

甲公司从乙公司进货拖欠乙公司100万美元货款，乙公司又因借贷而拖欠丙公司100万美元。现距借款到期日还有4个月，乙公司在经得甲、丙两家公司同意后，决定以汇票结清他们之间的债权债务关系，乙公司为出票人，甲公司为付款人，丙公司为受款人，票据金额100万美元，出票日后4个月付款。丙公司得到汇票后向甲公司提示承兑，甲公司履行了承兑手续。一个月后，丙公司从丁公司处进货，将汇票背书转让给了丁公司。丁公司不慎将汇票丢失，遂向甲公司办理了挂失止付手续，但未采取其他措施。某人捡到了该汇票并伪造了丁公司的印章，以丁公司为背书人、自己为被背书人，持票到某汽车公司购买了一辆价值100万美元的汽车。汽车公司于汇票到期时持票请求甲公司付款，甲公司以汇票已挂失止付为由拒绝付款。汽车公司遂行使追索权向所有的前手发出了通知。丁公司接到通知后提出自己是票据权利人，汽车公司的票据有缺陷，请求返还票据。双方发生争执，诉至法院。

问题：

1. 甲公司能否对汽车公司行使追索权？
2. 如汽车公司遭拒付，其可采取什么补救措施？
3. 丁公司是否有权要求汽车公司交回汇票？
4. 丁公司有何补救措施？

第八章 国际知识产权保护法

学习目标

知识目标

- 了解国际知识产权保护法的内容
- 掌握我国对知识产权保护的相关规定
- 了解知识产权的主要国际公约

技能目标

- 能够运用知识产权的法律、公约规定分析实际问题

案例导入

中药熏疗牵引床实用新型案

2008年12月27日，被请求人某校办厂向中国专利局递交了发明创造名称为“中药熏疗牵引床”的实用新型专利申请，该申请于2009年11月8日被授予专利权。该专利的第一设计人为熊某，请求人某医院得知这一情况后认为：“‘中药熏疗牵引床’是在我院中医骨科应用自制的中药腾药木床及电动牵引按摩床的基础上改进成功的普及型多功能医疗产品，是我院中医科副主任医师熊某多年研究并在本院进行临床试验所获得的成果。该成果是一项职务发明，因此该专利权应归我医院持有。”于是请求人授权委托熊某向专利管理机关提出调处请求，请求将“中药熏疗牵引床”专利权人由校办厂变更为某医院。

被请求人校办厂在答辩书中称：“‘中药熏疗牵引床’研制课题是2008年由熊某和我厂厂长(该专利第二设计人)商定，在原有某医院自制的中药熏疗床基础上共同研制开发的，此课题与某医院无关。该专利的设计方案是熊某提出的，虽然我厂厂长不懂骨科临床需要，但是是由校办厂完善熊某的构思，完善整体结构设计并试制出样品，所以该专利应属某医院持有的论点是站不住脚的。若某医院承担该课题开发试制的各种原材料及专利代理申请等费用后，专利归医院独占，我们没有异议。”

思考题：

1. 本案例中的“中药熏疗牵引床”属于哪种发明，校办厂和医院是否对专利技术作出了实质性贡献？

2. 本案例专利的申请是否存在问题，如诉讼到法院，法院将做何种判决？

3. 本案例对于知识产权保护起到了怎样的借鉴意义？

第一节　知识产权法概述

一、知识产权的概念和特征

(一)知识产权的概念

有学者考证,“知识产权”一词最早于17世纪中叶由法国学者卡普佐夫提出,后为比利时著名法学家皮卡帝所发展,皮卡帝将之定义为“一切来自知识活动的权利”。目前,知识产权的概念,学术界并未取得共识,但究其本质,大多是围绕着知识产权保护对象以及知识产权权利人享有的权利等内容而展开的。

知识产权是指对智力劳动成果依法所享有的占有、使用、处分和收益的权利。各种智力成果比如发明创造、文学和艺术作品,以及在商业中使用的标志、名称、图像、外观设计,都可被认为是某一个人或组织所拥有的知识产权。知识产权是一种无形财产,它与房屋、汽车等有形财产一样,都受到国家法律的保护,都具有价值和使用价值,有些重大专利、驰名商标或原创作品的价值甚至远远高于房屋、汽车等有形财产的价值。但作为知识产权的权利人对其所创作的智力劳动成果所享有的专有权利,一般只在有限时期内有效。

(二)知识产权的特征

知识产权的特征概括起来有以下五个方面:

1. 知识产权的客体无形性

客体的无形性是知识产权的最本质特征,是知识产权与有形财产权的根本区别所在。知识产权作为一种无形财产权,它与有形财产权相比,又具有以下三点不同:

第一,知识产权人对知识产品不发生有形控制的占有。有形财产权的客体与载体是相统一的,而知识产权的客体与载体是相分离的,知识产品必须通过一定的、有形的物质载体才能得以体现,且这种物质载体的形式并不是唯一的。例如,可以将一部作品固定在胶片上以电影形式放映,也可将其写入书本中以文字形式出版。从传统的文字、音乐、电影等著作物的商业交易中,可以发现其交易的对象并非著作物本身;同理,知识产权人拥有的也不是文字、胶片这些有形物,而是这些有形物承载的无形财产。

第二,在使用权能上,由于知识产品的无形性,使得同一知识产品可以同时为许多人使用,彼此互不排斥,而且这种使用不会像有形物那样发生有形损耗,也不会由于实物形态消费而导致其本身的灭失,信息对某个人的供给并不会减少另一个人可获得的信息供给量。

第三,在收益权能上,知识产权人只能通过知识产品的法定孳息获得收益,不存在天然孳息收益。

2. 知识产权的专有性

专有性,即独占性或垄断性,即只有权利人才能享有,他人不经权利人许可不得行使其权利。知识产权是一种专有权,与有形财产权人对客观物的自然占有不同,知识产权人对知识产品的占有是一种人为的法定垄断权,它主要体现在如下两方面:

第一,知识产权人对其权利客体——知识产品——享有独占权、垄断权,对于同一项知识产品，在一定地域范围内，不允许有两个以上相同的知识产权并存。例如，两个相同的发明物，根据法律程序只能将专利权授予其中的一个，而以后的发明与已有的技术相比，如无突出的实质性特点和显著的进步，就不能取得相应的权利。

第二，知识产权人对其知识产品的这种专有权受法律的严格保护，权利人以外的任何人均不得侵犯这种权利，未经权利人许可或者法律规定的特殊情况，任何人不得随意使用受保护的知识产权。

3. **知识产权的时间性**

知识产权的时间性这一特点表明知识产权受法律保护的时间不是无限的，它仅在法律规定的期限内受到保护，一旦超过法律规定的有效期限，知识产权就自行消灭，相关智力成果即成为整个社会的共同财富，为全人类所共同使用，任何单位和个人都可以无偿使用，而不产生侵权问题。

知识产权有法定的保护期限，在法定的保护期限内权利有效，超过了保护期限权利终止，这也是知识产权与有形财产权的区别之一。有形财产权的有效期限，以其标的物的存在为前提，法律一般不规定其有效期限，而知识产权的有效期限则是法定的。

4. **知识产权的地域性**

知识产权的地域性是指在某一国家或地区取得的知识产权只能在该国或该地区范围内发生法律效力，除签有国际公约或者双边互惠协定外，一般不发生域外效力，即在A国受到承认而得到保护的知识产品进入B国国境内，该知识产品并非当然地受到B国法律的承认与保护。

从知识产权的起源看，原始知识产权是以封建君主授予的特权形式出现的，因而其法律效力只能局限在君主权力所及的范围内。到了现代，知识产权的这一特征仍然存在，这是由于各国经济、技术发展水平不同，历史、文化背景各异，因而为各国法律所认可的知识产品的范围和受保护程度也不尽相同，各国在对待知识产权的态度上也存在差异。例如，以美国为典型代表的发达国家提倡所有国家，无论它们的经济发展水平如何，都应实施强有力的知识产权保护措施，因为对于这些国家来说，知识产权能够促进经济增长，增加国际贸易收入，增进私人投资和技术转让，并且鼓励国民的创造性。相比之下，发展中国家则更相信知识是“人类共同的财富”，而不是某个人或某个公司的专有权利。

5. **知识产权的法律确认性**

知识产权的产生和取得方式不同于有形财产权的产生和取得。由于智力成果内容的无形性，决定了它本身不能直接产生知识产权，而必须依照专门的法律确认或授予才能产生知识产权。例如，人们的发明创造要取得专利权，必须依照专利法的规定，向国家专利主管机关申请专利，经依法审查批准授予专利权，并颁发专利证书予以确认。这使知识产权的法律确认性包含两层含义：一是知识产品要获得知识产权，首先要由法律作出直接的规定，否则即使是知识产品，也不能受到知识产权法律制度的保护；二是知识产品要想取得知识产权，除著作权以外，要逐一申请并获得批准。

二、知识产权的分类及与其他民事财产权利的区别

（一）知识产权的分类

知识产权作为法律赋予人们对其智力成果，在一定期限和地域内享有的一种专有权，它有

广义和狭义之分。一般所讲的知识产权，多数是指狭义上的知识产权。

1.狭义的知识产权

狭义的知识产权又分为两类：一类是版权，另一类是工业产权。版权是指著作权人对其文学作品享有的署名、发表、使用以及许可他人使用和获得报酬等的权利；工业产权则是包括发明专利、实用新型专利、外观设计专利、商标、服务标记、厂商名称、货源名称或原产地名称等的独占权利。

2.广义的知识产权

广义概念上的知识产权包括下列客体的权利：文学艺术和科学作品；表演艺术家的表演以及唱片和广播节目；人类一切领域的发明、科学发现；工业品外观设计；商标、服务标记以及商品名称和标志；防止不正当竞争；在工业、科学、文学和艺术领域内由于智力活动而产生成果的一切权利。

（二）知识产权与其他民事财产权利的区别

知识产权是一种智力成果的所有权，属于无形财产。而其他民事财产权利是有形财产的所有权利，即物权。知识产权虽然是无形的，但大多是依附于有形财产上体现出来的。如著作权是通过书刊、剧本等具体形式体现出来的。两者的区别具体体现在如下几方面：

（1）权利的对象或标的不同。物权的对象是动产和不动产以及其切实存在的物的形态。如一件漂亮的新衣服作为有形财产，它的所有人可以穿着、转让、损毁，所有人行使的权利均是针对衣服这个真实存在的“物”而进行的。而知识产权的对象是思想、情感智慧等。如对研发的某种抗癌特效药申请的专利，这项专利作为无形财产，其所有人在行使转让权时，转让的可能是该药品的生产制造权，却不是该特效药这个产品本身。值得一提的是，知识产权往往要依靠具体的物来体现出来。

（2）物权与知识产权虽然同为绝对权，但在独占性、专有性和排他性上，知识产权显然弱于物权。如一件衣服商场只能卖给一个确定的顾客，不可能同时卖给两个分别独立的顾客，独占性很明显也很强；而一个申请专利的药品配方，只要购买者不碰面，有可能卖给两个或更多的买主。

（3）物权往往可以通过事实占有实现，知识产权则要仰仗法律的保障。

（4）知识产权的期限不同于物权的期限。作为知识产权，各国法律都规定了期限，只不过有的期限可以延期，有的期限一旦期满则即告终止。而作为有形财产，只要客体存在，权利也就存在，法律并未规定期限。所以，有形财产的所有权，是以标的的存在为前提；而知识产权中的所有权，不以有关标的的灭失为存在前提。

三、世界各国知识产权立法模式概况

纵观世界各国有关防止侵犯知识产权犯罪的立法，其立法模式大致可以分为以下几种方式：

1.分散型立法模式

分散型立法模式，也可以称为附属刑法立法模式，就是在保护知识产权的法律中设置独立的罪名和法定刑，而在刑法典中则没有规定相应的知识产权犯罪。这种分散型立法模式是当今世界较为普遍的立法体例，英美法系和大陆法系的多数国家均采用这种立法模式。例如，在著作权的刑法立法中，英国将侵犯著作权的犯罪行为规定在《著作权法》第 107 条中；美国将侵犯著作权的犯罪行为规定在《版权法》第 506 条中；德国则将侵犯著作权的犯罪行为集中规定在《著作权法》中，刑法典没有设置关于侵犯著作权犯罪的任何刑事处罚条款；意大利则由《版权法》第 171—174 条规定侵犯著作权犯罪；日本自 1971 年生效并进行了数次修订的《著作权法》第 119—124 条规定了侵犯著作权的犯罪及其刑事责任。

2. 集中型立法模式

集中型立法模式，也可以称为刑法典模式，即以刑法典的方式规定所有侵犯知识产权的犯罪构成及其刑事责任。大陆法系的一些国家多以此类立法方式为主。例如，《巴西联邦共和国刑法典》第 187 条、188 条分别规定，没有经专利所有权人或让与人的许可而生产属于专利的产品，利用属于专利产品的程序与方法，进口、出口、出卖、推销或者以出卖为目的隐藏、接受侵犯专利的产品，并把非专利权作为自己的专利权而进行工业生产的，分别处以拘役或罚金。

我国侵犯知识产权犯罪则集中规定在现行刑法典分则第 3 章“破坏社会主义市场经济秩序罪”第 7 节中，显然也属于这种集中型的立法模式。

3. 结合型立法模式

结合型立法模式，就是在刑法和知识产权法中都有侵犯知识产权犯罪的规定。例如，法国关于侵犯商标权的犯罪规定在《法国制造业、商业和服务业商标法》第 27—34 条中，并援引了《法国刑法典》第 422 条和第 423 条的规定。

第二节 专利法

一、专利法概述

1474 年，威尼斯颁布了世界上第一部最接近现代专利制度的法律，之所以仍不能把它称为专利法，主要因为它的出发点是把工艺师们的技艺当做准技术秘密加以保护，即工艺师获得专利的前提是在威尼斯实施有关技术并要把该技术教给当地相同领域的工艺师，而这些工艺师对外则承担保密义务。

1623 年英国国会通过并颁布了《垄断法规》(The Statute of Monopolies)，并于 1624 年开始实施。这个法规被认为是具有现代意义的世界上第一部专利法。该法规定了发明专利权的主体、客体，可以取得专利的发明创造，取得专利权的条件，专利有效期以及专利权被视为无效的情形等。

从 18 世纪末到 19 世纪末，美国(1790 年)、法国(1791 年)、西班牙(1820 年)、德国(1877 年)、日本(1926 年)等工业国家陆续制定了专利法。到了 20 世纪，特别是第二次世界大战结束以后，工业发达国家的专利法陆续进行了修订，许多发展中国家也都制定了专利法。

《中华人民共和国专利法》于 1984 年 3 月 12 日由第六届全国人民代表大会常务委员会第四次会议通过，1985 年 4 月 1 日起施行。我国《专利法》实施 26 年来，历经三次修法，以《专利法》为主干，辅之以《专利法实施细则》与专利审查指南等法规、规章以及规范性文件。我国现行的专利法律体系不断完善，成为我国经济平稳发展、自主创新能力不断提升的重要推动力。

1992 年 9 月 4 日我国颁布《专利法》第一次修正案，修改后《专利法》于 1993 年 1 月 1 日起施行。《专利法》第一次修改取消了对药品、食品、饮料、调味品和用化学方法获得的物质不授予专利权的规定，限定了五种不授予专利权的情况，此修改使得专利权保护原则上适用于所有技术领域。第一次修改的意义在于保护水平向国际标准靠拢。

2000年8月25日，第九届全国人民代表大会常务委员会第十七次会议通过了我国《专利法》第二次修正案，并自2001年7月1日施行。《专利法》第二次修改进一步缩小了我国《专利法》与《与贸易有关的知识产权(包括假冒商品贸易)协议(草案)》的差距，取消国家知识产权局专利复审委员会对实用新型和外观设计的终局决定权，为实用新型、外观设计的行政终局决定提供了司法审查机会；取消了"国家计划许可"，而1992年《专利法》对于"国家计划许可"的规定，是计划经济的产物，不符合发展市场经济的要求。2000年《专利法》对"不知者不视为侵权"的规定作了修改；取消了撤销程序，简化了专利确权争议流程；取消全民所有制单位对专利权持有的规定，解决了国有企事业单位与非国有企事业单位、自然人在专利权属问题上待遇不平等的现象；调整了职务发明创造权利归属的规定，有利于进一步调动科技人员创新的积极性和主动性。此外，2000年《专利法》将撤销程序与无效宣告程序合并，统一为无效宣告程序；明确我国作为专利合作条约成员国应履行的义务；对实用新型设立检索报告制度；强化对专利权的保护，增加诉前临时禁令和财产保全措施，明确侵权赔偿的计算方式；将行政机关在专利侵权纠纷的处理中对赔偿问题的处理改为调解。第二次修改的意义在于深化改革、激发创造。

2008年12月27日，第十一届全国人民代表大会常务委员会第六次会议通过了我国《专利法》第三次修正案，并自2009年10月1日施行。第三次修改《专利法》体现了适应建设创新型国家、实施国家知识产权战略的需要。在立法宗旨上，进一步提升了专利立法促进创新的重大意义和使命。在专利的定义上，明确了发明、实用新型和外观设计的概念，并对重复授权进行了规制。在程序上，简化了中国单位或个人向外国人、外国企业或其他组织转让专利申请权或专利权的程序，取消了对涉外专利代理机构的指定，同时取消了将在中国完成的发明或实用新型向外国申请专利须先向中国申请专利和委托中国专利代理机构的规定。在许可范围上，对指定许可的范围进行了修改，不再包括中国集体所有制单位和个人的发明专利。在权力划分上，明确了专利申请权、专利权的共有制度和专利行政管理部门的职责，确认了国务院专利行政部门传播专利信息的法定义务。在专利行政执法上，提高了行政处罚标准，强化了专利行政执法权限。在保护方面，完善了专利侵权损害赔偿额和诉前临时措施的有关规定，增加了诉前证据保全措施。在具体权利义务方面，增加了对遗传资源保护方面的规定和外观设计专利权人的许诺销售权；规定了依赖遗传资源完成的发明创造申请专利的信息披露义务，明确了外观设计专利申请提交文件的要求，并允许关联外观设计合案提出专利申请；明确了简要说明可以用以解释外观设计专利权的保护范围，增加了受理外观设计专利侵权纠纷，可以要求权利人出具评价报告的制度。此外，第三次修法还进一步完善了强制许可制度，允许平行进口和Bolar例外，增加了现有技术或现有设计的抗辩和许诺销售行为善意侵权不承担赔偿责任的规定。第三次修改的意义在于实施知识产权战略，建设创新型国家。

我国《专利法》的制定及其前后三次修改，记录了我国知识产权法制建设的历史进程和我国知识产权战略的时代身影，专利法已经成为我国法制大厦的一根主要支柱和我国知识产权法律制度的有力支撑。

二、专利权的对象

我国专利保护的对象包括发明、实用新型、外观设计三种专利，其具体内容如下：

1. **发明**

发明是指人类在利用自然、改造自然的过程中所创造出的具有积极意义并表现为技术形式的智力成果，是对产品的形状、方法或者其改进所提出的新的技术方案。发明应当具有以下特点：

第一，发明中应当包含创新。即与现有技术相比，发明必须是前所未有的，并且有一定的进步或难度。

第二，发明必须利用自然规律。从专利法的角度看，不利用自然规律的不能称之为发明。

第三，发明是具体的技术性方案。所谓“具体”，是指发明必须能够实施，达到一定效果并具有可重复性。

根据专利审查制度的规定，发明分为产品发明、方法发明两种类型，既可以是原创性的发明，也可以是改进性的发明。产品发明是指关于新产品或新物质的发明，这种产品或物质是自然界从未有过的，是人利用自然规律作用于特定事物的结果。如果某物品完全处于自然状态下，没有经过任何人的加工或改造而存在，就不是我国《专利法》所规定的产品发明，不能取得专利权。方法发明是指为解决某特定技术问题而采用的手段和步骤的发明。能够申请专利的方法通常包括制造方法和操作使用方法两大类，前者如产品制造工艺、加工方法等，后者如测试方法、产品使用方法等。改进发明是对已有的产品发明或方法发明所作出的实质性革新的技术方案。例如，白炽灯是一种前所未有的新产品，可以申请产品发明；生产白炽灯的方法可以申请方法专利；给白炽灯填充惰性气体，其质量和寿命都有明显提高，这是在原来基础之上进行的改进，可以申请改进发明。

2. **实用新型**

实用新型是指对产品的形状、构造或者形状和构造的结合所提出的适于实用的新的技术方案，俗称“小发明”。实用新型与发明相比，在保护方式上的差异如下：

第一，实用新型专利与发明专利的保护范围不同。申请实用新型专利的主体只能是产品；而申请发明专利的主体既可以是产品，也可以是方法。

第二，申请实用新型专利的产品必须有确定的形状和固定的三维构造。对于气态、液态、粉末状的物质或材料等，由于没有确定的形状，故而不能被授予实用新型专利。

第三，实用新型专利的创造性要求较之发明专利低。由于授权条件较低，必然致使保护水平也相应地降低，如保护期比发明专利要短。

第四，我国的实用新型专利的审查程序比发明专利简单、快捷。

3. **外观设计**

外观设计也被称为工业品外观设计，或者简称为工业设计。它是指关于产品的形状、图案、色彩或者其结合所提出的富有美感并适于工业应用的新设计。外观设计的特点如下：

第一，外观设计必须以产品为依托，离开了具体的产品也就无所谓外观设计，对于那些游离于某一具体的产品之外的设计，充其量只能认为是一种纯美术作品，可以受著作权法的保护，不能作为外观设计受到专利法的保护，外观设计权的专有性程度大大强于著作权。

第二，外观设计以产品的形状、图案和色彩等为构成要素，以追求美感为目的，而不追求实用功能。

第三，外观设计必须适合于工业应用。这里的所谓工业应用就是指该外观设计可以通过工业手段大量复制。

小资料

《专利法》第三次修改不授予专利权对象新增加的两项内容

新增加的一项是对平面印刷品的图案、色彩或者二者的结合作出的主要起标识作用的设计。对本条的修改是在第1款中增加一项，作为第(6)项，规定对平面印刷品的图案、色彩或者二者的结合作出的主要起标识作用的设计，不授予专利权。

我国每年受理的外观设计申请量已经位居世界第一，但在受理的外观设计申请和授予的外观设计专利中，有相当数量涉及的是瓶贴、平面包装袋等的主要起标识作用的平面图案设计。这既不利于提高我国产品本身外观的创新能力，促进我国品牌产品的形成，提高我国产品的国际竞争力，也会增大外观设计专利权与商标专用权、著作权之间的交叉和冲突。为了鼓励设计人将其创新能力更多地集中到产品本身外观的创新上，故本次修改将"对平面印刷品的图案、色彩或者二者的结合作出的主要起标识作用的设计"排除在授予外观设计专利权的客体之外。

平面印刷品主要是指平面包装袋、瓶贴、标贴等用于装入被销售的商品或者用于附着于其他产品之上、不单独向消费者出售的二维印刷品；"主要起标识作用"是指二维印刷品的图案、色彩或者二者的结合主要是用于让消费者识别被装入的商品或者被附着的产品的来源或者生产者，而不是用于使被装入的商品外观或者被附着的产品外观本身"富有美感"而吸引消费者。应当注意的是，能够产生识别产品来源或者生产者作用的标识并不限于商标标识或者厂家名称，只要二维印刷品的图案、色彩或者二者结合主要用于产生标识作用，就属于被排除的范围。

需要指出的是，尽管床单、窗帘、布匹等纺织品也是二维产品，但不属于平面印刷品；纺织品的花色或者图案通常也不是"主要起标识作用"，因此对这些纺织品的外观设计不在被排除的范围之外。

三、专利权的主体

专利权的主体即专利权人，是指依法享有专利权并承担相应义务的人。专利权的主体具体如下：

1. 发明人或设计人

发明人或设计人，是指对发明创造的实质性特点作出了创造性贡献的人。在专利法上的发明人必须满足如下条件：第一，发明人必须是直接参加发明创造活动的人；第二，发明人必须是对发明创造的实质性特点有创造性贡献的人。在完成发明创造过程中，只负责组织工作的人、为物质技术条件的利用提供方便的人或者从事其他辅助性工作的人，例如试验员、描图员、机械加工人员等，均不是发明人或设计人。其中，发明人是指发明的完成人；设计人是指实用新型或外观设计的完成人。

发明创造是智力劳动的结果。发明创造活动是一种事实行为，不受民事行为能力的限制，因此，无论从事发明创造的人是否具备完全民事行为能力，只要其完成了发明创造，就应认定为发明人或设计人。

发明人或者设计人包括非职务发明创造的发明人或者设计人和职务发明创造的发明人或者设计人两类。非职务发明创造是指既不是执行本单位的任务，也没有主要利用单位提供的物质技术条件所完成的发明创造。对于非职务发明创造，申请专利的权利属于发明人或者设计人。发明人或者设计人对非职务发明创造申请专利，任何单位或者个人不得压制。申请被批准后，该发明人或者设计人为专利权人。

如果一项非职务发明创造是由两个或两个以上的发明人、设计人共同完成的，则完成发明创造的人称之为共同发明人或共同设计人。共同发明创造的专利申请权和取得的专利权归全体共有人共同所有。

2. 发明人或设计人的单位

对于职务发明创造来说，专利权的主体是该发明创造的发明人或者设计人的所在单位。职务发明创造，是指执行本单位的任务或者主要是利用本单位的物质技术条件所完成的发明创造。这里所称的“单位”，包括各种所有制类型和性质的内资企业和在中国境内的中外合资经营企业、中外合作经营企业和外商独资企业；从劳动关系上讲，既包括固定工作单位，也包括临时工作单位。职务发明创造分为两类：

(1)执行本单位任务所完成的发明创造。这类职务发明创造包括三种情况：①在本职工作中作出的发明创造；②履行本单位交付的本职工作之外的任务所作出的发明创造；③退职、退休或者调动工作后1年内作出的，与其在原单位承担的本职工作或者原单位分配的任务有关的发明创造。在第③种情况中，只有同时具备两个条件，才构成职务发明创造：第一，该发明创造必须是发明人或设计人从原单位退职、退休或者调动工作后1年内作出的；第二，该发明创造与发明人或设计人在原单位承担的本职工作或者原单位分配的任务有联系。

(2)主要利用本单位的物质技术条件所完成的发明创造。“本单位的物质技术条件”是指本单位的资金、设备、零部件、原材料或者不对外公开的技术资料等。一般认为，如果在发明创造过程中，全部或者大部分利用了单位的资金、设备、零部件、原料以及不对外公开的技术资料，这种利用对发明创造的完成起着必不可少的决定性作用，就可以认定为主要利用本单位物质技术条件。如果仅仅是少量利用了本单位的物质技术条件，且这种物质条件的利用，对发明创造的完成无关紧要，则不能因此认定是职务发明创造。对于利用本单位的物质技术条件所完成的发明创造，如果单位与发明人或者设计人订有合同，对申请专利的权利和专利权的归属作出约定的，从其约定。

职务发明创造的专利申请权和取得的专利权归发明人或设计人所在的单位。发明人或设计人享有署名权和获得奖金、报酬的权利，即发明人和设计人有权在专利申请文件及有关专利文献中写明自己是发明人或设计人；被授予专利权的单位应当按规定向对职务发明创造的发明人或者设计人发给奖金；在发明创造专利实施后，单位应根据其推广应用的范围和取得的经济效益，对发明人或者设计人给予合理的报酬。发明人或设计人的署名权可以通过书面声明放弃。

3. 受让人

受让人是指通过合同或继承而依法取得该专利权的单位或个人。专利申请权和专利权可以转让。专利申请权转让之后,如果获得了专利,那么受让人就是该专利权的主体;专利权转让后,受让人成为该专利权的新主体。

两个以上单位或者个人合作完成的发明创造、一个单位或者个人接受其他单位或者个人委托所完成的发明创造,如果双方约定发明创造的申请专利权归委托方,从其约定,申请被批准后,申请的单位或者个人为专利权人。如果单位或者个人之间没有协议,构成委托开发的,申请专利权以及取得的专利权归受托人,但委托人可以免费实施该专利技术。

继受了专利申请权或专利权之后,受让人并不因此而成为发明人、设计人,该发明创造的发明人、设计人也不因发明创造的专利申请权或专利权转让而丧失其特定的人身权利。

4. 外国人

外国人包括具有外国国籍的自然人和法人。在中国有经常居所或者营业所的外国人,享有与中国公民或单位同等的专利申请权和专利权。在中国没有经常居所或者营业所的外国人、外国企业或者外国其他组织在中国申请专利的,依照其所属国同中国签订的协议或者共同参加的国际条约,或者依照互惠原则,可以申请专利,但应当委托国务院专利行政部门指定的专利代理机构办理。

四、专利权的实质条件和形式条件

发明创造要取得专利权,必须满足实质条件和形式条件。实质条件是指申请专利的发明创造自身必须具备的属性要求,形式条件则是指申请专利的发明创造在申请文件和手续等程序方面的要求。

(一)专利权的实质条件

1. 发明或者实用新型专利的实质条件

(1)新颖性。新颖性是指在申请日以前没有同样的发明或者实用新型在国内外出版物上公开发表过、在国内公开使用过或者以其他方式为公众所知,也没有同样的发明或者实用新型由他人向专利局提出过申请并且记载在申请日以后公布的专利申请文件中。申请专利的发明或者实用新型满足新颖性的标准,必须不同于现有技术,同时还不得出现抵触申请,具体要求如下:

第一,现有技术。现有技术是在申请日以前已经公开的技术。技术公开的方式有三种:

①出版物公开,即通过出版物在国内外公开披露技术信息。其地域标准是国际范围。这里的出版物,是指记载有技术或设计内容的独立存在的有形传播载体,可以是印刷、打印、手写的,也可以是采用电、光、磁、照相等其他方式制成的。其载体不限于纸张,也包括各种其他类型的载体,如缩微胶片、影片、磁带、光盘、照相底片等。公开披露技术信息,是指技术内容向不负有保密义务的不特定相关公众公开。公开的程度以所属技术领域一般技术人员能实施为准。

②使用公开,即在国内通过使用或实施方式公开技术内容。其地域标准是在我国境内。

③其他方式的公开,即以出版物和使用以外的方式公开,主要指口头方式公开,如通过口头交谈、讲课、作报告、讨论发言、在广播电台或电视台播放等方式,使公众了解有关技术内容。其地域标准是在我国境内。

第二,抵触申请。抵触申请是指一项申请专利的发明或者实用新型在申请日以前,已有同样的发明或者实用新型由他人向专利局提出过申请，并且记载在该发明或实用新型申请日以后公布的专利申请文件中。先申请被称为后申请的抵触申请。抵触申请会破坏新颖性，防止专利重复授权。

第三，不视为丧失新颖性的公开。申请专利的发明、实用新型和外观设计在申请日以前6个月内，有下列情形之一的，不丧失新颖性：

①在中国政府主办或者承认的国际展览会上首次展出的。

②在国务院有关主管部门和全国性学术团体组织召开的学术会议或者技术会议上首次发表的。

③他人未经申请人同意而泄露其内容的。

(2)创造性。创造性是指与申请日以前已有的技术相比，该发明有突出的实质性特点和显著的进步，该实用新型有实质性特点和进步。申请专利的发明或实用新型，必须与申请日前已有的技术相比，在技术方案的构成上有实质性的差别，必须是通过创造性思维活动的结果，不能是现有技术通过简单的分析、归纳、推理就能够自然获得的结果。发明的创造性比实用新型的创造性要求更高。创造性的判断以所属领域普通技术人员的知识和判断能力为准。

(3)实用性。实用性是指该发明或者实用新型能够制造或者使用，并且能够产生积极效果。它有两层含义：第一，该技术能够在产业中制造或者使用。产业包括了工业、农业、林业、水产业、畜牧业、交通运输业以及服务业等行业。产业中的制造和利用是指具有可实施性及再现性。第二，该技术必须能够产生积极的效果。即同现有的技术相比，申请专利的发明或实用新型能够产生更好的经济效益或社会效益，如能提高产品数量、改善产品质量、增加产品功能、节约能源或资源、防治环境污染等。

2. 外观设计专利的实质条件

(1)新颖性。授予专利权的外观设计，应当同申请日以前在国内外出版物上公开发表过或者国内公开使用过的外观设计不相同和不相近似。外观设计必须依附于特定的产品，因而“不相同”不仅指形状、图案、色彩或其组合外观设计本身不相同，而且指采用设计方案的产品也不相同。“不相近似”要求申请专利的外观设计不能是对现有外观设计的形状、图案、色彩或其组合的简单模仿或微小改变。相近似的外观设计包括以下几种情况：形状、图案、色彩近似，产品相同；形状、图案、色彩相同，产品近似；形状、图案、色彩近似，产品也近似。

(2)实用性。授予专利权的外观设计必须适于工业应用。这要求外观设计本身以及作为载体的产品能够以工业的方法重复再现，即能够在工业上批量生产。

(3)富有美感。授予专利权的外观设计必须富有美感。美感是指该外观设计从视觉感知上的愉悦感受，与产品功能是否先进没有必然联系。富有美感的外观设计在扩大产品销路方面具有重要作用。

(4)不得与他人在先取得的合法权利相冲突。“在先取得”是指在外观设计的申请日或者优先权日之前取得。这里的在先权利包括了商标权、著作权、企业名称权、肖像权、知名商品特有包装装潢使用权等。

(二)专利权的形式条件

1. 专利的申请

(1)专利申请的原则。

①形式法定原则。申请专利的各种手续都应当以书面形式或者国家知识产权局专利局规

定的其他形式办理。以口头、电话、实物等非书面形式办理的各种手续，或者以电报、电传、传真、胶片等直接或间接产生印刷、打字或手写文件的通讯手段办理的各种手续均视为未提出，不产生法律效力。

②单一性原则。该原则是指一件专利申请只能限于一项发明创造。但是属于一个总的发明构思的两项以上的发明或者实用新型，可以作为一件申请提出；用于同一类别并且成套出售或者使用的产品的两项以上的外观设计，可以作为一件申请提出。

③先申请原则。两个或者两个以上的申请人分别就同样的发明创造申请专利的，专利权授给最先申请的人。

(2)专利申请文件。申请发明或者实用新型专利的，应当提交请求书、说明书及其摘要和权利要求书等文件。请求书应当写明发明或者实用新型的名称，发明人或者设计人的姓名，申请人姓名或者名称、地址，以及其他事项。说明书应当对发明或者实用新型作出清楚、完整的说明，以所属技术领域的技术人员能够实现为准；必要的时候，应当有附图。摘要应当简要说明发明或者实用新型的技术要点。权利要求书应当以说明书为依据，说明要求专利保护的范围。

申请外观设计专利的，应当提交请求书以及该外观设计的图片或者照片等文件，并且应当写明使用该外观设计的产品及其所属的类别。

(3)专利申请日。专利局收到专利申请文件之日为申请日。如果申请文件是邮寄的，以寄出的邮戳日为申请日。

申请人享有优先权的，优先权日视为申请日。我国《专利法》第 29 条规定了国际优先权和国内优先权。国际优先权是指申请人自发明或者实用新型在外国第一次提出专利申请之日起 12 个月内，或者自外观设计在外国第一次提出专利申请之日起 6 个月内，又在中国就相同主题提出专利申请的，依照该外国同中国签订的协议或者共同参加的国际条约，或者依照相互承认优先权的原则，可以享有优先权。国内优先权是指申请人自发明或者实用新型在中国第一次提出专利申请之日起 12 个月内，又向专利局就相同主题提出专利申请的，可以享有优先权。

2. 专利申请的审批

(1)发明专利的审批。

①初步审查，即专利主管机关查明该申请是否符合《专利法》关于申请形式要求的规定。

②早期公开，即专利局收到发明专利申请后，经初步审查认为符合要求的，自申请日起满 18 个月，即行公布。专利局可以根据申请人的请求早日公布其申请。

③实质审查，即发明专利申请自申请日起 3 年内，专利局可以根据申请人随时提出的请求，对其申请进行实质审查；申请人无正当理由逾期不请求实质审查的，该申请即被视为撤回。专利局认为必要的时候，可以自行对发明专利申请进行实质审查。

④授权登记公告，即发明专利申请经实质审查没有发现驳回理由的，由专利局作出授予发明专利权的决定，发给发明专利证书，同时予以登记和公告。发明专利权自公告之日起生效。

(2)实用新型和外观设计专利的审批。实用新型和外观设计专利申请经初步审查没有发现驳回理由的，由专利局作出授予实用新型专利权或者外观设计专利权的决定，发给相应的专利证书，同时予以登记和公告。实用新型专利权和外观设计专利权自公告之日起生效。

3. 专利的复审和无效宣告

国家知识产权局设立专利复审委员会。专利申请人对专利局驳回申请的决定不服的，可以自收到通知之日起3个月内，向专利复审委员会请求复审。专利复审委员会复审后，作出决定，并通知专利申请人。专利申请人对专利复审委员会的复审决定不服的，可以自收到通知之日起3个月内向人民法院起诉。

发明创造被授予专利权后，任何单位或个人发现有不符合《专利法》有关规定的，都可以在专利授权之日起申请宣告该专利权无效。请求宣告专利无效，必须依法向专利复审委员会提交申请书和相应文件，并说明理由。专利复审委员会认为请求书符合法律规定的，应依法定程序作出宣告专利权无效或者维持专利权的决定，当事人对该决定不服的，可依法提起诉讼。

专利权被宣告无效后，专利权视为自始即不存在。宣告专利权无效的决定，对在宣告专利权无效前人民法院作出并已执行的专利侵权的判决、裁定，已经履行或者强制执行的专利侵权纠纷处理决定，以及已经履行的专利实施许可合同和专利权转让合同，不具有追溯力。但是因专利权人的恶意给他人造成的损失，应当给予赔偿。如果依照上述规定，专利权人或者专利权转让人不向被许可实施专利人或者专利权受让人返还专利使用费或者专利权转让费，明显违反公平原则，专利权人或者专利权转让人应当向被许可实施专利人或者专利权受让人返还全部或者部分专利使用费或者专利权转让费。

五、专利权的保护

1.专利权的保护范围

发明或者实用新型专利权的保护范围以其权利要求的内容为准，说明书及附图可以用于解释其权利要求。其含义是专利权的保护范围应当以权利要求书中明确记载的必要技术特征所确定的范围为准，也包括与该必要技术特征相等同的特征所确定的范围。等同特征是指与所记载的技术特征以基本相同的手段，实现基本相同的功能，达到基本相同的效果，并且本领域的普通技术人员无需经过创造性劳动就能够联想到的特征。

外观设计专利权的保护范围以表示在图片或者照片中的该外观设计专利产品为准。外观设计专利权的保护范围取决于两个方面：其一是表示在图片或者照片中的外观设计；其二是专利授权时指定的外观设计使用产品的范围。确定外观设计是否相同或近似，应当以同类产品为基础。

2.侵犯专利权的行为

(1)专利侵权行为的概念。专利侵权行为是指在专利权有效期限内，行为人未经专利权人许可又无法律依据，以营利为目的的实施他人专利的行为。它具有以下特征：

①侵害的对象是有效的专利。专利侵权必须以存在有效的专利为前提，实施专利授权以前的技术，已经被宣告无效、被专利权人放弃的专利或者专利权期限届满的技术，不构成侵权行为。《专利法》规定了临时保护制度，发明专利申请公布后至专利权授予前，使用该发明的应支付适当的使用费。对于在发明专利申请公布后专利权授予前使用发明而未支付适当费用的纠纷，专利权人应当在专利权被授予之后，请求管理专利工作的部门调解，或直接向人民法院起诉。

②必须有侵害行为，即行为人在客观上实施了侵害他人专利的行为。

③以生产经营为目的。非生产经营目的的实施，不构成侵权。

④违反了法律的规定，即行为人实施专利的行为未经专利权人的许可，又无法律依据。

(2)专利侵权行为的表现形式。专利侵权行为分为直接侵权行为和间接侵权行为两类。

第一,直接侵权行为。这是指直接由行为人实施的侵犯他人专利权的行为。其表现形式包括:

①制造发明、实用新型、外观设计专利产品的行为。

②使用发明、实用新型专利产品的行为。

③许诺销售发明、实用新型专利产品的行为。

④销售发明、实用新型、外观设计专利产品的行为。

⑤进口发明、实用新型、外观设计专利产品的行为。

⑥使用专利方法以及使用、许诺销售、销售、进口依照该专利方法直接获得的产品的行为。

另外,还需注意,假冒他人专利的行为也是违法行为,但不属于侵权行为。

第二,间接侵权行为。这是指行为人本身的行为并不直接构成对专利权的侵害,但实施了诱导、怂恿、教唆、帮助他人侵害专利权的行为。这种侵权行为通常是为直接侵权行为制造条件,常见的表现形式有:行为人销售专利产品的零部件、专门用于实施专利产品的模具或者用于实施专利方法的机械设备;行为人未经专利权人授权或者委托,擅自转让其专利技术的行为等。实务中,通常根据《民法通则》第 130 条的规定,将间接侵权行为认定为共同侵权。

3.不视为侵犯专利权的行为

(1)专利产品或者依照专利方法直接获得的产品,由专利权人或者经其许可的单位、个人售出后,使用、许诺销售、销售、进口该产品的。

(2)在专利申请日前已经制造相同产品、使用相同方法或者已经作好制造、使用的必要准备,并且仅在原有范围内继续制造、使用的。

(3)临时通过中国领陆、领水、领空的外国运输工具,依照其所属国同中国签订的协议或者共同参加的国际条约,或者依照互惠原则,为运输工具自身需要而在其装置和设备中使用有关专利的。

(4)专为科学研究和实验而使用有关专利的。

(5)为提供行政审批所需要的信息,制造、使用、进口专利药品或者专利医疗器械的,以及专门为其制造、进口专利药品或者专利医疗器械的。

第三节　商标法

一、商标法概述

1.商标

商标是商品生产者或销售者在自己的商品上使用的用于区别其他商品生产者或销售者商品的一种专用标志,或者是将一民事权利主体的商品或服务与其他民事权利主体的商品或服务相互区别的标志。

商标是用以区别商品和服务不同来源的商业性标志,由文字、图形、字母、数字、三维标志、颜色组合或者上述要素的组合构成。我国发现最早较为完整的商标是北宋时期山东济南刘家功夫针铺所用的"白兔商标",它基本上具备了现代商标的全部外貌。该商标中心图是一只白兔，旁边刻有“济南刘家功夫针铺”、“认门前白兔儿为记”。白兔下方写有文字：“收买上等钢条，造功夫细针，不误主院使用、客转与贩、别有加饶，请记白。”这个印刷铜牌，现陈列在中国历史博物馆，成为世界商标史上最珍贵的文物之一。

在掌握商标含义时，可从以下三方面理解：首先，商标的使用者是特定的，是商品生产者或销售者，而不是其他人；其次，被标志物是特定的，它是商品而不是一般物品；最后，标志的目的是特定的，它是为了区别不同商品及其生产者或销售者，从而推销其商品。

2. 商标法

随着商标的广泛使用、商业竞争的加剧，仿制商标的行为也日益增多，为了维护经济秩序，制止仿冒欺骗行为，保护商品生产者、销售者和消费者的合法权益，各国对商标的使用纷纷给予法律保护。

世界上最早的商标法是 1803 年法国制定的《关于工厂、制造场和作坊的法律》。在该法中，把假冒商标比照私自伪造文件罪处理。1857 年，法国又制定了《关于以使用原则和不审查原则为内容的制造标记和商标的法律》，这是在全国范围内统一实施的有关商标的专门法律，可谓商标发展到成熟阶段的标志。此后，英国于 1862 年、美国于 1870 年、德国于 1874 年、日本于 1875 年相继颁布了商标法。目前，世界上多数国家和地区都制定了商标法，明确地把商标作为一种工业产权依法加以保护。

商标法是调整商标关系的法律规范的总和，即是调整商标因注册、使用、管理和保护商标专用权等活动，在国家机关、事业单位、社会团体、个体工商户、公民个人、外国人、外国企业以及商标事务所之间所发生的各种社会关系的法律规范的总和。

商标法中具体规定了商标注册的原则和条件，商标注册的申请、审查和核准，商标注册的续展、转让和使用许可，商标的异议与争议，商标使用的管理，商标权的保护，商标侵权的认定等内容。商标法不仅是商品生产者和销售者使用商标应当遵守的法律，也是维护消费者利益的法律，同时又是司法机关、行政管理机关加强商标管理、保护商标专用权的依据。

二、商标权

商标权是指商标所有人对法律确认并给予保护的商标所享有的权利。商标权是商标法的核心，商标权的内容包括商标专用权、商标续展权、商标转让权、商标许可使用权等。

我国商标权的获得必须履行商标注册程序，而且实行申请在先原则。商标是产业活动中的一种识别标志，所以商标权的作用主要在于维护产业活动中的秩序，与专利权的作用主要在于促进产业的发展不同。

根据《商标法》规定，商标权有效期 10 年，自核准注册之日起计算，期满前 6 个月内申请续展，在此期间内未能申请的，可再给予 6 个月的宽展期。续展可无限重复进行，每次续展期 10 年。

商标权是一种无形资产，具有经济价值，可以用于抵债，即依法转让。根据我国《商标法》的规定，商标可以转让，转让注册商标时转让人和受让人应当签订转让协议，并共同向商标局提出申请。

三、商标注册

美国学者拉里·莱特认为,"拥有市场比拥有工厂更重要,而拥有市场的唯一途径是拥有占统治地位的品牌"。

首先,注册商标是取得商标专用权的前提,只有注册商标才能受到法律保护。其次,商标是企业的无形资产,也是消费者选择产品或者服务的依据。好的企业不仅需要好的产品和服务,更需要好的商标,不论是美国的耐克,还是中国的同仁堂,都是因为注册了商标,才能受到了法律保护。耐克、同仁堂即使一夜之间失去所有财产,也可以迅速重建,靠的就是其商标形成的巨大的无形资产,商标的价值已远远超过其有形资产的价值。

对于商标的注册,首先必须向适当的国家或地区商标局提交商标注册申请书,该申请书中必须有一份申请注册的标志的清晰图样,包括任何颜色、形状或立体特征。该申请书中还必须列出使用该标志的商品或服务的清单,该标志必须符合若干条件,才能作为商标或其他类型的标记受到保护;该标志必须有显著性特征,使消费者能将其作为识别某具体产品的标志加以区别,并与识别其他产品的其他商标区分开来;该标志不得误导或欺骗消费者,也不得违反公共秩序或公共道德。此外,所申请的商标权不得与已经授予另一商标注册人的商标权相同或相似。这一点可以通过国家局的检索和审查,或通过提出相似或相同权利主张的第三方所提出的异议予以确定。

四、注册商标专用权的保护

我国《商标法》第 51 条规定,注册商标的专用权,以核准注册的商标和核定使用的商品为限。本条是对注册商标专用权保护范围的规定。

注册商标的专用权,是指商标注册人在核定使用的商品上专有使用核准注册的商标的权利,它是一种法定的权利。《商标法》第 3 条就明确规定,经商标局核准注册的商标为注册商标,包括商品商标、服务商标和集体商标、证明商标;商标注册人享有商标专用权,受法律保护。该条的规定正是对总则第 3 条规定具体化的一个方面。它包括以下两层含义:一是使用权只在特定的范围即核定使用的商品与核准注册的商标内有效;二是在该特定范围内商标注册人对其注册商标的使用是一种专有使用。换句话说,对注册商标的保护,仅限制在核准注册的商标和核定使用的商品范围之内,不得任意改变或者扩大保护范围。

所谓"核准注册的商标",是指登载在商标注册簿上的商标,即商标局注册在案的组成商标的文字、图形、字母、数字、三维标志和颜色组合,以及上述要素的组合;所谓"核定使用的商品",是指注册时核准使用的指定商品类别中的具体商品。核准注册的商标和核定使用的商品是确定注册商标专用权保护范围的两个具体标准。它们是相互依存、不可分割的统一整体。两个因素必须结合起来使用,不存在没有确定商品的商标专用权。只有在两者同时具备的情况下,商标注册人才享有商标专用权,并受法律保护,任何人都不得侵犯。

设定注册商标的保护范围,既有利于充分保护商标注册人正确有效地行使自己的商标专用权,又可以避免不适当地扩大注册商标专用权的保护范围,使商标注册人将其商标专用权限制在注册范围内,为区别和判断是否构成侵权提供了明确界限,也为当事人预防侵权、工商行政管理部门以及司法机关制止和制裁商标侵权行为提供了法律准则。因此,为了防止使用行为超出法律设定的范围,《商标法》还规定了商标的另行申请与重新申请制度。《商标法》第 21 条规定,注册商标需要在同一类的其他商品上使用的,应当另行提出注册申请;《商标法》第 22 条规定,注册商标需要改变其标志的,应当重新提出注册申请。如果商标注册人自行扩大其注册商标的使用范围或者任意改变其标志,则不但这种扩大使用行为无效,而且还可能导致其注册商标被撤销的后果。总之,注册商标专用权的保护范围既是商标注册人行使权利的根据,也是对商标专用权进行保护的界限。

第四节　著作权法

一、著作权和著作权法

著作权是指文学、艺术和自然科学、社会科学作品的作者及其相关主体依法对作品所享有的人身权利和财产权利。它是自然人、法人或者其他组织对文学、艺术或科学作品依法享有的财产权利和人身权利的总称。著作财产权是无体财产权,是基于人类智慧所产生的权利,故属智慧财产权,是知识产权的一种。著作权自作品创作完成之日起产生,在中国实行自愿登记原则。

著作权最早称为版权。版权最初的涵义是 copyright(版和权),也就是复制权。此乃因过去印刷术的不普及,当时社会认为附随于著作物最重要的权利莫过于印刷出版之权,故有此称呼。不过随着时代的演进及科技的进步,著作的种类逐渐增加。世界上第一部版权法——英国《安娜法令》——开始保护作者的权利,而不仅仅是出版者的权利。1791 年法国颁布了《表演权法》,开始重视保护作者的表演权利;1793 年又颁布了《作者权法》,作者的精神权利得到了进一步的重视。

"版权"一词已渐渐不能涵括所有著作物相关的权利内容。19 世纪后半叶,日本融合大陆法系的著作权法中的作者权,以及英美法系中的版权,制定了《日本著作权法》,采用了"著作权"的称呼。

中国最早使用"著作权"一词,始于中国第一部的著作权法律《大清著作权律》。清政府解释为:"有法律不称为版权律而名之曰著作权律者,盖版权多于特许,且所保护者在出版,而不及于出版物创作人;又多指书籍图画,而不是以赅刻模型等美术物,故自以著作权名之适当也。"此后中国著作权法律都沿用这个称呼。

我国为保护文学、艺术和科学作品作者的著作权以及与著作权有关的权益,鼓励有益于社会主义精神文明、物质文明建设的作品的创作和传播,促进社会主义文化和科学事业的发展与繁荣,根据《宪法》制定了《中华人民共和国著作权法》(以下简称《著作权法》)。《著作权法》于 1990 年 9 月 7 日第七届全国人民代表大会常务委员会第十五次会议通过,根据 2001 年 10 月 27 日第九届全国人民代表大会常务委员会第二十四次会议《关于修改〈中华人民共和国著作权法〉的决定》修正。《著作权法》(第二次修正)于 2010 年 2 月 26 日第十一届全国人民代表大会常务委员会第十三次会议获得通过,并于 2010 年 4 月 1 日起实施。

第十一届全国人民代表大会常务委员会第十三次会议决定对《著作权法》作出如下修改:

(1)将第 4 条修改为:“著作权人行使著作权,不得违反宪法和法律,不得损害公共利益。国家对作品的出版、传播依法进行监督管理。”

(2)增加一条,作为第 26 条:“以著作权出质的,由出质人和质权人向国务院著作权行政管理部门办理出质登记。”

二、著作权的对象

著作权法保护的对象即著作权客体,著作权的客体指的是作品。《著作权法实施条例》第 2 条规定,作品是指文学、艺术和科学领域内具有独创性并能以某种有形形式复制的智力创作成果。

作品的法律特征或者必备的条件如下:第一,独创性。作品必须是作者创造性的独立完成的成果,不是抄袭或剽窃。判断一部作品的独创性是不容易的,独创性标准也是很低的,相似不能说是抄袭或剽窃,翻译同一小说,或根据同一题材写出的小说或其他作品很可能有相似的地方。第二,可复制性。这是指能够以一定的物质形式表现或固定下来,供他人利用;有纸、录音、录像等载体。作品的具体内容如下:

(1)文字作品。文字作品是指以语言文字的形式或其他相当于语言文字的符号来表达作者感情、思想的作品。

(2)口述作品。口述作品是指以口头语言创作的、未以任何物质载体固定的作品,如演说、授课、法庭辩论、祝词、布道等。

(3)音乐、戏剧、曲艺、舞蹈、杂技艺术作品。①音乐作品。音乐作品是指能够演唱或演奏以旋律节奏、合声进行组合,以乐谱或歌词表达作者思想的作品,如民歌、通俗歌曲、流行歌曲、交响曲、弦乐曲、爵士乐、吹打乐等。②戏剧、曲艺作品。戏剧、曲艺作品不是指一台完整的戏,而是指演出这台戏的剧本。《保护文学和艺术作品伯尔尼公约》也将戏剧、曲艺作品定为剧本。③舞蹈作品。舞蹈作品是指舞蹈的动作设计及程序的编排,它可以用文字或其他方式来记载。④杂技艺术作品。依《著作权法实施条例》的规定,杂技艺术作品是指杂技、魔术、马戏等通过形体动作和技巧表现的作品,具体表现为车技、蹬技、手技、顶技、走索、空中飞人、民间杂耍等表现形式。

(4)美术、建筑作品。美术、建筑作品是指绘画、书法、雕塑等以线条、色彩或其他方式构成的有审美意义的平面或其他方式构成的平面或者立体的造型艺术作品。

(5)摄影作品。摄影作品是指借助于摄影器材,通过合理利用光学、化学原理,将客观物体形象再现于感光材料上的一种艺术作品。

(6)电影作品和以类似摄制电影的方法创作的作品。电影作品和以类似摄制电影的方法创作的作品是指摄制在一定记录介质上,由一系列的伴音或无伴音的画面组成,并借助于适当的装置放映、播放的作品。

(7)工程设计图、产品设计图、地图、示意图等图形作品和模型作品。图形作品是指为施工、生产绘制的工程设计图、产品设计图,以及反映地理现象、说明事物原理或者结构的地图、示意图等作品。

(8)计算机软件。计算机软件是指计算机程序和有关文档。计算机程序是指为了得到某种结果而由计算机执行的一组代码化指令,或者可以被自动转化为代码化指令的一组符号化指令或符号化语句。

(9)民间文学艺术作品。民间文学艺术作品范围非常广泛，如故事、传说、寓言、编年史、神话、叙事诗、舞蹈、音乐、造型艺术、建筑艺术等都属此类。民间文学艺术的特点是世代相传，往往没有固定化的有形载体，也往往没有明确的作者，其保护办法根据《著作权法》的授权，由国务院另行制定。

(10)法律、行政法规规定的其他作品。这是一条弹性条款。随着科技、文化事业的发展，将来还可能出现一些新的作品形式。这一规定可以使法律在相当长的时间内保持一定的稳定性与灵活性。

三、著作权的内容

著作权包括著作人身权和著作财产权。

著作财产权又称经济权利，是著作人身权的对称，指作者及传播者通过某种形式使用作品，从而依法获得经济报酬的权利。

(一)著作人身权

著作人身权又称精神权利，是指作者对其作品所享有的各种与人身相联系或密不可分而无直接财产内容的权利。作者终身享有著作人身权，没有时间的限制。作者死后，作者的著作人身权可依法由其继承人、受遗赠人或国家的著作权保护机关予以保护。一般认为，它不能转让、剥夺或继承。

(1)发表权，即作者依法决定作品是否公之于众和以何种方式公之于众的权利，是著作权的首要权利，包括发表作品和不发表作品的权利。

发表权的成立特征是：著作权人要有将作品公之于众的意思表示；要有将作品以某种方式公开，并为不特定的多数人知晓的事实。

推定同意发表是指许可他人使用或将未发表的美术作品原件所有权转让他人。

作者生前未发表(未明确表示在其死后不发表)的作品的发表权，可在其死后50年内由继承人或受遗赠人行使，无继承人或受遗赠人，则由作品原件的合法所有人行使。

(2)署名权，即作者为表明其作者身份，在作品上注明其姓名或名称的权利，包括作者在自己的作品上署名和不署名的权利。作者作品署名发表后，其他任何人以出版、广播、表演、翻译、改编等形式进行传播和使用时，必须注明原作品作者的姓名。著作权由法人或其他组织享有的职务作品，署名权归作者享有。署名权不得转让、继承，也不存在放弃问题。署名权保护期不受限制。如无相反证明，在作品上署名的公民、法人或其他组织为作者。

(3)修改权，即作者修改或授权他人修改其作品的权利。修改权为作者所享有，只有经作者授权，他人才能修改其作品，未经授权而擅自修改，即构成对作者修改权的侵犯，但也有以下例外：

①报社、杂志社可对投稿作品作文字性修改、删节，无须征得作者同意。从实质上讲，修改权仍属于作者，他人只能在法定范围内对作品作文字性修改、删节，而不能改变作品的基本内容和形式。

②美术作品原件出售后，著作权人如想修改作品，须征得美术作品原件所有人同意。

(4)保护作品完整权，即保护作品不受歪曲、篡改的权利。保护作品完整权是修改权的延续，在内容上比修改权更进一步，不仅禁止对作品进行修改，而且禁止他人在以改编、注释、翻译、制片、表演等方式使用作品时对作品作歪曲性的改变。但作品在出版、发表的过程中，出版人、编辑者对出版作品所作的技术性处理，如引证的确认、文字和语法错误的更改，不能视为对保护作品完整权的侵犯。保护作品完整权的保护期不受限制，作者死后，由作者的继承人或受遗赠人行使；无人继承又无人受遗赠的，则由著作权行政管理部门保护。

(二)著作财产权

(1)复制权，即以印刷、复印、拓印、录音、翻录、翻拍等方式将作品制作一份或多份的权利。它是著作财产权中最基本的权能，是著作权人的专有权，往往与发行或广播权连在一起使用。非经著作权人许可或法律允许，他人不得擅自复制作品。复制方式一般指手工复制或机械复制。

(2)发行权，即以出售或赠与方式向公众提供作品或其复制品的权利，是一项重要的财产权。不受著作权保护的作品不能被发行，这是为了实现一定的经济权利。发行的方式灵活多样，如散发、出借、出售、赠与。

(3)出租权，即有偿许可他人临时使用电影作品和以类似摄制电影的方法创作的作品、计算机软件的权利，计算机软件不是出租的主要标的的除外。

(4)展览权，即将作品原件或复制件公开陈列的权利。著作权人有权将作品自行展览，也可授权他人展览并获取报酬，目的是让不特定的公众观赏。

(5)表演权，即公演权、上演权，指公开表演作品，以及用各种手段公开播送作品的权利。表演权的特点在于必须以公开的方式进行，面向不特定的多数人。表演他人作品应征得著作权人的许可，但免费表演已发表的作品可以不经著作权人的许可，不向其支付报酬，但应当指出作者姓名、作品名称，且不得侵犯著作权人的其他权利。

(6)放映权，即通过放映机、幻灯机等技术设备公开再现美术、摄影、电影和以类似摄制电影的方法创作的作品等的权利。“公开再现”是其本质特征。电影的放映权由制片人行使，要放映电影只需征求制片人同意即可，无须再征得各有关部分作者的许可。

(7)广播权，即以无线方式公开广播或传播作品，以有线传播或转播的方式向公众传播广播的作品，以及通过扩音器或其他传送符号、声音、图像的类似工具向公众传播广播的作品的权利。著作权人有权禁止或许可将其作品通过广播的形式进行传播。

(8)信息网络传播权，即以有线或无线方式向公众提供作品，使公众可以在其个人选定的时间和地点获得作品的权利。属公有领域的信息，不受著作权法保护，公众可自由使用，有些则须经著作权人许可，并支付一定的报酬才能使用。

(9)摄制权，亦称影视片摄制权，指著作权人享有的将其作品摄制成电影、以类似摄制电影的方法制作作品的权利。作品可以是原作，也可以是原作的演绎作品。

(10)演绎权，即作者或其他著作权人享有的以其作品为蓝本进行再创作的权利。演绎权包括以下两点：

①改编权，即在不改变作品的基本思想内容的前提下，变换作品表现形式的权利。改编是指改变作品的表现形式、不改变作品类型的情况下进行的改写。

②翻译权，即将原作品的语言文字变换成其他语言文字并用以表述作品的权利。《保护文学和艺术作品伯尔尼公约》、《世界版权公约》规定，在一定条件下，对外国人的作品，可由政府强制许可翻译，无需征得外国著作权人的同意。

③汇编权，即对作品或作品的片段通过选择或编排，汇集成新作品的权利，包括注释权、整理权和编辑权。汇编者对汇编所形成的作品，应享有著作权。

四、著作权的主体

著作权的主体，也称著作权人，是指依法对文学、艺术和科学作品等享有著作权的人，包括作者，其他依法享有著作权的自然人、法人、非法人单位、国家等。

（一）著作权的一般主体

1. 作者

创作作品的公民是作者。创作是指产生文学、艺术和科学作品的智力活动。为他人创作进行组织工作，提供咨询意见、物质条件，或者进行了其他辅助工作，均不视为创作。创作是一种事实行为，而非法律行为，不受自然人行为能力状况的限制，但创作成果必须符合作品的条件，创作主体才能取得作者身份。

创作本来只能是具有直接思维能力的自然人特有的活动，但单位也可在特定情形下通过其特定机构或自然人行使或表达其自由意志，因而单位也可被拟制为作者。《著作权法》第11条第3款规定，由法人或者其他组织主持，代表法人或者其他组织意志创作，并由法人或者其他组织承担责任的作品，法人或者其他组织视为作者。单位被视为作者时，可以成为完整的著作权主体，享有作者权利，承担作者义务。如无相反证明，在作品上署名的公民、法人或者其他组织为作者。当事人提供的涉及著作权的底稿、原件、合法出版物、著作权登记证书、认证机构出具的证明、取得权利的合同等，都可作为认定作者的证据。

2. 继受人

继受人是指因发生继承、赠与、遗赠或受让等法律事实而取得著作财产权的人。继受著作权人包括继承人、受赠人、受遗赠人、受让人、作品原件的合法持有人和国家。继受著作权人只能成为著作财产权的继受主体，而不能成为著作人身权的继受主体，因著作人身权具有不可转让性。

3. 外国人和无国籍人

只要符合下列条件之一，外国人、无国籍人的作品即受我国著作权法保护：

（1）外国人、无国籍人的作品根据其作者所属国或者经常居住地国同中国签订的协议或者共同参加的国际条约享有著作权的。

（2）其作品首先在中国境内出版的。在中国境外首先出版，30日内又在中国境内出版的，视为该作品同时在中国境内出版。

（3）未与中国签订协议或者共同参加国际条约的国家的作者以及无国籍人的作品首次在中国参加的国际条约的成员国出版的，或者在成员国和非成员国同时出版的。

（二）演绎作品的著作权人

1. 演绎作品的概念

演绎作品又称派生作品，是指在已有作品的基础上，经过改编、翻译、注释、整理等创造性劳动而产生的作品。改编是指改变作品，创作出具有独创性的新作品；翻译是指将作品从一种语言文字转换成为另一种语言文字；注释是指对文字作品中的字、词、句进行解释；整理是指对内容零散、层次不清的已有文字作品或者材料进行条理化、系统化的加工。

2.演绎作品著作权的归属及行使

演绎行为是演绎者的创造性劳动，是一种重要的创作方式。演绎创作所产生的新作品，其著作权由演绎者享有，但行使著作权时不得侵犯原作品的著作权。

(三)合作作品的著作权人

1.合作作品的概念

合作作品是指两人以上合作创作的作品。其构成要件是：

①作者为两人或两人以上。

②作者之间有共同创作的主观合意。

③有共同创作作品的行为，即各方都为作品的完成作出了直接的、实质性的贡献。

2.合作作品著作权的归属及行使

合作作品的著作权由合作作者共同享有。如果合作作品不可以分割使用，如共同创作的小说、绘画等，其著作权由各合作作者通过协商一致行使；不能协商一致，又无正当理由的，任何一方不得阻止他人行使除转让以外的其他权利，但是所得收益应当合理分配给所有合作作者。

如果合作作品可以分割使用，如歌曲，作者对各自创作的部分可以单独享有著作权，但行使著作权时，不得侵犯合作作品整体的著作权。

(四)汇编作品的著作权人

1.汇编作品的概念

若干作品、作品的片段，不构成作品的数据或者其他材料，对其内容的选择或者编排体现独创性的作品，称为汇编作品。汇编作品的构成成分既可以是受版权法保护的作品及片段，如论文、词条、诗词、图片等；也可以是不受版权法保护的数据或者其他材料，如法律法规、股市信息、商品报价单等。汇编作品受著作权法保护的根本原因不在于汇编材料本身是否受著作权法保护，而在于汇编人对汇编材料内容的选择或编排是否付出了创造性劳动。在材料的选择或编排上体现独创性的数据库，可作为汇编作品受著作权法保护。

2.汇编作品著作权的归属及行使

汇编作品的著作权由汇编人享有，但行使著作权时，不得侵犯原作品的著作权。由于汇编权是作者的专有权利，因而汇编他人受版权法保护的作品或作品的片段时，应征得他人的同意，并不得侵犯他人对作品享有的发表权、署名权、保护作品完整权和获得报酬权等著作权。

(五)影视作品的著作权人

影视作品是指电影作品和以类似摄制电影的方法创作的作品。影视作品是比较复杂、系统的智力创作工程，需要制片者、编剧、导演、摄影、演员等方面的通力合作。影视作品的著作权由制片者享有，但编剧、导演、摄影、作词、作曲等作者享有署名权，并有权按照与制片者签订的合同获得报酬。影视作品中的剧本、音乐等可以单独使用的，其作者有权单独行使其著作权。

(六)职务作品的著作权人

1.职务作品的概念

职务作品是指公民为完成法人或者其他组织的工作任务所创作的作品。其特征是：

(1)创作作品的公民与所在法人或其他组织之间存在劳动或聘用关系。

(2)创作完成作品是公民的工作任务,即属于公民在该单位中应当履行的职责。工作任务有时是具体的,明确指示公民创作一部作品;有时是笼统的,由劳动合同、岗位责任制、聘用手续等作概括性规定。职务作品的认定与公民创作作品是否利用上班时间没有必然联系。

2.职务作品的种类及著作权归属

(1)单位作品。由单位主持、代表单位意志创作并由单位承担责任的作品,单位被视为作者,行使完整的著作权。

(2)一般职务作品。除单位作品外,公民为完成单位工作任务而又未主要利用单位物质技术条件创作的作品,称为一般职务作品。其著作权由作者享有,但法人或者其他组织有权在业务范围内优先使用。作品完成两年内,未经单位同意,作者不得许可第三人或者其他组织以与单位相同的方式使用该作品。作品完成两年内,经单位同意,作者许可第三人以与单位使用的相同方式使用作品所获报酬,由作者与单位按约定的比例分配。作品完成两年的期限,自作者向单位交付作品之日起计算。

(3)特殊职务作品。这是指根据《著作权法》第16条第2款规定,主要是利用法人或其他组织的物质技术条件制作,并由法人或其他组织承担责任的工程设计图、产品设计图、地图、计算机软件等职务作品;或法律、行政法规规定或合同约定著作权由法人或者其他组织享有的职务作品。特殊职务作品的作者享有署名权,著作权人的其他权利由法人或者其他组织享有,法人或者其他组织可以给予作者奖励。

(七)委托作品的著作权人

委托作品是指作者接受他人委托而创作的作品。委托作品的创作基础是委托合同,既可以是口头的,也可以是书面的;既可以是有偿的,也可以是无偿的。委托作品应体现委托人的意志,实现委托人使用作品的目的。

委托作品的著作权归属由委托人和受托人通过合同约定。合同未作明确约定或者没有订立合同的,著作权属于受托人,但委托人在约定的使用范围内享有使用作品的权利;双方没有约定使用作品范围的,委托人可以在委托创作的特定目的范围内免费使用该作品。

必须注意的是,以下两种作品不同于委托作品,其著作权归属有自己特定的规则:一是除《著作权法》第11条第3款外,由他人执笔,本人审阅定稿并以本人名义发表的报告、讲话等作品。其著作权归报告人或讲话人享有。著作权人可以支付执笔人适当的报酬。二是当事人合意以特定人物经历为题材完成的自传体作品,当事人对著作权权属有约定的,从其约定;没有约定的,著作权归该特定人物享有,执笔人或整理人对作品完成付出劳动的,著作权人可以向其支付适当的报酬。

(八)原件所有权转移的作品著作权归属

绘画、书法、雕塑等美术作品的原件所有权转移,不视为作品著作权的转移,但美术作品原件的展览权由原件所有人享有。作品原件购买人可以对美术作品欣赏、展览或再出售,但不得从事修改、复制等侵犯作品版权的行为。

除美术作品外,对载体所有权可能转移的其他作品,都要注意载体所有权变动并不必然引起著作权的变动。《合同法》第137条规定,出卖具有知识产权的计算机软件等标的物的,除法律另有规定或者当事人另有约定的以外,该标的物的知识产权不属于买受人。

（九）作者身份不明的作品著作权归属

作者身份不明的作品是指从通常途径不能了解作者身份的作品。如果一件作品未署名，或署了鲜为人知的笔名，但作品原件持有人或收稿单位确知作者的真实身份，不属于作者身份不明的作品。

作者身份不明的作品，由作品原件的所有人行使除署名权以外的著作权。作者身份确定后，由作者或者其继承人行使著作权。

五、邻接权

邻接权，又称著作邻接权，是指作品的传播者对其在传播作品过程中付出的创造性劳动成果依法所享有的专有性权利的总称。在我国，邻接权主要是指出版者的权利、表演者的权利、录像制品制作者的权利、录音制作者的权利、电视台对其制作的非作品的电视节目的权利、广播电台的权利。

邻接权与著作权同属于知识产权范围，两者关系密切，邻接权是由著作权衍变转化而来的，是从属于著作权的一种权利。

两者的区别主要表现在以下几点：

（1）主体不同。著作权的主体是智力作品的创作者，包括自然人和法人；邻接权的主体是出版者、表演者、音像制作者、广播电视组织，除表演者以外，几乎都是法人。

（2）保护对象不同。著作权保护的对象是文学、艺术和科学作品；邻接权保护的对象是经过传播者加工后的作品。前者体现了作者的创造性劳动，后者主要体现了传播者的创造性劳动。

（3）内容不同。著作权主要是指作者对其作品享有发表、署名等人身权和复制、发行等财产权；邻接权的内容主要是出版者对其出版的书刊的权利，表演者对其表演的权利，音像制作者对其音像制品的权利，广播电视组织对其广播、电视节目的权利等。

（4）受保护的前提不同。作品只要符合法定条件，一经产生就可获得著作权保护；邻接权的取得须以著作权人的授权及对作品的再利用为前提。

六、著作权的保护

著作权的保护期如下：

（1）作者为公民，其保护期为作者有生之年加死亡后 50 年。合作作品的保护期为作者终生加死亡后 50 年，从最后死亡的作者的死亡时间起算。

（2）法人作品，保护期为自作品首次发表后的 50 年；未发表的作品，保护期为创作完成后的 50 年。

（3）电影作品和以类似摄制电影的方法创作的作品、摄影作品，保护期自作品首次发表后的 50 年。未发表的作品，保护期为创作完成后的 50 年。

（4）作者身份不明的作品保护期为 50 年（自首次发表），但作者身份一经确定则适用一般规定。

（5）出版者的版式设计权的保护期为首次出版后的 10 年。

(6)表演者享有的表明身份、保护表演形象不受歪曲等保护期不受限制,其他保护期为该表演发生后的50年。

(7)录音录像制作者许可他人复制、发行、出租、通过信息网络向公众传播其录音录像制品的权利的保护期为首次制作完成后的50年。

(8)广播电台、电视台享有转播、录制、复制的保护期为首次播出后的50年。

第五节 知识产权的主要国际公约

一、世界知识产权组织与我国加入的与知识产权有关的国际公约

1. 世界知识产权组织

世界知识产权组织(World Intellectual Property Organization,WIPO)正式成立于1967年,是一个致力于促进使用和保护人类智力作品的国际组织。总部设在瑞士日内瓦的世界知识产权组织,是联合国组织系统中的16个专门机构之一。它管理着涉及知识产权保护各个方面的24项(16部关于工业产权,7部关于版权,加上《建立世界知识产权组织公约》)国际条约。

世界知识产权组织的宗旨是:①通过国家之间的合作,必要时通过与其他国际组织的协作,促进全世界对知识产权的保护;②确保各知识产权联盟之间的行政合作。我国于1980年6月3日加入该组织,成为它的第90个成员国。

2. 我国加入的与知识产权保护有关的国际条约

(1)《建立世界知识产权组织公约》。

(2)《与贸易有关的知识产权协议》。

(3)《保护工业产权巴黎公约》。

(4)《保护文学和艺术作品伯尔尼公约》。

(5)《世界版权公约》。

(6)《世界知识产权组织版权条约》。

(7)《世界知识产权组织表演和录音制品条约》。

(8)《保护录音制品制作者防止未经许可复制其录音制品公约》。

(9)《商标国际注册马德里协定》。

(10)《商标国际注册马德里协定有关议定书》。

(11)《保护奥林匹克会徽内罗毕条约》。

(12)《专利合作条约》。

(13)《国际专利分类斯特拉斯堡协定》。

(14)《国际承认用于专利程序的微生物保存布达佩斯条约》。

(15)《工业品外观设计国际分类洛迦诺协定》。

(16)《集成电路知识产权条约》。

(17)《保护植物新品种国际公约》。

(18)《保护非物质文化遗产公约》。

(19)《商标注册用商品和服务国际分类尼斯协定》。

二、《与贸易有关的知识产权协定》

《与贸易有关的知识产权协定》(Agreement on Trade-Related Aspects of Intellectual Property Rights,TRIPs)简称《知识产权协定》,是世界贸易组织管辖的一项多边贸易协定。《与贸易有关的知识产权协定》分为7个部分,共73条。

1. 规定的主要条款

《与贸易有关的知识产权协定》的主要条款有:一般规定和基本原则,关于知识产权的效力、范围及使用标准,知识产权的执法,知识产权的获得、维护及相关程序,争端的防止和解决,过渡安排,机构安排,最后条款等。协定的主要内容是:提出和重申了保护知识产权的基本原则,确立了知识产权协定与其他知识产权国际公约的基本关系。

2. 协定的保护范围

协定的保护范围包括:版权及相关权、商标、地域标识、工业品外观设计、专利、集成电路布图设计、未公开的信息包括商业秘密等七种知识产权,并规定了最低保护要求;并涉及对限制竞争行为的控制问题,规定和强化了知识产权执法程序,有条件地将不同类型的成员加以区别对待。

该协定宗旨是促进对知识产权在国际贸易范围内更充分、有效地保护,以使权利人能够从其创造发明中获益,受到激励,继续在创造发明方面的努力;减少知识产权保护对国际贸易的扭曲与阻碍,确保知识产权协定的实施及程序不对合法贸易构成壁垒。

三、《保护工业产权巴黎公约》

《保护工业产权巴黎公约》(Paris Convention on the Protection of Industrial Property)简称《巴黎公约》,于1883年3月20日在巴黎签订,1884年7月7日生效。《巴黎公约》的调整对象即保护范围是工业产权,包括发明专利权、实用新型、工业品外观设计、商标权、服务标记、厂商名称、产地标记或原产地名称以及制止不正当竞争等。《巴黎公约》的基本目的是保证一成员国的工业产权在所有其他成员国都得到保护。1985年3月19日我国成为该公约成员国,我国政府在加入书中声明:中华人民共和国不受《巴黎公约》第28条第1款的约束。该公约的基本原则和重要条款如下:

1. 国民待遇原则

在工业产权保护方面,公约各成员国必须在法律上给予公约其他成员国相同于其本国国民的待遇;即使是非成员国国民,只要他在公约某一成员国内有住所,或有真实有效的工商营业所,亦应给予相同于本国国民的待遇。

2. 优先权原则

《巴黎公约》规定凡在一个缔约国申请注册的商标,可以享受自初次申请之日起为期6个月的优先权,即在这6个月的优先权期限内,如申请人再向其他成员国提出同样的申请,其后来申请的日期可视同首次申请的日期。优先权的作用在于保护首次申请人,使他在向其他成员国提出同样的注册申请时,不致由于两次申请日期的差异而被第三者钻空子抢先申请注册。发明、实用新型和工业品外观设计的专利申请人从首次向成员国之一提出申请之日起,可以在一定期限内(发明和实用新型为 12 个月,工业品外观设计为 6 个月)以同一发明向其他成员国提出申请,而以第一次申请的日期为以后提出申请的日期。其条件是:申请人必须在成员国之一完成了第一次合格的申请,而且第一次申请的内容与日后向其他成员国所提出的专利申请的内容必须完全相同。

3. 独立性原则

申请和注册商标的条件由每个成员国的本国法律决定,各自独立。对成员国国民所提出的商标注册申请,不能以申请人未在其本国申请、注册或续展为由而加以拒绝或使其注册失效。在一个成员国正式注册的商标与在其他成员国——包括申请人所在国——注册的商标无关。这就是说,商标在一成员国取得注册之后,就独立于原商标,即使原注册国已将该商标予以撤销,或因其未办理续展手续而无效,但都不影响它在其他成员国所受到的保护。同一发明在不同国家所获得的专利权彼此无关,即各成员国独立地按本国的法律规定给予或拒绝、或撤销、或终止某项发明专利权,不受其他成员国对该专利权处理的影响。这就是说,已经在一成员国取得专利权的发明,在另一成员国不一定能获得;反之,在一成员国遭到拒绝的专利申请,在另一成员国则不一定遭到拒绝。

4. 强制许可专利原则

《巴黎公约》规定,各成员国可以采取立法措施,规定在一定条件下可以核准强制许可,以防止专利权人可能对专利权的滥用。某一项专利自申请日起的四年期间,或者自批准专利日起三年期内(两者以期限较长者为准),专利权人未予实施或未充分实施,有关成员国有权采取立法措施,核准强制许可证,允许第三者实施此项专利。如在第一次核准强制许可特许满两年后,仍不能防止赋予专利权而产生的流弊,可以提出撤销专利的程序。《巴黎公约》还规定,强制许可不得专有,不得转让;但如果连同使用这种许可的那部分企业或牌号一起转让,则是允许的。

5. 商标的使用

《巴黎公约》规定,某一成员国已经注册的商标必须加以使用,只有经过一定的合理期限,而且当事人不能提出其不使用的正当理由时,才可撤销其注册。凡是已在某成员国注册的商标,在其他成员国注册时,对于商标的附属部分图样加以变更,而未变更原商标重要部分,不影响商标显著特征时,不得拒绝注册。如果某一商标为几个工商业公司共有,不影响它在其他成员国申请注册和取得法律保护,但是这一共同使用的商标以不欺骗公众和不造成违反公共利益为前提。

6. 驰名商标的保护

无论驰名商标本身是否取得商标注册,《巴黎公约》各成员国都应禁止他人使用相同或类似于驰名商标的商标,并拒绝注册与驰名商标相同或类似的商标。对于以欺骗手段取得注册的人,驰名商标的所有人的请求期限不受限制。

7. 商标权的转让

如果《巴黎公约》成员国的法律规定,商标权的转让应与其营业一并转让方为有效,则只须转让该国的营业就足以认可其有效,不必将所有国内外营业全部转让。但这种转让应以不会引起公众对贴有该商标的商品来源、性质或重要品质发生误解为条件。

8. 展览产品的临时保护

《巴黎公约》成员国应按其本国法律对在公约各成员国领域内举办的官方或经官方认可的

国际展览会上展出的产品所包含的专利和展出产品的商标提供临时法律保护。

四、《保护文学和艺术作品伯尔尼公约》

《保护文学和艺术作品伯尔尼公约》简称《伯尔尼公约》，是关于著作权保护的国际条约，1886 年制定于瑞士首都伯尔尼。《伯尔尼公约》的产生，标志着国际版权保护体系的初步形成。其主要内容如下：

1. 国民待遇原则

联盟任何一成员国公民的作者，或者在任何一成员国首次发表其作品的作者，其作品在其他成员国应受到保护，此种保护应与各国给予本国国民的作品的保护相同。

2. 保护范围

《伯尔尼公约》保护的作品范围是缔约国国民的或在缔约国内首次发表的一切文学艺术作品。

文学艺术作品包括文学、科学和艺术领域内的一切作品，如图书、讲课、演讲、讲道、戏剧、哑剧、舞蹈、乐曲、电影作品、图画、建筑、雕塑、摄影作品，实用艺术品，地理学、解剖学、建筑学或科学方面的图表、图示及立体作品等。其次还包括演绎作品，即翻译、改编、乐曲整理，以及某一文学或艺术作品的其他改造，只要不损害原作的著作权，这种改造就得到与原作同等的保护。《伯尔尼公约》对保护期未满的作品也给予保护，即具有追溯力。

3. 保护权利

《伯尔尼公约》既保护精神权利，又保护经济权利。关于精神权利，它只规定了作者的署名权和修改权，而没有规定发表权。关于经济权利，它规定了翻译权、复制权、公演权、广播权、朗诵权、改编权、录制权和电影权。

此外，《伯尔尼公约》还有关于“追续权”的规定，但并非最低保护要求，各成员国可以自行决定是否采用。

4. 自动保护

作品的国际保护，根据《伯尔尼公约》受保护作品的作者，自动享有各该国法律现在和将来给予其国民的权利和《伯尔尼公约》规定的权利，不履行任何手续；现行的《伯尔尼公约》核心是规定了每个缔约国都应自动保护在伯尔尼联盟所属的其他各国中首先出版的作品和保护其作者是上述其他各国的公民或居民的未出版的作品。联盟各国必须保证使属于其他成员国国民的作者享受该国的法律给予其本国国民的权利。如果作者最初是在一个伯尔尼联盟成员国内出版，但其本人是非联盟成员国的国民，该成员国对这一作品的保护可以只限于作者系其国民的国家对这种作品给予保护的程度。

5. 独立保护原则

作品在各成员国受到保护不以作品在起源国受保护为条件。

6. 保护主体

《伯尔尼公约》将作者列为第一保护主体，保护作者包括精神权利和财产权利在内的专有权利。《伯尔尼公约》规定了作者享有以下几种财产权利：翻译权、复制权、公开表演权、广播权、公开朗诵权、改编权、延续权（此权系大陆法系版权法的产物，带有精神权利的特点。英美法系国家的版权法大都没有规定这项权利。因此，《伯尔尼公约》允许承认延续权的国家在外国作品是否享有该项权利，实行互惠原则)。《伯尔尼公约》保护作者不依赖其财产权利而独立存在的精神权利，就是即使作者把自己某部作品的版权(即财产权利部分)全部转让给了出版者或广播组织，后者也无权将作者的名字从作品上删去，或者篡改其作品。

7.保护期限

对于作品的保护期限，《伯尔尼公约》针对不同的作品作出了不同的规定：

(1)对于一般文学艺术作品，《伯尔尼公约》给予的保护期为作者有生之年及其死后50年。这个期限为作品保护的最低期限。

(2)对于电影作品，保护期限是指从作品公映后50年期满，如果作品摄制完成后50年内未公开放映，那么这一作品受保护的期限自作品摄制完后50年期满。

(3)对于匿名作品(没有署名的作品)和署笔名的作品，其保护期限为作品发表之日起50年。

(4)如果不署名或署笔名的作者在发表之后50年内公开了自己的身份，对其作品的保护期便适用第(1)条的规定。

(5)对于摄影作品和实用美术作品的保护期限由各国法律自行规定，但最短期限不能少于作品完成后的25年。

(6)对于合作作品，也适用上述各有关规定，但作者死后的保护期应从最后一位作者死亡时算起。

(7)对于有的成员国规定了比上述期限短的保护期，《伯尔尼公约》也作出变通规定，即以1928年6月2日罗马修订文本为界，如在此文本签署有效时的本国法律已经作出规定，该成员国有权保留这种期限。

8.特别条款

《伯尔尼公约》规定，发展中国家出于教育和科学研究的需要，可以在公约规定的限制范围内，按照公约规定的程序，发放翻译或复制有版权作品的强制许可证。这是在1971年修订公约时因发展中国家强烈要求而增加的特别条款。

五、《集成电路知识产权条约》

《集成电路知识产权条约》俗称《华盛顿条约》。该条约规定的保护期限至少应为8年，其保护范围如下：

1.需要权利持有人许可的行为

(1)任何缔约方应认为未经权利持有人许可而进行的下列行为是非法的：

①复制受保护的布图设计(拓扑图)的全部或其任何部分，无论是否将其结合到集成电路中，但复制不符合第3条第2款所述原创性要求的任何部分布图设计除外。

②为商业目的进口、销售或者以其他方式供销受保护的布图设计(拓扑图)或者其中含有受保护的布图设计(拓扑图)的集成电路。

(2)对于未经权利持有人许可而进行的除第(1)项所述以外的其他行为，任何缔约方亦有确定其为非法的自由。

2.不需要权利持有人许可的行为

(1)虽有第1款的规定，如果第三者为了私人的目的或者单纯为了评价、分析、研究或者教学的目的，未经权利持有人许可而进行第1款第(1)条第①项所述行为的，任何缔约方不应认为是非法行为。

(2)本款第(1)项所述的第三者在评价或分析受保护的布图设计(拓扑图)("第一布图设计(拓扑图))"的基础上，创作符合第3条第2款规定的原创性条件的布图设计(拓扑图)("第二布图设计(拓扑图)")的，该第三者可以在集成电路中采用"第二布图设计(拓扑图)"，或者对"第二布图设计(拓扑图)"进行第1款所述的行为，而不视为侵犯"第一布图设计(拓扑图)"权利持有人的权利。

(3)对于由第三者独立创作出的相同的原创性布图设计(拓扑图)，权利持有人不得行使其权利。

3. 关于未经权利持有人同意而使用的措施

(1)虽有第1款的规定，但任何缔约方均可在其立法中规定其行政或者司法机关有可能在非通常的情况下，对于第三者按商业惯例经过努力而未能取得权利持有人许可并不经其许可而进行第1款所述的任何行为，授予非独占许可(非自愿许可)，而该机关认为授予非自愿许可对于维护其视为重大的国家利益是必要的；该非自愿许可仅供在该国领土上实施并应以第三者向权利持有人支付公平的补偿费为条件。

(2)本条约的规定不应影响任何缔约方在适用其旨在保障自由竞争和防止权利持有人滥用权利的法律方面采取措施的自由，包括按正规程序由其行政或者司法机关授予非自愿许可。

(3)授予本款第(1)项或第(2)项所述的非自愿许可应当经过司法核查。本款第(1)项所述的条件已不复存在时，该项所述的非自愿许可应予以撤销。

4. 善意获得侵权的集成电路的销售和供销

虽有第1款第(1)条第②项的规定，但对于采用非法复制的布图设计(拓扑图)的集成电路而进行的该款所述的任何行为，如果进行或者指示进行该行为的人在获得该集成电路时不知道或者没有合理的依据知道该集成电路包含有非法复制的布图设计(拓扑图)，任何缔约方没有义务认为上述行为是非法行为。

5. 权利的用尽

虽有第1款第(1)条第②项的规定，任何缔约方可以认为，对由权利持有人或者经其同意投放市场的受保护的布图设计(拓扑图)或者采用该布图设计(拓扑图)的集成电路，未经权利持有人的许可而进行该款所述的任何行为是合法行为。

关键词汇

知识产权　立法模式商标权　商标确权制度　专利权实质条件　专利保护　邻接权　知识产权国际公约

本章小结

5 000年前，我国半坡村陶器就有了世界最美好的尖底瓶和鱼尾纹盆，而且有了生产者的名字，旨在保护自己的产品。今天我们知道，保护知识产权的三大支柱就是专利权、商标权和著作权。随着知识产权在国际经济竞争中的作用日益上升，越来越多的国家都已经制定和实施了知识产权战略。面对国际上知识产权保护的发展趋势和我国在开放条件下面临的知识产权形势，我国制定和实施知识产权战略保护国家的技术安全，对促进国内的自主创新能力起到积极推进的作用。此外我国应该合理利用知识产权国际公约对发展中国家的政策倾斜，迅速完成知识产权法律的完备。

思考题

1. 知识产权的专有性主要表现在哪些方面?
2. 简述知识产权法的概念及我国知识产权法律体系中的法律制度。
3. 著作权与商标权、专利权有哪些区别?
4. 我国《著作权法》对职务作品的权利归属作了哪些明确的规定?
5. 计算机软件作为一种知识产品，必须具备哪些条件才能获得法律保护?

案例分析题

H 公司原是一家主要生产油炸土豆片、锅巴等小食品的乡镇企业，自 2003 年企业就将“香脆”二字作为商标使用于土豆片、锅巴产品的包装上。几年来其产品销售量稳步增长，销售地区不断扩大。2009 年 3 月，H 公司遂决定将“香脆”商标向中国商标局申请注册，使用的商品仍为土豆片、锅巴等。

问题：

(1)“香脆”二字用作油炸土豆片商标是否具有显著特征，为什么?

(2)假设商标局以缺乏显著特征为理由驳回注册申请，H 公司不服，它在什么期间向何机构提出复审请求?

(3)现设商标复审机构维持商标局驳回申请决定，H 公司仍不服，它是否可以向人民法院起诉? 如可以，应在什么期限内?

(4)假设商标局对“香脆”商标予以核准注册，该商标专用权的效力范围如何?

第九章

国际商事仲裁法

学习目标

知识目标

- 熟悉国际商事仲裁的基本概念、法律特点及程序
- 理解国际商事仲裁裁决的承认和执行等程序法知识
- 了解世界上主要的国际商事仲裁机构及仲裁规则

技能目标

- 能够运用国际商事仲裁的理论和知识分析国际商事争议实际问题

案例导入

中日两国企业质量纠纷案

日本甲公司与中国青岛乙公司签订了一份买卖500箱节能灯的合同。双方在合同中约定:如果发生纠纷,应提交仲裁委员会仲裁。后来,乙公司作为买方提货时发现甲公司提供的货有严重的质量问题,于是向甲公司提出赔偿损失的要求,否则不予支付货款;甲公司不允,双方协商未果。甲公司在其公司所在地的日本地方法院起诉乙公司不付款,法院发出传票,传被告出庭应诉。

思考题:

1. 作为被告的中国乙公司应该怎样应对?
2. 日本地方法院是否有对本案的管辖权?

第一节 国际商事仲裁概述

一、国际商事仲裁的概念和特点

在国际经济贸易活动中,由于交易的极端复杂性,交易双方的利益各自不同,加之其文化传统、价值观念,甚至所在国家的政治、经济等的影响,经常会产生各种各样的争议、纠纷。为了促进国际经济贸易活动的开展,维护有关各方的合法权益,必须采取有效手段妥善解决各类国际商事争议。因此,采用适当方式,合理、公平地解决国际商事纠纷,以保证国际商事交往的顺利、正常开展,就成为国际商法中的一大重要课题。从目前国际社会的有关立法和实践来

看，对于国际商事争议的解决方式主要有协商、调解、仲裁、诉讼等四种方式。由于仲裁及国际商事争议本身的特点，决定了越来越多的商人（企业）愿意通过此种方式来解决其商事争议。

（一）国际商事仲裁的概念

仲裁，也称公断，是指根据争议的当事人事前或事后达成的仲裁协议，自愿将争议提交仲裁机构，由其按一定程序进行审理并作出裁决的制度。仲裁包括国际仲裁、国内仲裁、国际商事仲裁。国际商事仲裁是最具普遍意义的仲裁，也是本章所要研究的内容。

国际商事仲裁（international commercial arbitration）是指在国际经济贸易活动中，仲裁机构或仲裁员根据当事人事前或者事后达成的仲裁协议和当事人一方的仲裁申请，对其争议进行仲裁审理并作出裁决的制度。

关于国际商事仲裁的定义问题，各国立法和司法实践存在较大的差异。根据我国有关立法和司法实践的规定，在定义国际商事仲裁时，双方当事人的国籍、住所以及仲裁机构的所属国籍都具有决定性的意义。中国当事人和外国当事人之间进行的仲裁、两个不同国籍的当事人在任何国家境内进行的仲裁、相同国籍的双方当事人在外国境内的仲裁机构进行的仲裁都属于国际商事仲裁。

国际商事仲裁的内涵具有广泛性。国际商事仲裁主要是指国际经济贸易仲裁。但不仅如此，根据联合国贸易法委员会 1985 年制定的示范法，对国际商事仲裁的“商事”一词是这样解释的：商事这个术语应当以广义的解释，包括不论是契约性或非契约性的所有商事性质关系所发生的争议。从其列举的内容分析，商事仲裁的争议可以是合同性质的，也可以是侵权性质的；可以是纯货物交易纠纷，也可以是海事纠纷或者其他类型的平等主体之间发生的纠纷。

国际商事仲裁是国际商事争议处理中的一个主要的手段，在处理国际商事争议方面具有十分重要的地位。和其他几种国际商事争议处理方式，特别是与诉讼方式相比，国际商事仲裁因其具有的特点，在当事人处理国际争议时得以广泛采用。

（二）国际商事仲裁的特点

1. 国际性

这主要表现在两个方面：①几乎所有的常设仲裁机构都聘用了许多不同国家的专业人员作为仲裁员，许多国际仲裁案件是由不同国籍的仲裁员组成仲裁庭来进行审理的；②由于已有 140 多个国家参加了 1958 年《纽约公约》，仲裁裁决的承认和执行便有了可靠基础，使仲裁裁决比较容易在国外得到承认与执行。

2. 自治性

在国际商事仲裁中，双方当事人享有多方面的选择自由，具有自治性。这种自治性体现在以下几个方面：①双方当事人可以自由选择仲裁机构或仲裁的组织形式；②可以自由选择仲裁地点；③可以自由选择审理案件的仲裁员；④可以自由选择进行仲裁的程序或程序法；⑤可以自由选择仲裁所适用的法律。

3. 准司法性或强制性

国际商事仲裁机构是一种民间性质的组织，不是国家司法机关，但各国的立法和司法都明确承认仲裁裁决的法律效力，并赋予仲裁裁决和法院判决同等的强制执行效力。如果一方当事人不按照事先的约定自觉地履行仲裁裁决，另一方当事人可以依照有关的国际公约、协议或执行地国家的法律规定申请强制执行仲裁裁决。

4. 灵活性

仲裁的灵活性很大，它不像法院那样要严格遵守程序法，特别是在临时仲裁中更是如此。例如，仲裁可以和调解结合起来，仲裁的审理气氛也较法院宽松，有利于双方当事人达成和解意见。

5. 专业性或权威性

国际商事争议有时会涉及一些专门性或技术性的问题，需要具备专门知识的人去解决。在国际商事仲裁中，当事人可以自主选择有关争议问题专家充当仲裁员，从而有利于仲裁案件准确和迅速的解决。因此，仲裁庭作出的裁决也有很强的权威性。

6. 民间性

国际商事仲裁的仲裁人，特别是仲裁机构，一般都是非国家机关或非官方机构，这种民间性对那些对官方机构不信任的当事人来说，非常有吸引力。

7. 中立性

在国际民商事交往中，不同国家的当事人都力图将其争议提交本国法院依照本国法律解决，因为他们互不信任对方国家法院的公正性。而在国际商事仲裁中，尽管仲裁人或仲裁机构是当事人选定的，但前者并不代表后者，而是居中评判是非，具有中立性。尤其是在国际上有一些仲裁机构本身不隶属于任何国家，仲裁案件可以中立于当事人所属国之外，不受任何一方当事人所属国司法制度和公共政策的影响。

8. 保密性

法院审理案件一般应公开进行，而仲裁案件的审理是不公开的，这有利于争议当事人双方不将其工商业秘密和分歧公布于众。

9. 终局性

仲裁裁决除少数国家外，一般是终局的，不像法院诉讼那样采用两审终审甚至三审终审。但由于仲裁以当事人的自愿和协议为基础，缺少第三人程序，仲裁人无权强迫那些可以最终对裁决的执行承担全部或部分责任的第三人加入仲裁程序，从而影响争议的最终有效解决。

小资料

仲裁与其他争议解决方式的比较

仲裁与调解的异同

仲裁与调解都是在双方当事人自愿的基础上进行的，但二者也有区别，主要表现在以下三个方面：

(1)调解的进行自始至终必须得到双方的同意；而对仲裁来说，只要双方当事人合意达成了仲裁协议，即使后来一方当事人不愿意，他方仍可依仲裁协议提起仲裁程序，仲裁庭所作的裁决也无须征得双方当事人的同意。

(2)调解人主要起疏通、说服、劝解和协商的作用，而仲裁员则主要起裁判的作用。

(3)调解不具有强制执行力，而仲裁裁决具有强制执行力。

仲裁与诉讼的异同

仲裁和诉讼的处理决定都是由第三者独立自主作出的，并对当事人有约束力，但二者也有区别，主要表现在以下三个方面。

(1)法院具有法定的强制管辖权;而仲裁机构不具有强制管辖权,只能受理双方当事人根据其订立的仲裁协议提交解决的争议。

(2)法官是国家任命的,当事人没有选择或指定审理争议的法官的权利;而仲裁员是由当事人指定的。

(3)法院的受案范围是由法律规定的,而仲裁的事项和范围是由双方当事人事先约定的。

二、国际商事仲裁机构

国际商事仲裁机构是由国际商事关系中的当事人自主选择,用以解决国际商事关系中双方当事人之间可能发生或业已发生的商事争议的民间机构,是国际商事仲裁的专门组织。这种专门性的仲裁组织通常设立在一国的商会内部。国际商事仲裁机构本身的民间性及其管辖权的任意性使其明显区别于同样受理国际商事案件的法院;处理国际商事争议这一特征,又使得其区别于国际社会以和平方式解决国际争端为目的的国际仲裁机构。

在国际商事仲裁实践中,基于组织形式上的不同,国际商事仲裁机构可以分为临时仲裁机构和常设仲裁机构两种。

(一)临时仲裁机构

临时仲裁机构也称随意的、偶然的仲裁组织形式。它是根据双方当事人仲裁协议所选定的仲裁员负责审理当事人之间的争议,并在仲裁裁决作出后即解散的一种仲裁形式。

临时仲裁的特点表现为:没有固定的组织形式,没有日常的管理机构;仲裁员的指定许多是在仲裁协议中明确,采取独任仲裁的情况较多;仲裁中的仲裁程序、仲裁地点、仲裁裁决的方式、效力均由双方当事人协议。临时仲裁的费用一般比常设仲裁机构的费用低廉,仲裁员解决案件的速度较快,有些案件可以在几天或几周内解决,而常设仲裁机构则做不到这一点。

临时仲裁是仲裁历史上仲裁组织的最初表现形式。虽然现在常设仲裁机构在各国普遍存在,但通过临时仲裁机构解决争议的情况也依然存在。在英国、美国、日本、中国香港等地,这种随意的仲裁具有相当的地位。我国《仲裁法》对临时仲裁没有规定,事实上是不允许临时仲裁的。这种做法与国际上一些国家的做法不大一致。

(二)常设仲裁机构

常设仲裁机构是根据当事人的仲裁协议(arbitration agreement),将争议提交约定的仲裁机构进行仲裁。该仲裁机构是专门为了解决国际商事争议而设立的专门性、永久性仲裁组织,一般具有自己的仲裁员名册,供当事人选择。仲裁员普通采取聘任制。

常设仲裁机构不是政府或国家的司法机关,一般设立在工商贸易界中影响较大的商会组织内,或者附设在一些非政府间的国际组织或专业团体之下,多属于民间性质。

常设仲裁机构拥有仲裁规则,设有秘书处,以进行日常工作。常设仲裁机构的日常组织和行政管理工作是临时仲裁机构所不具有的。它具有专门人员负责受理仲裁案件的申请、组织仲裁庭、传递文件证据、确立开庭日期、提供翻译、收取有关仲裁的费用等。此外,还开展仲裁机构间交流、仲裁宣传及仲裁员的培训等活动。当今世界有100多个国家和地区有常设的国际商事仲裁机构,其一般可分为国际性、地区性、国别性等仲裁机构。影响较大的有国际商会仲裁院、英国伦敦国际仲裁院、斯德哥尔摩仲裁院、瑞士苏黎世商会仲裁院、中国国际经济贸易仲裁委员会等。

三、国际商事仲裁的国内立法和国际规则

世界上很多国家特别是商品经济极为发达的资本主义国家都非常重视商事仲裁立法，不少国家都拥有对世界上其他国家有很大影响的商事仲裁法。此外，随着世界商事活动的日益频繁化，商事仲裁法的统一化运动也日渐高涨，一些区域性的商事仲裁公约已经诞生，而一个供全球采纳的《联合国国际商事仲裁示范法》也开始得到一些国家的正式接受。

(一)关于商事仲裁的几个有代表性的国内立法

1.瑞典仲裁法

早在14世纪，瑞典就已从法律上确立了仲裁制度。1887年，瑞典制定了第一部关于仲裁的专门法律。瑞典现行的仲裁法是1929年制定并于1976年作出修订的《仲裁法》和《关于外国仲裁协议和裁决的法律》。瑞典的《仲裁法》对国内和国外仲裁协议的效力、仲裁员的资格及其任命、仲裁程序、国内和国外仲裁裁决的效力等都作出清晰简洁的规定。当然，为了保证仲裁的公正性，瑞典的《仲裁法》也赋予司法机关必要的监督和干预之权，但总的说来，瑞典《仲裁法》中的任意性规则居多，当事人有很大的自主决定权，加上瑞典悠久的仲裁传统所积累的权威经验、政治上的中立，使得瑞典成为世界上著名的仲裁之地。很多国家商事纠纷的当事人，特别是以前在社会主义国家和资本主义国家之间进行商事交易的当事人，都选择瑞典作为仲裁地，以瑞典的《仲裁法》作为仲裁的程序法。

2.法国仲裁法

法国的仲裁法被收编在法国的《民事诉讼法典》之中，很多其他的大陆法系国家也效法这种立法体例。法国现行的仲裁法是其新《民事诉讼法典》中的最后四篇，共57条，其中的最后两篇是通过1981年5月12日的第81—500号法令增补的。法国仲裁法的一个重要特征是将商事仲裁区分为国内仲裁和国际仲裁。对国内仲裁，法国仲裁法设定了很多限制，如国内仲裁只能适用法国法，在国内仲裁中法人不得担任仲裁员，仲裁庭不能由双数人员组成等。但对国际仲裁，法国仲裁法却表现出极大的宽容性，意思自治原则、友谊仲裁做法等皆受到充分承认，仲裁人不仅可就事实与法律问题作出决定，而且即使仲裁人有明显的错误，法院也不能推翻仲裁裁决。法国法对国际仲裁的唯一禁止性规定便是国际仲裁裁决的做成及其执行不得违反法国的公共秩序，如仲裁裁决不能要求被诉人清偿赌债，仲裁裁决不得仅仅根据一方当事人提出的并为他方当事人所不知的证据文件作出等。正是由于法国法的上述诸多规定，使得法国长期保持着国际商事仲裁主要中心之一的地位。此外，法国的仲裁法对德、意、日等大陆法系国家都有过重大影响。

3.英国仲裁法

英国的仲裁立法历史悠久，其现行的仲裁法是《1950年仲裁法》和《1979年仲裁法》。英国《1950年仲裁法》的特点是仲裁得受法院的严格监督，具体表现在三个方面：①法院有权撤免行为不当或未能以应有速度进行仲裁和作出裁决的仲裁员；②法院有权以法律或事实上的理由审查或撤销仲裁裁决，并认为当事人以协议排除法院的监督或管辖权的条款无效；③对仲裁中出现的“法律问题”，仲裁员须列成“特别案件”(special case)提请法院解释和决定，除少数例外，仲裁人一般不能决定法律问题。由于《1950年仲裁法》赋予了英国法院太多的干预权，因

此，国际商事纠纷的当事人大多不愿选择英国作为仲裁地。为了扭转这种局面，英国制定了《1979 年仲裁法》。该法与《1950 年仲裁法》有很多不同之处，主要是削弱了法院对仲裁的监督和干预，并且承认仲裁员有权决定法律问题以及当事人拥有以协议排除向法院提出上诉复审程序之权。不过，英国《1979 年仲裁法》并未废止《1950 年仲裁法》。除非当事方以明示协议选择适用《1979 年仲裁法》或排除适用《1950 年仲裁法》，则《1950 年仲裁法》中的很多规定依然适用。

4. 美国仲裁法

由于美国是联邦制国家，因此，美国联邦和州都分别制定了自己的仲裁法。美国联邦现行的仲裁法是 1925 年制定并于 1970 年再次修订的《联邦仲裁法》，它约束州际或国际商事仲裁。由于各州的仲裁法很不一致，美国的"统一州法委员会"便于 1925 年制定了一部《统一仲裁法》，但该法并不具有强制性，当时仅有几个州部分采纳了该法。1955 年"统一州法委员会"和"美国律师协会"联合制定了一部新的《统一仲裁法》，迄今，大约有半数的州接受了新《统一仲裁法》的大部分规定。总的来说，和其他部门法一样，美国的仲裁法深受英国普通法制的影响。

不过，由于州际及国际贸易的需要，美国很早就采用了一些与英国法不同的规则，如承认仲裁条款的不可撤销性原则。美国现行的仲裁立法和有关判例已放弃了英国法中的很多法则，允许仲裁的事项日益扩大，法院对仲裁的干预越来越少。

(二)有关商事仲裁的全球性的国际公约

1.《关于仲裁条款的议定书》

该议定书于 1923 年 9 月 24 日制定于瑞士日内瓦。该议定书的成员包括奥地利、比利时、巴西、丹麦、爱沙尼亚、芬兰、法国、德国、希腊、印度、伊拉克、爱尔兰、荷兰、新西兰、挪威、波兰、英国、瑞士、瑞典、西班牙、葡萄牙、泰国、中国香港等 50 多个国家和地区。该议定书赋予各缔约方承认不同缔约管辖权下合同当事人之间就可交付仲裁的争议达成仲裁协议的义务。不过议定书也允许缔约方将其上述义务限制在只对依其本国法属于商事范围的仲裁协议的承认。此外，该议定书还对仲裁程序和外国仲裁裁决的执行作出了简要规定。

2.《关于执行外国仲裁裁决的公约》

该公约于 1927 年 9 月 26 日签订于瑞士日内瓦。1923 年的《关于仲裁条款的议定书》的成员方绝大多数都参加了该公约。

该公约适用于缔约方领土由依照 1923 年《关于仲裁条款的议定书》范围内的仲裁协议所做成的仲裁裁决。公约对仲裁裁决的承认或执行所应具备的条件和所应提交的证明文件、拒绝承认或执行仲裁裁决的情形等皆作出了详细规定。

3.《关于承认和执行外国仲裁裁决的公约》

该公约又称《纽约公约》，签订于 1958 年 6 月 10 日。目前，世界上约有 80 个国家和地区参加此公约，并且在成员方之间，该公约已取代了 1927 年的《关于执行外国仲裁裁决的公约》。

和 1927 年的《关于执行外国仲裁裁决的公约》相比，《纽约公约》的适用范围更宽，包括在一国领土内做成而在另一国领土内请求承认和执行的关于自然人和法人之间争执的仲裁裁决，以及在一国做成并在该国承认和执行而该国又不认为是其国内裁决的仲裁裁决。可见，该公约的适用范围并不以缔约方领土为限，也未将仲裁裁决限定为商事或依缔约方国内法可交付仲裁的争议的仲裁裁决。不过，该公约也允许缔约方于加入公约时声明保留，将公约对其适用的范围以互惠为条件，或者限于依其本国法为商事法律关系的仲裁裁决。

在其他方面，《纽约公约》也比以前的有关公约更有所进步，主要是放宽了仲裁裁决承认和执行的限制条件，并简化了执行裁决的程序。实践证明，《纽约公约》对国际商事仲裁的生存与发展作出了重大贡献。

4.《联合国国际商事仲裁示范法》

尽管世界上已出现了某些区域性或全球性的仲裁公约，但它们只是涉及仲裁的某些方面问题，即主要只涉及承认仲裁条款的效力和对仲裁裁决的承认、执行方面的问题，而且其中的一些公约的参加国也为数不多，因此，仲裁法的全球统一化任务依然非常艰巨。有鉴于此，联合国国际贸易法委员会于 1985 年 6 月 21 日通过了一个《联合国国际商事仲裁示范法》最终草案。《联合国国际商事仲裁示范法》分为 8 章，共 36 条。联合国大会在其 1985 年 12 月 11 日的 40/72 号决议上建议各成员国在其国际商事仲裁中应适当注意《联合国国际商事仲裁示范法》。截至 1988 年底，澳大利亚、中国香港、塞浦路斯、尼日利亚、加拿大等国家和地区已基本上采纳了《联合国国际商事仲裁示范法》。此外，《联合国国际商事仲裁示范法》对联合国其他成员国新制定的国际仲裁法也有重大影响。可以说，《联合国国际商事仲裁示范法》是 20 世纪 80 年代国际社会中最有影响和最富有成效的仲裁立法成果，尽管它对联合国的成员国并无当然的法律约束力，但事实证明，它能为更多不同法律、社会和经济制度的国家所接受。

第二节　国际商事仲裁协议

一、国际商事仲裁协议的含义

仲裁的管辖权源于争议当事人的仲裁协议，仲裁协议是仲裁的基石。仲裁的意思表示可以通过口头和书面两种方式作出，但大多数国家的仲裁法及有关仲裁机构的仲裁规则均规定仲裁协议必须采用书面方式。书面形式可以是合同的仲裁条款，也包括双方当事人通过信函所表示出来的将特定争议提交仲裁解决的意思表示。由于仲裁的自愿性特点，仲裁协议必须经“协商一致”达成，可以说一致同意是将国际商事争议提交仲裁的前提条件。

仲裁协议是指合同当事人通过在合同中订明仲裁条款、签订独立仲裁协议或采用其他方式达成的就有关争议提交仲裁的书面协议，表明当事人承认仲裁裁决的拘束力，将自觉履行其义务。它是涉外仲裁得以进行的法定前提。一方面，没有仲裁协议，当事人无权提起仲裁，因而，涉外仲裁协议赋予当事人提起仲裁的程序权利；另一方面，它赋予涉外仲裁机构仲裁管辖权，是仲裁机构受理案件并作出合法有效裁决的前提条件。

二、仲裁协议的表现形式

由于仲裁协议的有效条件之一是要求仲裁协议必须具备书面形式，所以，根据不同的表现形式，仲裁协议有如下几种类型：

1. **仲裁条款**(arbitration clause)

它是当事人双方在签订合同时，在合同中订立的约定将可能发生的合同争议提交仲裁解决的条款，是现代民商事合同中经常采用的解决合同争议的条款。目前仲裁条款是仲裁协议最重要的表现形式。对于这种在主合同中订立的仲裁条款，各国一般承认其具有相对的独立性，即仲裁条款不因主合同的变更、解除、终止或无效而当然失去效力。这种主张被称为仲裁条款自治说。我国《仲裁法》也明确承认了仲裁条款具有相对的独立性，规定："仲裁协议独立存在，合同的变更、解除、终止或者无效，不影响仲裁协议的效力。"

合同中的仲裁条款可表述如下："凡因执行本合同所发生的或与本合同有关的一切争议，双方应通过友好协商办法解决，如果协商不能解决，应提交××国××地××仲裁机构，并根据其仲裁程序规则进行仲裁。仲裁裁决是终局的，对双方都具有约束力，仲裁费用由败诉方负担。"

上述格式中关于"××国××地××仲裁机构"一句，有以下三种不同的填写方法。

①如选定在我国仲裁，则写作"应提交中国国际经济贸易仲裁委员会仲裁"，仲裁地点可选定"在北京"，或"在上海"，或"在深圳"。

②如选定在被告国仲裁，则写作"应提交××国（被告国名称）××地××仲裁机构。"

③若选定在第三国仲裁，则写作"应提交××国（第三国名称）××地××仲裁机构。"

2. 仲裁协议书

它是争议当事人订立的将其争议提交仲裁解决的一种专门协议。这是一种传统的仲裁协议，现在实践中当事人已较少采用这种形式的仲裁协议，因为大多数国际合同中已规定有仲裁条款。另外，在争议发生后，当事人往往因立场的不同和利益的冲突很难再达成一致的意见。

3. 其他类型的仲裁协议

它是双方当事人在相互往来的函电，包括信件、电报、电传、传真、电子数据交换和电子邮件等中，共同约定将他们之间已经发生或将来可能发生的争议提交仲裁而达成的协议。对于这些形式是否属于书面形式，实践中当事人有不同的看法，难免产生争议。

小案例

"传真"是否属于"书面形式"纠纷案

2009年12月31日，甲公司和乙公司通过"传真"订立了一份10SPE28/001号售货合同。合同规定甲公司向乙公司购买203.5吨柠檬酸，单价为920美元/吨 CIF KOBE（日本神户），总价款为187 220美元，甲公司应在2010年1月10日通过银行开出不可撤销的、保兑的、可转让的、可分割的信用证，装运期为2010年3月底前。合同还规定有关合同的争议在中国国际经济贸易仲裁委员会进行仲裁。合同签订后，双方于2010年1月13日签订了一份备忘录，对10SPE28/001号合同价款作出修改。最后注明备忘录为10SPE28/001号合约不可分割的一部分，与该合约具有同样法律效力。备忘录签订后，双方对合同的履行产生争议。乙公司认为传真方式不是法律规定的书面形式，主张达成的合同不成立，合同中的仲裁条款不存在。但甲公司却认为仲裁条款有效，遂于2010年5月22日向中国国际经济贸易仲裁委员会深圳分会提出仲裁申请。仲裁庭认为，双方当事人通过"传真"对书面合同的条款进行确认，与共同在一张合同上签字确认并无实质上的区别，"而传真不过是将已签字盖章的书面合同再传送给对方的通知方式"。我国《合同法》第11条将"书面形式"定义为"合同书、信件和数据电文（包括电报、电传、传真、电子数据交换和电子邮件）等可以有形地表现所载内容的形式"，明确涵盖了传真。

三、仲裁协议的主要内容

在一般情况下，仲裁协议的基本内容由双方当事人共同商定，但不得违反有关国家的强制性法律规定。总的来说，有效而适当的仲裁协议应该包括下列内容：

1.仲裁事项

仲裁协议首先要明确提交仲裁解决的争议事项，是有关合同的全部争议，还是在一定范围内的争议，这是有关仲裁机构行使管辖权的重要依据之一，也是有关当事人申请仲裁裁决的承认和执行时必须具备的重要条件。

在仲裁协议中，要注意仲裁事项的可仲裁性。首先，提交争议的事项不能违背仲裁地国家的法律，或者与仲裁地国家的公共秩序相抵触；其次，提交争议的事项必须是仲裁地国家和仲裁裁决执行国家法律允许以仲裁方式处理的事项。

2.仲裁地点

仲裁地点是指进行仲裁程序和作出裁决的所在地。国际商事仲裁中，仲裁地点的选定具有非常重要的意义，因为仲裁地点与仲裁所适用的程序法以及按哪一国的冲突规则来确定仲裁争议的实体法都具有密切关系，而且仲裁地点也关系到仲裁协议是否有效和作出的裁决能否得到承认和执行。首先，在当事人没有明确指定或自己拟定仲裁程序规则时，仲裁地法律可能适用于仲裁程序。而且，在当事人指定或拟定的仲裁规则同仲裁地法中某项强制性规定相矛盾时，仲裁地法应优先适用。其次，仲裁地也会支配和影响争议适用的实体法。当事人如果没有选择解决争议所适用的法律，国际惯例往往会要求仲裁员适用仲裁地的冲突规则确定要适用的实体法；在当事人选择了争议所适用的法律的情况下，该法律的适用也可能会受到仲裁地法的限制。最后，仲裁地的选择直接影响到仲裁裁决的承认和执行。因为仲裁地法在很大程度上决定着裁决的可执行性。而裁决的可执行性关系到裁决能否得到承认和执行。如《纽约公约》规定："任何缔约国在签署、批准或加入公约时，可以在互惠的基础上声明，本国只对在另一缔约国领土内所作出的仲裁裁决的承认和执行适用本公约。"目前，有50多个缔约国作出了这种保留声明。

实践中，仲裁地点往往是当事人商谈涉外仲裁协议的重点之一。一般来讲，当事人都会力争在本国进行仲裁。如果争取不到在本国仲裁，可以争取在第三国仲裁，或在对方国家仲裁。在仲裁协议中，当事人就仲裁地点应写明进行仲裁的国家、城市。

3.仲裁机构

关于仲裁机构，一般应在确定仲裁地点的同时一并确定。由于常设仲裁机构进行仲裁是国际商事仲裁中普遍采用的方式，通常情况下，选择仲裁地点时，就已经考虑到该地的常设仲裁机构。当事人也可能选择某个常设仲裁机构但并不愿在该地进行仲裁，在这种情况下，当事人应在仲裁协议中明确规定仲裁机构。当然，当事人也可以规定由临时仲裁机构进行特别仲裁，此时，应写明仲裁机构的组成。国际和各国的仲裁机构仲裁规则普遍规定，除非当事人在仲裁协议中明确表示将争议交付各仲裁机构解决，否则，即使当事人表示了仲裁意愿，有关仲裁机构仍无法受理案件。由此看来，仲裁机构名称是有效仲裁协议中不可缺少的一项重要内容。

4. **仲裁规则**

仲裁规则是仲裁审理的程序规则，是仲裁机构审理案件的程序依据，其中包括了仲裁申请、仲裁员指定、仲裁庭组成、仲裁答辩与反诉、仲裁审理、仲裁裁决及仲裁费用等各方面的内容，同时为当事人和仲裁机构遵守。

一般说来，仲裁协议指定了某常设仲裁机构进行仲裁，就认为是接受了该仲裁机构仲裁规则的约束。中国国际经济贸易仲裁委员会仲裁规则规定，选择该仲裁机构，则认为同意按照该仲裁委员会的仲裁规则进行仲裁。但是，有一些国家允许当事人选择他们认为合适的仲裁规则，而排除所选仲裁机构自有的仲裁规则。例如，瑞典仲裁法律即允许当事人不采用瑞典的仲裁程序规则，而选择其他国家的仲裁规则。因此，订立仲裁协议，应当明确适用的仲裁规则。各国的常设仲裁机构都制定有自己的仲裁规则，国际上还有一些国际性和区域性的仲裁示范规则。

5. **仲裁的法律适用**

在仲裁协议中，当事人还应选择解决他们之间纠纷所应当适用的法律，即准据法(指实体法)。世界上大多数国家的法律规定，对于案件程序上的事项，适用仲裁地法，而对于处理当事人之间的具体争议所适用的法律，一般都允许当事人自愿选择，这就是“当事人意思自治”原则。仲裁庭依据当事人自愿选择的法律解决当事人之间的争议。如果当事人没有指定适用何种法律，则由仲裁庭根据某种规则来确定准据法。其具体有三种做法：第一，仲裁庭依照自己认为合适的冲突规范所指向的法律；第二，依照仲裁庭所在地冲突规则确定准据法；第三，运用仲裁地法律。除上述做法外，仲裁机构有时根据公平原则仲裁。我国《合同法》规定，如果当事人没有选择适用的法律，则适用与合同有密切联系的国家的法律，但在中国境内履行的中外合资、合作经营的合同以及合作勘探、开发自然资源的合同，必须适用中国法律。

6. **仲裁裁决的效力**

仲裁裁决的效力是指仲裁裁决一经作出，是否具有终局性，对当事人有无约束力，法院是否有权经当事人的起诉而重新审理的问题。从仲裁的一般特点来讲，仲裁优于诉讼的一个特点就是仲裁的裁决是终局的，一旦作出，即具有法律约束力，当事人不得向法院上诉。正是基于这一点，仲裁才被当事人广泛采纳为经济贸易争议的解决方式，它利于争议迅速、及时地解决，避免因滥诉而耗费精力、时间。

根据我国仲裁法律规定，涉外仲裁的裁决都是终局的，具有法律约束力，当事人不得上诉，只能自觉履行裁决义务。除非发生法定情况，即程序不合法，或裁决违背公共利益，法院才有权否定涉外仲裁裁决的效力。目前各国仲裁法律一般都认定仲裁裁决是终局的，对当事人具有约束力。仲裁裁决的效力是国家法律赋予的，当事人在仲裁协议中不能自行约定排除仲裁裁决终局效力这一强制规定。但有少数国家法律允许当事人不服仲裁裁决时，可以向法院提起上诉，法院有权依法撤销仲裁裁决。而且，即便像我国法律规定了仲裁裁决的终局性，当事人仍然可能提出诉讼并以种种证据证明法定情况的存在，使得法院决定撤销或不予执行仲裁裁决。有鉴于此，当事人一般仍应在仲裁协议中明确约定：仲裁裁决是终局的，对双方当事人均有约束力，以此来确认并强调仲裁裁决的终局性及对当事人的约束力。

小资料

哪些属于无效的仲裁协议

我国《仲裁法》规定了仲裁协议无效的法定情况,同样适用于涉外仲裁协议。根据法律,下列情况属于无效的仲裁协议:

(1)仲裁协议中规定的事项属于依法不能通过仲裁解决的。我国《仲裁法》规定,婚姻、收养、监护、抚养、继承纠纷以及应当由行政机关处理的行政争议不能仲裁,当事人若在协议中规定对此类性质的案件进行仲裁就属无效。国际商事仲裁协议的仲裁事项应当仅限于涉外经济贸易争议、涉外运输及海事方面的争议。

(2)非书面形式的仲裁协议。仲裁协议必须是书面的,这是仲裁协议的法定形式要件。仲裁协议必须是以文字记载的,表现为仲裁条款、仲裁协议,或以电传、电报等书面方式确认的一致意思表示,口头的仲裁协议无效。

(3)仲裁协议的当事人无行为能力或者限制行为能力,签订的仲裁协议无效。这是民事法律行为生效的一般条件,仲裁协议也属于一种合同关系,达成这一合同的前提是当事人有签订合同的行为能力。

(4)一方采取胁迫手段,迫使对方订立仲裁协议,若证据充分,也应认定为无效。从一般法律原则上讲,因胁迫、欺诈而进行的法律行为都不能产生法律效力,仲裁协议的签订必须基于双方的自愿,否则不具有法律效力。

(5)仲裁协议对仲裁事项没有约定或者约定不明确,当事人又不能就此达成补充协议予以明确的或仲裁机构不明确或者模棱两可的,这类仲裁协议同样无效。我国《仲裁法》要求仲裁协议必备的三个实质内容为仲裁意愿、仲裁事项、仲裁机构,缺乏任何一个,都会导致仲裁协议的无效。《仲裁法》允许当事人对规定不明确或没有规定的予以补充,如果无法形成合乎法律内容的仲裁协议,则不能形成有效的仲裁协议。

第三节 国际商事仲裁程序

国际商事仲裁的自愿性也体现在争议双方当事人对仲裁程序的选择上。这一特点已为有关公约所接受,《联合国国际商事仲裁示范法》第 19 条规定:“根据本法规定,当事人可以自由地就仲裁庭进行仲裁所依循的程序达成协议。”

仲裁机构从受理申诉人提出的仲裁申请书开始,至仲裁庭作出仲裁裁决为止的整个过程是仲裁程序阶段。仲裁程序是指仲裁机构在进行仲裁审理过程中,仲裁机构、各方当事人以及其他参与人从事仲裁活动必须遵循的程序。一般而言,国际商事仲裁的基本程序大体如下:争议发生,双方协商一致同意提交仲裁后,向有关仲裁机构提交申请;申请被接受后,双方按照有关约定或者仲裁机构的仲裁规则确定仲裁员,组成仲裁庭;仲裁庭召开预备会议,经与双方当事人协商明确仲裁程序、仲裁体制,该会议是正式仲裁开始前的非正式会议;双方进行书面证据材料的交换,确定争议重点,明确有关的证据和事实;仲裁庭进行有关审理,双方出示有关证据;仲裁庭经过审理最终作出仲裁裁决。下面依据我国现行的《中国国际经济贸易仲裁委员会仲裁规则》、《中国海事仲裁委员会仲裁规则》和《仲裁法》、《民事诉讼法》的规定将国际商事仲裁具体程序介绍如下：

一、国际商事仲裁的申请

国际商事仲裁申请是一方或双方当事人根据仲裁协议将现存的有关争议提请仲裁的意思表示。仲裁申请是仲裁程序开始的第一步。

1.申请仲裁的条件

仲裁申请是仲裁机构受理案件的直接依据，是开始仲裁程序的一项必要的法律手续。根据《仲裁法》第21条的规定，申请仲裁应符合下列条件：

(1)有仲裁协议。这是进行仲裁的前提条件，没有仲裁协议，当事人无权请求仲裁，仲裁委员会一律不予受理这类争议。仲裁申请人在提交仲裁申请的同时，应当提交仲裁协议。

(2)有具体的仲裁请求和事实、理由。仲裁申请人应当提出具体而明确的仲裁请求，仲裁机构对这些仲裁请求进行审理和裁决。不请求的事项，仲裁机构不得主动裁决。同时，仲裁申请必须以正当的事实和法律作为依据，支持仲裁请求。这些事实和理由，也是仲裁机构调查审理的对象，仲裁机构据此作出仲裁裁决。仲裁请求和依据的事实理由包含在书面的仲裁申请书中。

(3)属于仲裁委员会的受理范围，即仲裁申请所涉及的争议属于仲裁机构可管辖的争议范围。对于中国国际经济贸易仲裁委员会，可以受理的案件为涉外性经济贸易争议以及与外商投资企业有关的国内主体之间的经济贸易争议。

2.提出申请的具体要求

当事人申请涉外仲裁的，应符合上述一般规定，同时，根据《中国国际经济贸易仲裁委员会仲裁规则》的规定，提出涉外仲裁申请还有如下具体要求：

(1)提交仲裁申请书。仲裁申请书的内容应包括以下几项：

①申请人和被申请人的名称和住所，包括邮政编码、电话、电传、传真、电报号码、电子邮件或其他电子通讯方式。

②申请人所依据的仲裁协议。

③案情和争议要点。

④申请人的仲裁请求。

⑤所依据的事实和证据。

如果委托代表或代理人办理仲裁事项或参与仲裁的，应提交书面委托书。仲裁申请书必须经仲裁申请人及/或授权的仲裁代理人签名及/或盖章。申请人和被申请人必须是订立含有仲裁条款的合同或仲裁协议的当事人。不是仲裁当事人的，即使与争议有关，也不得列为第二申请人或第二被申请人。当事人名称有变动的，应出具变更证明。

(2)提交仲裁申请书时，应当附具仲裁申请人请求所依据事实的证明文件。根据“谁主张，谁举证”的原则，申请人提出申请，必须有证据支持。申请书应当附具与仲裁有关的合同、仲裁协议及相关证据。其中证据包括书面证据、实物证据和视听证据等。书面证据和证明文件均应一式五份。如被诉人一方有两人或两人以上的当事人的，所附材料应多备相应的份数。

(3)在仲裁委员会仲裁员名册中指定一名仲裁员，或者委托仲裁委员会主任指定。

(4)按照仲裁委员会的仲裁费用表预缴仲裁费。仲裁费的计算是按争议金额的大小采取百分比递减的方法计算的。

二、国际商事仲裁的受理

国际商事仲裁的受理是指仲裁机构接到申请人的仲裁申请书后，就其形式要件进行审查，然后决定对其立案审理的程序。《中国国际经济贸易仲裁委员会仲裁规则》第11条规定，仲裁委员会收到申请人的仲裁申请书及其附件后，经过审查，认为申请仲裁的手续不完备的，可以要求申请人予以完备；认为申请仲裁的手续已完备的，应将仲裁通知连同仲裁委员会的仲裁规则、仲裁员名册和仲裁费用表各一份并发送给双方当事人；申请人的仲裁申请书及其附件也应同时发送给被申请人。仲裁机构是否立案受理的关键是对仲裁申请的形式审查，其中包括审查申请人与被申请人双方是否订立有仲裁协议，是否与所发生争议的有关合同的当事人一致，争议问题是否属于仲裁机构受案范围，仲裁申请书是否符合基本要求，是否缴纳仲裁费用等，这种审查工作由秘书局承担。

三、仲裁庭的组成

仲裁庭可以由三名仲裁员组成，也可以由一名仲裁员担任独任仲裁员。

1.合议仲裁庭

三名仲裁员组成合议仲裁庭的程序是：双方当事人各自在仲裁机构的仲裁员名册中指定或者委托仲裁机构指定一名仲裁员，第三名仲裁员由双方共同指定或共同委托仲裁机构指定。首席仲裁员由第三名仲裁员担任，和另两名仲裁员组成仲裁庭共同审理案件。如果申请人和被申请人未在规定的期限内指定仲裁员，则由仲裁机构指定。

2.独任仲裁庭

如果是独任仲裁员，由双方当事人在仲裁员名册中共同指定或者委托仲裁机构指定一名仲裁员为独任仲裁员，单独审理。

3.回避

仲裁中也建立了回避制度。被指定的仲裁员如果与案件有利害关系，当事人可以在第一次开庭前，书面向仲裁机构提出回避的申请。如果要求回避的原因发生，当事人可以在第一次开庭后，最后一次开庭审理闭庭前提出申请。仲裁员是否回避，由仲裁机构的领导人决定。仲裁员回避或因其他原因不能履行职责后，应当按照仲裁员选定的程序，重新选定仲裁员。仲裁委员会享有决定仲裁员是否回避的自由裁量权。

四、国际商事仲裁的审理

仲裁庭组成之后，在对争议进行审理的过程中要涉及许多程序问题。国际商事仲裁的审理过程一般包括开庭、收集证据和调查证人等，有时还需作出临时性的保全措施，以保护当事人的利益。

1.开庭

根据《中国国际经济贸易仲裁委员会仲裁规则》的规定，仲裁庭审理案件有两种方式：一种是开庭审理，另一种是书面审理。开庭审理不公开进行，以适应商务活动的需要。如果双方当事人要求公开审理，由仲裁庭作出是否公开审理的决定。第一次开庭的日期，经仲裁庭秘书局(处)决定后，于开庭前20天通知双方当事人。当事人有正当理由的，可以请求延期，但必须在开庭前10天以书面形式向秘书局(处)提出，由仲裁庭决定。仲裁审理应在北京(或深圳、上海)进行，经仲裁委员会秘书长批准，也可在其他地点进行。在开庭审理时，一般先由首席仲裁员宣布仲裁庭组成。如果当事人无异议，则首席仲裁员宣读双方当事人出席人员名单。双方当事人若对对方出庭人员有异议均可提出，如无异议，由首席仲裁员宣布正式开庭。一般由申请人先陈述案情，讲明事实，其后由被申请人答辩、陈述案情，再由仲裁庭提问，其后双方当事人辩论，最后由仲裁庭总结开庭情况。

经双方当事人申请或者征得双方当事人同意，仲裁庭可以只依据书面文件进行审理并作出裁决。对于书面审理的案件，双方当事人及其代理人、仲裁员、仲裁委员会工作人员，以及有关证人、鉴定人等不得向外界透露案件实体和程序进行的情况。

2. 调查收集证据

仲裁庭在仲裁审理过程中，有权收集证据，调查事实。双方当事人为了支持自己的主张，也应当对其请求、答辩和反请求所依据的事实提出证据。

3. 和解和调解

和解是指当事人在仲裁庭之外自行协商解决争议，或者是仲裁庭通过说服教育和劝导协商，使当事人双方在互相谅解的基础上解决争议。庭外自行和解的当事人可以请求仲裁庭根据其和解协议的内容作出裁决书结案，也可以申请撤销案件。撤销案件由仲裁委员会主席(仲裁庭组成前)或仲裁庭作出决定。

经仲裁庭调解达成和解的，双方当事人应签订书面和解协议；除当事人另有约定外，仲裁庭根据该和解协议的内容作出裁决书结案。在调解过程中，双方当事人也可以在仲裁庭之外进行协商或调解，如能达成和解的，若当事人同意也可由仲裁庭作出解决。如果调解不成，则继续进行仲裁，但任何一方当事人均不得在其后的仲裁、司法等程序中援引对方当事人或仲裁庭在调解过程中发表过的任何意见或事实作为其申请、答辩及(或)反请求的依据。

4. 保全措施

保全措施是指在仲裁审理过程中，在作出最后裁决前，对当事人的有关财产或有争议的标的物所采取的强制性措施，以保证案件的顺利执行，保护当事人的权益。我国法律规定，当事人申请财产保全措施时，仲裁机构应将当事人的申请提交被申请人所在地或财产所在地的中级人民法院作出裁定。

五、国际商事仲裁裁决的作出

仲裁裁决(arbitration award)是指仲裁庭通过对仲裁案件的审理而作出的最后裁决。仲裁裁决应当按照多数仲裁员的意见作出，少数仲裁员的不同意见可以记入笔录。仲裁裁决书应当写明裁决的形式、内容、所依据的理由、仲裁费用以及该裁决的效力等问题，并由仲裁庭全体或者多数仲裁员署名，并写明作出裁决的日期和地点。在仲裁庭不能形成多数意见时，按照首席仲裁员或者公断人的意见作出仲裁裁决。裁决自作出之日起发生法律效力。

仲裁裁决根据其内容和参加的主体的不同，可以分为以下几种：

(1)中间裁决(interim award)。仲裁庭作出最终裁决前就案件中某个具体问题作出的裁决是中间裁决。中间裁决一般不对当事人的责任或者实体权利作出结论。

(2)部分裁决(partial award)。部分裁决是指在审理过程中,最终裁决前,仲裁庭对于已经审理清楚的部分实体问题作出的裁决。部分裁决具有终局裁决的性质,一旦作出即发生终局的法律效力。对于已经进行了部分裁决的事项,在终局裁决中不再进行裁决。

(3)终局裁决(final award)。终局裁决是指仲裁庭对提交仲裁的案件进行审理后作出的全部的、最后的裁决。裁决一经作出后,当事人不得向法院上诉,也不可以向其他机构提出变更裁决的请求,即经过适当的、合法的仲裁审理作出的仲裁裁决具有法律强制执行力,当事人应当按照裁决的内容自动切实地加以履行。

有些国家允许仲裁机构对其受理的案件进行调解。经调解达成和解协议的案件,仲裁庭应当根据双方当事人和解协议的内容作出裁决书。这类裁决书不需要说明所依据的理由。

仲裁庭的裁决为终局裁决,对双方当事人均有约束力,不得起诉,这是当前国际商事仲裁的一般规定和总的发展趋势。在实践中,各国的做法仍不相同:大多数国家规定裁决是终局的,但也有的国家规定当事人可以向法院起诉。有的国家虽然规定当事人不得就仲裁裁决起诉,但允许当事人按法律规定的条件请求法院撤销裁决。概括起来,这些条件是:①无有效的仲裁协议;②仲裁员行为不当;③仲裁程序不当,裁定不符合法律要求;④裁决内容超出协议所规定的范围或仲裁机构的受案范围;⑤裁决所依据的证据是伪造的,或发现了新的足以推翻原有证据的证据。

小资料

国际商事仲裁的简易程序

各国的涉外仲裁机构一般都设有简易程序。《中国国际经济贸易仲裁委员会仲裁规则》也设立了简易程序,适用于争议标的不大、情节简单的案件。

1.适用简易程序的案件

凡是争议金额不超过50万元人民币,或是争议金额超过50万元人民币但经一方当事人书面申请,并征得对方当事人书面同意的案件适用简易程序。

2.简易程序的一般做法

(1)仲裁申请、答辩和反请求。凡一方当事人向仲裁委员会提出要求通过简易程序进行仲裁的,仲裁委员会秘书局应立即向双方当事人发出仲裁通知,被申请人应在收到通知之日起20日之内向仲裁委员会秘书局提交书面答辩书及有关证明文件,如有反请求,也应在此期间提出。

(2)仲裁庭的组成。简易程序由独任仲裁员成立仲裁庭审理。独任仲裁员应由双方共同选定或委托仲裁委主任指定。

(3)仲裁审理。仲裁庭可以决定书面审理还是开庭审理。开庭审理一般情况下只开一次庭。

(4)仲裁裁决。书面审理的,应在仲裁庭成立之日起90日内作出仲裁裁决;开庭审理的,应在开庭审理之日起30日内作出。

第四节 国际商事仲裁裁决的承认与执行

国际商事仲裁裁决的承认和执行，是解决商事争议的最终结果，如果裁决能得到承认或执行，则争议通过仲裁就得到了彻底的解决；反之如果裁决得不到承认和执行，则整个仲裁过程得不到最终结果，整个仲裁努力就会付之东流全部落空。因此，仲裁裁决能否得到最终执行，是整个仲裁的关键点。事实上，裁决的承认和执行只解决一个问题，即裁决的法律拘束力，表现在两个方面：一是当事人应主动地予以承认并加以执行，二是有关国家的法院应该予以承认和执行。其中，承认裁决是执行裁决的前提，执行是承认的结果，二者相辅相成，互为条件。因此仲裁裁决的关键是执行，或者由当事人主动执行，或者由有管辖权的法院强制执行。

一、关于承认与执行外国仲裁裁决的国际公约

为了解决各国承认与执行外国仲裁裁决问题，国际上先后缔结了三个有关承认和执行外国仲裁裁决的国际公约：第一个是 1923 年在国际联盟主持下制定的《关于仲裁条款的议定书》，第二个是 1927 年在国际联盟主持下的《关于执行外国仲裁裁决的公约》，第三个是在 1958 年在联合国主持下订立的《关于承认和执行外国仲裁裁决的公约》即《纽约公约》。《纽约公约》实际上已取代了前面两个公约，成为国际上最主要的关于承认和执行外国仲裁裁决公约。

1958 年 6 月 10 日在纽约召开的联合国国际商业仲裁会议上签署的《纽约公约》于 1959 年 6 月 7 日起生效。该公约规定，各缔约国互相承认仲裁裁决具有约束力，并且依照执行地的程序规则予以执行。《纽约公约》自 1958 年订立以来，迄今为止已有 140 多个国家和地区参加了该公约，其中一些国家对该公约提出一些保留。如美国对该公约提出了互惠保留和商事保留；英国对该公约提出了互惠保留；也有国家对该公约没有提出任何保留，如瑞典。我国第六届全国人民代表大会常务委员会第十八次会议于 1986 年 12 月 2 日决定我国加入《纽约公约》，我国政府于 1987 年 1 月 22 日提交了批准书，声明有两项保留：一是仅适用于缔约国间作出的裁决，二是只适用于商事法律关系所引起的争议的裁决。

《纽约公约》虽只有短短 16 条，却在 50 年的发展过程中，影响力遍及全球商事仲裁各个领域，为承认和执行外国仲裁裁决提供了保证和便利，为进一步开展国际商事仲裁活动起到了推动作用。《纽约公约》在国际公约中，是为缔约国（地区）普遍认可的、执行情况最为良好的国际公约之一。

二、外国仲裁裁决承认与执行地的选择

在国际商事仲裁中，裁决的执行是一个比较复杂的问题。各国仲裁机构一般都没有强制当事人执行其裁决的权利，它的裁决能否得到执行首先取决于当事人的自愿。由于国际商事仲裁经常涉及外国的当事人或外国的财产，因此不仅有在本国境内执行的问题，而且常有在外国的承认和执行问题。对国内法院来说，执行裁决有两种情况：

对于本国仲裁机构作出的裁决，败诉人在本国境内，但不主动执行裁决时，多数国家立法

都规定经过胜诉方向其本国法院申请，由本国法院作出形式审查之后发出强制执行的命令，予以强制执行。

对于外国的仲裁裁决的执行较为复杂。由于执行外国的仲裁裁决，不仅涉及双方当事人的切身利益，而且涉及两国间的利害关系，因此，许多国家在法律中对于执行外国的仲裁裁决都规定了一些限制。在外国的仲裁裁决不符合执行国法律要求时，执行国的法院就可以拒绝予以执行。

1. 仲裁裁决在做成国境内执行

仲裁机构作出的裁决，需要在本国境内执行时，一般都依据本国的国内立法，向法院提出申请，由法院按法定程序执行。我国《民事诉讼法》第 259 条规定，一方当事人不履行仲裁裁决的，对方当事人可以向被申请人住所地或财产所在地的中级人民法院申请执行。《中国国际经济贸易仲裁委员会仲裁规则》规定，一方当事人不履行裁决的，另一方当事人可以根据仲裁法律的规定，向中国法院申请执行。

2. 仲裁裁决在做成国境外执行

裁决在做成国境外执行包括两层含义：一方面是本国所作出的裁决要求得到外国的承认与执行，另一方面是外国所作出的裁决要求得到本国的承认与执行。

仲裁裁决在做成国境外执行的问题，国际上通常以双边或多边的方式解决。对于外国仲裁裁决的承认与执行是一个非常重要的问题，《纽约公约》规定，各缔约国互相承认仲裁裁决具有约束力，申请在其他缔约国境内执行仲裁裁决时，应向被申请国提交用该国文字做成的裁决书译本，并且依照执行地的程序规则予以执行。对承认与执行该公约所适用的仲裁裁决，不应该有比承认与执行本国的仲裁裁决规定实质上更复杂的条件或更昂贵的费用。

我国《民事诉讼法》第 267 条对外国仲裁裁决的承认与执行规定，国外仲裁机构的裁决，需要中华人民共和国人民法院承认和执行的，应当由当事人直接向被执行人住所地或者其财产所在地的中级人民法院申请，人民法院应当按照中华人民共和国缔结或者参加的国际条约，或者按照互惠原则办理。

三、承认与执行外国仲裁裁决的程序及条件

1958 年《纽约公约》第 4 条主要规定了承认与执行外国仲裁裁决的条件和程序，胜诉方当事人只要提出该条所要求的书面文件证据，便可依此向有管辖权的法院申请执行裁决，从而开始裁决的执行程序。

1. 承认与执行外国仲裁裁决的条件

(1)必须存在有效的仲裁协议。

(2)裁决的事项属于仲裁机构的受理范围。

(3)仲裁程序合法。

(4)请求承认与执行的仲裁裁决是确定的裁决。

(5)对外国仲裁裁决的承认与执行不与国内的公共政策相抵触。

(6)有关国家之间存在互惠关系。

2. 承认与执行外国仲裁裁决的程序

目前，根据各国的立法，各国承认与执行外国仲裁裁决的程序可大致划分为三种：

(1)将外国仲裁裁决视为合同之债予以执行。这种做法在英美法系国家比较普遍。在这种方式下,要求执行裁决一方当事人依据裁决向外国法院提起普通民事诉讼,执行地法院在对裁决作出形式上审查后决定是否执行该项裁决。执行法院只要考虑裁决依据对其适用的法律是有效的或者执行裁决并不违反执行地国的公共政策两方面的因素,便可执行裁决并命令败诉方履行债务。在这里,外国仲裁裁决并不是一份普通的合同,只要得到法院认可,它便是一份具有法律拘束力的文件。

(2)将外国仲裁裁决视为外国判决。在许多国家里,除了适用有关的国际公约外,均将外国仲裁裁决视为外国判决,对于外国仲裁裁决的承认与执行采取与外国判决相同的程序规则。在承认与执行外国仲裁裁决前,这些国家一般要求该裁决在作出地国是可执行的,并要求裁决地国对该裁决予以确认,经确认的裁决由执行地国法院审查后发出执行令,再予以执行。一些国家要求发执行令的法院对外国仲裁裁决从形式和实质内容两方面进行全面的审查,一些国家仅仅审查外国仲裁裁决是否违反了法院地法的基本原则。实际这种执行方式存在许多不利:首先,外国仲裁裁决不可能适用国内仲裁裁决可以采取简易的程序而得到执行,为了使裁决并入外国判决,申请人必须首先在裁决作出地国得到当地法院的确认,仲裁裁决才能成为可执行裁决,这一步实际上是多余的,无端造成了申请人在时间和费用上的负担。此外,将外国仲裁裁决视同外国判决,除了裁决作出地国与承认执行地国存在条约关系时容易得到执行外,外国判决的承认与执行的状况在国际实践中并不令人满意。

(3)将外国仲裁裁决视为本国仲裁裁决。将外国仲裁裁决视为本国仲裁裁决予以执行的方式,为法国、德国、比利时和日本等国家所采纳,是一种较为简便的程序。这些国家把适用于执行本国仲裁裁决的规则扩展到适用于外国仲裁裁决的执行,其执行外国仲裁裁决的方式与执行本国仲裁裁决基本相同,即由当事人向执行地国家的法院或其他有执行权的机构提出申请,由其进行审查,审查合格后发出执行令,然后由本国法院或有关主管机构按照执行本国仲裁裁决的方式和程序予以执行。

四、拒绝承认与执行外国仲裁裁决的理由

前面我们讨论了申请承认与执行仲裁裁决的条件,即当事人只要提供符合条件的有关文件就能获得有关国家承认与执行裁决的资格,受理案件的法院便开始执行程序。与此同时,被申请人可能反对该裁决的执行,提出证据证明裁决不符合执行条件并请求法院拒绝执行,另外法院也可通过对裁决的审查,依据某种理由拒绝承认与执行仲裁裁决。我们把以上导致拒绝承认与执行仲裁裁决的理由作为承认与执行仲裁裁决的消极条件。1958 年《纽约公约》第 5 条规定了拒绝承认与执行外国仲裁裁决的理由,可以分为两大类:

1. 由被申请人举证证明的拒绝执行理由

被申请承认与执行地国法院根据被申请人的请求,凡提供证据证明存在以下五种理由之一的,可以拒绝承认与执行该判决。

(1)仲裁协议无效。这是指仲裁协议订立时,双方当事人根据对他们适用的法律,当时是处于某种无行为能力的情况下,仲裁协议为无效者;或者在没有这种选择时,根据裁决地国的法律,仲裁协议无效者。

(2)违反正当程序。这既包括仲裁庭未将指定仲裁员或进行仲裁的程序及时通知被申请

人,也包括仲裁庭未给予被申请人以充分的机会提出申辩。

(3)仲裁庭越权。所谓仲裁员超越权限,是指仲裁员所作出的裁决是仲裁协议所未曾提到或不包括在仲裁协议规定之内的争议,或者裁决内容含有对仲裁协议范围以外事项的决定。应当指出的是,仲裁庭作出了超越仲裁协议范围之外事项的决定,如果未超出部分的决定可以与仲裁协议范围以外事项的决定分开,则该部分决定仍可以承认与执行。

(4)仲裁庭组成或仲裁程序不当。拒绝承认和执行裁决还可以由当事人举证提出仲裁庭组成或仲裁程序不当的理由而作出,即如果被诉人证实,仲裁庭的组成或仲裁程序同当事人之间的协议不符,或者当事人之间未订有此种协议,不符合举行仲裁地国家的法律,可以拒绝执行裁决。

(5)裁决尚无约束力或已被撤销。裁决尚无约束力是指裁决依裁决作出地国法或作出裁决所依据的法律对当事人尚未发生法律效力。按照绝大多数国家仲裁法的规定,在国际仲裁裁决作出后,当事人对裁决的实质性问题是不能提出异议或上诉的,通常规定"裁决自作出之日起发生法律效力",因而也就不存在"裁决尚无约束力"的问题。至于裁决已被撤销是指被申请执行人能提出证据证明裁决已被作出地国或仲裁应适用法律所属国法院撤销,才构成拒绝承认与执行的理由。

2. 由法院自行决定的拒绝执行理由

《纽约公约》第5条第2款规定了两项法院可自行拒绝执行裁决的理由,即争议事项具有不可仲裁性和裁决违反公共政策。

(1)争议事项具有不可仲裁性。争议事项的可仲裁性问题,是指根据对其适用的法律,哪些争议事项可以提交仲裁,哪些争议不能提交仲裁,即仲裁的范围问题。一般来说,每个国家都有权根据本国的经济社会利益来决定争议事项的可仲裁性,仲裁协议中约定提交的事项,必须是有关国家法律所允许采用仲裁方式处理的事项。如果所约定的事项是属于有关国家法律中不可仲裁的事项,该国法院将判定该仲裁协议无效,并命令中止该仲裁协议的实施或拒绝承认与执行该仲裁协议。

(2)裁决违反公共政策。所谓"公共政策",各国并无统一的说法,内容具有不确定性和含糊性,这是因为各国对"公共政策"理解包括"道德规则"、"法律秩序"、"社会公共利益"、"善良风俗"、"国家制度的基本原则"等各不相同,是否与本国的公共政策相抵触所持标准也不一。

五、我国关于承认与执行仲裁裁决的法律规定

1. 我国涉外仲裁机构的仲裁裁决在我国的执行

我国涉外仲裁机构的裁决是终局性的,一方不履行,另一方当事人可依照我国法律规定向我国法院申请执行。我国《民事诉讼法》对此作出了详细规定。

(1)一方当事人不履行仲裁裁决的,对方当事人可以向被申请人住所地或财产所在地的中级人民法院申请执行。

(2)拒绝执行的条件:①当事人合同中没有订有仲裁条款或者事后没有达成书面仲裁协议的;②被申请人没有得到指定仲裁员或者进行仲裁程序的通知,或者由于其他不属于被申请人负责的原因未能陈述意见的;③仲裁庭的组成或者仲裁程序与仲裁规则不符的;④裁决的事项不属于仲裁协议的范围或者仲裁机构无权仲裁的;⑤人民法院认定执行该裁决违背社会公共

利益的。

(3)仲裁裁决被人民法院裁定不予执行的当事人可以根据双方达成的书面仲裁协议重新申请仲裁,也可以向人民法院起诉。

2.外国仲裁裁决在我国的承认与执行

(1)《纽约公约》的缔约国所作出的仲裁裁决在我国的承认与执行。我国参加《纽约公约》时,作出两项保留,即互惠保留和商事保留。根据互惠保留条款,我国只在互惠的基础上对在另一缔约国领域内作出的仲裁裁决的承认与执行适用该公约。根据商事保留条款,我国只对根据我国法律认为属于契约性和非契约性商事法律关系所引起的争议适用该公约。符合上述两个条件的外国仲裁裁决,申请人方可依照《纽约公约》规定直接向我国下列地点的中级人民法院提出:被执行人是自然人的,为其户籍所在地或居住地;被执行人是法人的,为其主要办事机构所在地;被执行人在我国无住所、居所或主要办事机构,但有财产在我国境内的,为其财产所在地。我国有管辖权的人民法院受理后,经审查,如果认为不具备《纽约公约》规定的不予承认与执行的外国仲裁裁决的条件的,应当裁定承认其效力,并依照《民事诉讼法》规定的程序执行。

(2)与我国订有双边条约的国家作出的仲裁裁决在我国的承认与执行。我国还与一些国家订有双边贸易和司法协助的条约或协定,其中有相互承认与执行对方国家的仲裁裁决条款。对于在这些国家作出的仲裁裁决,可以按双边条约的规定予以承认与执行。

(3)在其他国家作出的仲裁裁决在我国的承认与执行。对于在上述两类国家以外的其他国家作出的仲裁裁决,需要在我国承认与执行的,应当由当事人向我国法院申请,我国法院按照互惠原则办理。如果作出仲裁裁决的国家与我国有相互承认和执行仲裁裁决的互惠关系,并且裁决在形式上符合我国法律的规定,裁决的执行不违反我国法律的基本原则及国家主权、安全和社会公共利益的,法院裁定承认其效力,依照我国《民事诉讼法》规定执行。

3.我国涉外仲裁机构的仲裁裁决在外国的承认与执行

(1)涉外仲裁机构作出的仲裁裁决,在《纽约公约》缔约国内的承认和执行,按《纽约公约》的规定办理。

(2)我国涉外仲裁机构的仲裁裁决在与我国有双边条约协定的国家的承认与执行,依照双边条约的规定办理。

(3)我国涉外仲裁机构的仲裁裁决在非《纽约公约》缔约国,并且与我国也没有订立双边条约和协定的国家内的承认和执行,根据我国《仲裁法》和《民事诉讼法》的规定,我国涉外仲裁机构作出的发生法律效力的仲裁裁决,当事人请求执行的,如果被执行人或者其财产不在我国境内,应当由当事人直接向有管辖权的外国法院申请承认和执行。

第五节 国际常设仲裁机构及其规则

国际商事仲裁机构是由国际商事关系中的当事人自主选择,用以解决国际商事关系中双方当事人之间可能发生或业已发生的商事争议的民间机构,是国际商事仲裁的专门组织。这种专门性的仲裁组织通常设立在一国的商会内部。国际商事仲裁机构本身的民间性及其管辖权的任意性使其明显区别于同样受理国际商事案件的法院;处理国际商事争议这一特征,又使得其区别于国际社会以和平方式解决国际争端为目的的国际仲裁机构。

一、国际商事仲裁的种类

(1)根据受理商事纠纷仲裁机构的性质,国际商事仲裁可被分为临时机构仲裁和常设机构仲裁。

①临时机构仲裁。由临时设立的机构受理的仲裁称为临时机构仲裁。临时仲裁庭(ad hoc arbitration tribunal)也称随意的、偶然的仲裁组织形式。它是根据双方当事人仲裁协议所选定的仲裁员负责审理当事人之间的争议,并在仲裁裁决作出后即解散的一种仲裁形式。

临时仲裁的特点表现为:没有固定的组织形式,没有日常的管理机构;仲裁员的指定许多是在仲裁协议中明确,采取独任仲裁的情况较多;仲裁中的仲裁程序、仲裁地点、仲裁裁决的方式、效力均由双方当事人协议。临时仲裁的费用一般比常设仲裁机构的费用低廉,仲裁员解决案件的速度较快,有些案件可以在几天或几周内解决,而常设仲裁机构则做不到这一点。

临时仲裁是仲裁历史上仲裁组织的最初表现形式。虽然现在常设仲裁机构在各国普遍存在,但通过临时仲裁庭解决争议的情况也依然存在。在伦敦、美国、日本、中国香港等地,这种随意的仲裁还有相当的地位。我国仲裁法对临时仲裁没有规定,事实上是不允许临时仲裁的。这种做法与国际上一些国家的做法不大一致。

②常设机构仲裁。常设机构仲裁是指由常设性的机构受理的仲裁。常设仲裁机构(permanent arbitral institution)是根据当事人的仲裁协议,将争议提交约定的仲裁机构进行仲裁。该仲裁机构是专门为了解决国际商事争议而设立的专门性、永久性仲裁组织,一般具有自己的仲裁员名册,供当事人选择。仲裁员普遍采取聘任制。

常设仲裁机构不是政府或国家的司法机关,一般设立在工商贸易界中影响较大的商会组织内,或者附设在一些非政府间的国际组织或专业团体之下,多属于民间性质。

常设仲裁机构有仲裁规则,设有秘书处,以进行日常工作。仲裁机构的日常组织和行政管理工作是临时仲裁所不具有的。具有专门人员负责受理仲裁案件的申请、组织仲裁庭、传递文件证据、确立开庭日期、提供翻译、收取有关仲裁的费用等。此外,还开展仲裁机构间交流、仲裁宣传及仲裁员的培训等活动。

(2)根据仲裁机构的所属关系,国际商事仲裁可分为民间仲裁、行政仲裁和半官方仲裁。

民间仲裁是指承办的仲裁机构属民间性质的组织,和政府机关没有体制上的隶属关系,这些组织所制定的仲裁规则亦不属国家立法。目前,世界上绝大多数国家都实行民间商事仲裁制度,这些国家的商事仲裁立法只不过是对民间商事仲裁的承认和监督而已。在我国,只有中国国际贸易促进委员会下设的对外经贸仲裁委员会和海事仲裁委员会的涉外仲裁才属民间仲裁。

行政仲裁是指承办仲裁的机构为国家机关的一部分,其仲裁员亦为国家指定的官员,这种仲裁机构所遵循的仲裁规则属国家立法的一部分。我国目前的国内商事纠纷的仲裁仍属行政仲裁。

半官方仲裁是指介于民间和行政仲裁之间的一种仲裁制度。英国的伦敦仲裁庭即属此类。该仲裁机构虽设在具有民间性质的商会之中,并属于商会的一部分,但其成员却是由商会理事会和市议会共同指定的。

二、中国国际经济贸易仲裁委员会及其仲裁规则

1. 中国国际经济贸易仲裁委员会

中国国际经济贸易仲裁委员会(下称仲裁委员会)(China International Economic and Trade Arbitration Commission,CIETAC)是一个民间性质的常设机构,又称中国国际商会仲裁院。它成立于1956年,原名为对外贸易仲裁委员会。仲裁委员会于1980年改名为对外经济贸易仲裁委员会,后又于1988年改为现名,并于2000年同时启用中国国际商会仲裁院的名称。仲裁委员会先后于1989年和1990年分别在深圳和上海设立了深圳分会和上海分会,并于1999年在重庆、成都、长沙、福州和大连设立了五个办事处。仲裁委员会和其深圳分会与上海分会是一个整体,在整体上享有一个管辖权,适用统一的仲裁规则和仲裁员名册。仲裁委员会由主席一人、副主席若干人、秘书长一人和委员若干人组成,秘书局负责处理仲裁委员会的日常事务。仲裁委员会总部设在北京,秘书处负责仲裁委员会分会的日常事务。仲裁委员会设立仲裁员名册,仲裁员由中国国际贸易促进委员会(中国国际商会)从对法律、经济贸易、科学技术等方面具有专门知识和实际经验的中外人士中聘任。

2. 中国国际经济贸易仲裁委员会仲裁规则

仲裁委员会制定有自己的仲裁程序规则。仲裁委员会在其成立之时,便制定了仲裁程序暂行规则。根据业务发展的需要,仲裁委员会先后于1988年、1994年、1995年、1998年、2000年和2005年五次修改仲裁规则。仲裁委员会现行仲裁规则于2005年5月1日起实施。

根据该规则的规定,仲裁委员会的受案范围包括:

(1)国际的或涉外的争议。

(2)涉及香港特别行政区、澳门特别行政区或台湾地区的争议。

(3)国内争议案件。

根据该规则,当事人向中国国际经济贸易仲裁委员会申请仲裁时应提交仲裁申请书,预缴仲裁费。仲裁委员会收到申请书,经审查认为仲裁手续完备,应向被诉人发出仲裁通知,仲裁程序自被诉人收到仲裁通知之日起开始。被诉人应在收到仲裁通知之日起45天内提交答辩状。

根据该规则,申请人和被申请人应当各自在收到仲裁通知之日起15天内在仲裁委员会仲裁员名册中指定一名仲裁员,或者委托仲裁委员会主任指定一名仲裁员。否则,仲裁委员会主任有权指定一名仲裁员。双方当事人各自指定或者委托仲裁委员会主任指定一名仲裁员后,仲裁委员会主任应立即在仲裁委员会仲裁员名册中指定第三名仲裁员担任首席仲裁员,组成仲裁庭共同审理案件。双方当事人也可以共同指定或者共同委托仲裁委员会主任指定一名仲裁员作为独任仲裁员,成立仲裁庭,单独审理案件。如果双方当事人约定由一名独任仲裁员审理案件,但在被诉人收到仲裁通知之日起15天内未能就独任仲裁员的人选达成一致意见,则由仲裁委员会主任指定。如果仲裁案件有两个或两个以上申诉人及/或被诉人时,申诉人之间及(或)被诉人之间应当经过协商,各自共同指定一名仲裁员,否则,由仲裁委员会主任指定。

在中国国际经济贸易仲裁委员会进行仲裁,仲裁庭应当开庭审理案件。但经双方当事人申请或者征得双方当事人同意,仲裁庭也认为不必开庭审理的,仲裁庭可以只依据书面文件进行审理,并作出裁决。开庭审理的方式为不公开进行,如果双方当事人要求公开审理,由仲裁

庭作出决定。

仲裁庭应当在组庭之日起 6 个月内作出仲裁裁决书。在仲裁庭的要求下，仲裁委员会主任认为确有必要和确有正当理由的，可以延长该期限。由三名仲裁员组成的仲裁庭审理的案件，仲裁裁决依多数仲裁员的意见决定，少数仲裁员的意见可以做成记录附卷。仲裁庭不能形成多数意见时，仲裁裁决依首席仲裁员的意见作出。裁决书须附具理由，但按照双方当事人和解协议的内容作出的裁决除外，并应由仲裁庭全体或者多数仲裁员署名，加盖仲裁委员会印章并写明作出裁决的日期和地点。作出仲裁裁决书的日期，即为仲裁裁决生效的日期。

中国国际经济贸易仲裁委员会的仲裁裁决效力是终局的，裁决一经作出，即对双方当事人具有约束力。任何一方不得向法院起诉，也不得向其他任何仲裁机构提出仲裁。

三、国外主要商事仲裁机构及其仲裁规则

目前，在国际社会上影响较大的常设商事仲裁机构有以下几个：

1. 瑞典斯德哥尔摩商会仲裁院

瑞典斯德哥尔摩商会仲裁院(Arbitration Institute of Stockholm Chamber of Commerce, AISCC)是在斯德哥尔摩商会下设立的一个瑞典全国性的仲裁机构，成立于 1917 年。基于瑞典在政治上中立国的地位，其仲裁的公正性在国际社会上享有很高的声誉，现在已发展为东西方国家国际商事仲裁的中心。该仲裁院对我国态度上比较友好，在我国对外经济贸易争议中，如果规定将争议提交第三国仲裁机构仲裁，我国一般均优先考虑该院。

为适应国际经济贸易交往发展的需要，《瑞典斯德哥尔摩商会仲裁院规则》经多次修订，现行的是 2007 年 1 月 1 日生效的仲裁规则。规则共分两章。第 1 章主要阐明宗旨，即对有关商业或工业的争议参与最后解决和三人仲裁委员会的组成。如第 2 条规定，该院设有由商会执行委员会任命的、任期为三年的三名委员组成的委员会，担任主席的委员是有解决商业或工业争议经验的法官，另一名委员是开业律师，其他一名委员是在商业界享有信誉的人。第 2 章规定该规则适用《瑞典仲裁法》，对仲裁庭的组成、登记费和保证金、仲裁申请、仲裁院接受仲裁申请后的措施、陈述、期限、仲裁员的资格、申诉人申诉和被诉人答辩、表决和裁决，以及裁决书的作出和解释等作出了详细规定。

2. 英国伦敦国际仲裁院

英国仲裁历史悠久，但其仲裁制度 1697 年才正式被英国国会承认。1698 年英国国会制定第一部《英国仲裁法》。1892 年 11 月 23 日，伦敦仲裁院(London Chamber of Arbitration, LCA)正式成立。该仲裁院 1903 年开始用现名伦敦国际仲裁院(The London Court of International Arbitration, LCIA)。伦敦国际仲裁院由伦敦城市府、伦敦商会和女王特许仲裁员协会共同组成联合管理委员会管理。日常工作由女王特许仲裁员协会负责。仲裁员协会会长兼伦敦国际仲裁院的执行主席。

伦敦国际仲裁院现行仲裁规则是 1985 年 1 月 1 日生效的，其特点如下：

(1)仲裁院规则对仲裁员人数未作限制，仲裁员可以由仲裁院主席从具有较高声望并愿意充当仲裁员的国际知名人士的仲裁员名册中加以指定，也可以由当事人自己指定，在某些情况下还可以由其他指定机构，包括由法院来指定。独任仲裁员或首席仲裁员应由中立国国籍的人士担任。

(2)如果一方当事人对仲裁院的管辖权有异议,仲裁院在认为仲裁协议措词明确毫无疑问的情况下可以指定仲裁员,有关管辖权的问题由仲裁员组成的仲裁庭决定。如果当事人拒绝参与仲裁,仲裁庭可以在给予该当事人适当通知的情况下继续仲裁,直至作出仲裁裁决。

(3)仲裁庭在开庭之前一般均举行预备会,会上由仲裁庭给当事人规定提交材料的时间表。被诉人提交答辩后,双方当事人应根据仲裁庭的要求交换其准备在开庭时引用的文件清单,之后,双方当事人均有权了解对方文件的内容,审查对方将要提出的证据。法律辩论在开庭时进行。

(4)仲裁案一般在该仲裁院所在地进行开庭,但仲裁庭在考虑到当事人的意愿和各方便利的情况下,也可以决定在其他地方开庭。

(5)如仲裁协议规定争议由伦敦国际仲裁院仲裁,但并没有规定仲裁应适用的程序和实体法时,则程序问题适用《英国仲裁法》以及伦敦国际仲裁院有关程序规定,实体法根据英国冲突法原则来确定适用。

3.瑞士苏黎世商会仲裁院

瑞士苏黎世商会仲裁院成立于1911年,由于瑞士是中立国,许多国家发生的有关对外经济贸易纠纷往往选定在该仲裁院。我国的外贸合同仲裁条款有时也规定交由该仲裁院仲裁。

《苏黎世商会调解与仲裁规则》是该仲裁院的工作规则,该规则于1976年由苏黎世商会委员会通过并于1977年生效。该规则规定了调解和仲裁是两种独立的程序。仲裁庭的组成可由三人组成,也可由三人以上或独立仲裁员组成。仲裁员的裁决既可适用法律,也可按公平原则进行。仲裁程序的进行是不公开的。仲裁裁决具有与法院判决相同的效力。

4.美国仲裁协会

美国仲裁协会(American Arbitration Association,AAA)成立于1926年,总部设在纽约,并在全国各地设立分会,是全国最大的综合性常设仲裁机构。美国仲裁协会是民间常设仲裁机构,协会受理的仲裁案件主要是货物买卖合同、代理合同、工业产权、公司的成立与解散,以及投资等方面的争议。海事仲裁案件由专门的海事仲裁机构受理。它同我国仲裁机构建立了业务联系,中美两国仲裁机构成功地联合调解解决过诸多两国贸易中发生的争议案件。

美国仲裁协会是综合性的,管理案件的范围极为广泛,不仅包括经济贸易交往中的合同纠纷,而且还包括工业、电影业方面的争议案件以及有关人身或财产损害的赔偿请求,但是,每种案件适用的仲裁规则不同。美国仲裁协会处理国际性案件,一般适用其商事仲裁规则,协会的国际商事仲裁规则最新修订本是2003年7月1日生效的国际仲裁规则。协会还提供根据《联合国国际贸易法委员会仲裁规则》进行仲裁的服务,并于1981年3月1日制定了有关根据该仲裁规则仲裁案件的程序规定。

5.日本国际商事仲裁协会

日本国际商事仲裁协会(Japan Commercial Arbitration Association,JCAA)是专门调处国际贸易争议的常设机构,是按美国仲裁协会的模式,于1950年由日本工商联合会与其他一些主要工商联合会组织共同建立的。其总营业所设在东京,神户、大阪、横滨设有地区办公室。

日本商事仲裁协会目前使用的仲裁规则是1997年修订生效的商事仲裁规则。该规则规定:①任何与仲裁案件有利害关系的人不得担任仲裁员并且,除非双方当事人有相反的约定,指定仲裁员时不住在日本的人一般不得担任仲裁员。如果双方当事人不能就指定独任仲裁员取得一致意见或者一方当事人未能按要求指定一名或几名仲裁员时,日本商事仲裁协会将代为指定。②如双方当事人的仲裁协议指明由日本商事仲裁协会仲裁，则协会的商事仲裁规则应认为是仲裁所适用的程序规则。③仲裁庭应当在庭审终结后35天内作出裁决。裁决应以仲裁庭的多数仲裁员的意见为准，如投票不能产生多数，则首席仲裁员具有决定性的意见。裁决书应以日文书写，如一方当事人请求，仲裁庭也可以用日文和英文两种文字作出裁决。④仲裁庭应当在裁决中决定仲裁费和其他费用应由哪方当事人承担。协会的仲裁费是根据争议金额的大小按递减比率计算的。

四、国际性的仲裁机构与仲裁规则

1. 国际商会仲裁院及其仲裁规则

国际商会仲裁院（The ICC Court of Arbitration，ICCCA）成立于1923年，是国际商会下设的常设仲裁机构。国际商会的总部设在巴黎。国际商会仲裁院是当今世界上提供国际经济贸易仲裁服务较多的和具有广泛影响的国际仲裁机构，是国际商事仲裁的一大中心。国际商会仲裁院由来自40个国家的成员组成，每个成员都是法律或解决商事争议方面的专家，其产生是由国际商会各国家委员会根据一国一名的原则提名，然后由国际商会大会决定，任期为三年。国际商会仲裁院成员独立于其国家委员会行事。除仲裁院成员外，仲裁院设主席一名，副主席八名，秘书长一名以及技术顾问若干名。仲裁院的决定以多数票通过，如未获多数票，则仲裁院主席具有决定性投票权。仲裁院主要受理国际性的商事争议案，但根据仲裁院内部规则，仲裁院也可以在仲裁协议许可的情况下受理具有国际性的商事争议案。

现行的《国际商会仲裁院仲裁规则》是1998年1月1日修订生效的规则，共有35条。无论是国际商会的会员国还是非会员国都可以采用该规则进行仲裁。根据这个规则规定，该仲裁院本身并不直接解决争议，当事人把争议提交该院后，仲裁院提请有关国家的国际商会国家委员会具体办理，或由当事人直接通过有关的国家委员会提出。

当事人可以约定选择一名仲裁员仲裁，也可以约定选择三名仲裁员组成仲裁庭进行仲裁。如果约定实行独任仲裁，双方当事人可以协商提名仲裁员并经仲裁院批准，在仲裁申请书通知另一方之日起30天内双方未就独任仲裁员的提名达成协议，则由仲裁院任命。如果约定由三名仲裁员组成仲裁庭，当事人应分别提名一名仲裁员报仲裁庭批准，其中一方当事人未指定仲裁员，也可由仲裁院任命。第三名仲裁员原则上由仲裁院任命，并担任仲裁庭主席。仲裁院任命的独任仲裁员或仲裁庭主席应与当事人不同国籍。仲裁庭在开始审理案件前，应根据当事人提交的文件，拟定一项“授权调查事项”的文件，“授权调查事项”文书的主要内容为：①案情摘要；②当事人的权利主张；③仲裁员将要调查判断的问题；④仲裁地点；⑤仲裁规则和所使用的文字。仲裁院收到此文件并查明当事人已缴纳了仲裁费后，仲裁员方可进行仲裁，当一方当事人不签字或拒绝参与拟定时，该事项须报仲裁院批准后，仲裁庭方可继续仲裁。仲裁员应自“授权调查事项”文书签字之日起的6个月内作出裁决。在仲裁庭由一名以上的仲裁员组成时，裁决以多数票决定，如果达不到多数票时，裁决由首席仲裁员作出。裁决具有终局的法律效力，当事人必须遵守。

2. 解决国际投资争端中心及其仲裁规则

解决国际投资争端中心（International Center for Settlement of Investment Disputes，ICSID）于1965年根据《华盛顿公约》而成立，总部设在华盛顿特区，是一个国际性法人组织。其管辖范围是缔约国和另一缔约国国民之间直接因投资而产生的任何法律争端，并且双方已签订书面协议，同意将此争议提交 ICSID 解决。ICSID 解决的方法是调解和仲裁。ICSID 下设有一个行政理事会和一个秘书处，并分别设立一个调停人小组和一个仲裁人小组。行政理事会由第一缔约国各派代表一名组成。世界银行行长任行政理事会的当然主席，但无表决权。秘书处负责处理 ICSID 日常行政事务，由秘书长领导，秘书长是中心的法律代表。调停小组或仲裁小组的成员，由每一缔约国向每一小组指派 4 人，但并不限于该缔约国公民，列入名册的人任期 6 年。主席可以向每小组指派 10 人，该被指派的成员应具有不同国籍，并须具备一定资格。

解决国际投资争端中心是现代处理国际投资争议的专门国际仲裁机构，并制定了一套较为完善的仲裁规则。①管辖权。ICSID 的管辖适用于一方当事人为缔约国国家或该国指派到中心的该国的任何组成部分或机构，另一方当事人为其他缔约国国民间直接因投资而产生的并经双方同意将该项争议提交中心解决的任何法律争议。争议当事人一方必须是缔约国，另一方是其他缔约国国民。争议必须是直接产生于投资的法律争议。双方当事人必须同意接受中心管辖。②仲裁程序。仲裁程序开始于希望采取仲裁程序的任何缔约国的任何国民向秘书处提交仲裁申请书。ICSID 在接受请求并登记之后，应尽快组成仲裁庭。仲裁员人数必须为奇数；除经双方协议指定者可不受国籍限制外，仲裁庭的多数仲裁员不得为当事人任何一方所属国国民。如果双方对仲裁员的人数和任命方法不能取得一致时，则仲裁员人数为三人，由每一方各任命一名仲裁员，第三名首席仲裁员由双方协议任命，选任的仲裁员必须是仲裁人小组的成员。如在申请登记后 90 天尚未组成仲裁庭，行政理事会主席经任何一方请求，可以任命仲裁员一名或数名。③仲裁裁决的效力与执行。仲裁裁决对当事人双方只有的拘束力，不得进行任何上诉或采取任何其他除《华盛顿公约》规定以外的补救办法。除依照《华盛顿公约》有关规定予以停止执行的情况外，每一方应遵守和履行裁决的规定。每一缔约国应承认 ICSID 仲裁裁决具有拘束力，并把它视同本国法院最后判决而加以承认和执行，不得对裁决进行审查或拒绝承认与执行；各缔约国执行裁决的范围限于在其领土内履行该裁决所加的财政义务；对裁决的执行受执行国关于执行判决的现行法律的管辖。

关键词汇

国际商事仲裁　仲裁协议　仲裁程序　仲裁机构　仲裁裁决的承认与执行

本章小结

在国际商事活动中，由于当事人彼此间利益不同，所处文化、法律传统不同，所在国家的政治、经济背景不同，难免会出现各种争议。如何及时而有效地解决争议是一个非常重要的实务问题。国际商事争议的解决方式主要有协商、调解、仲裁、诉讼四种，而仲裁是商人们越来越喜欢的一种解决方式。

国际商事仲裁是指在国际经济贸易活动中，仲裁机构或仲裁员根据当事人事前或者事后达成的仲裁协议和当事人一方的仲裁申请，对其争议进行仲裁审理并作出裁决的制度。

国际商事仲裁的协议是指双方当事人愿意把他们之间将来可能发生或者已经发生的争议

交付仲裁的协议，有仲裁条款和仲裁协议两种表现形式，但两者法律效力相同。有效的仲裁协议是当事人将争议提交仲裁的前提，是仲裁机构审理和作出裁决的依据，同时也是排除法院管辖的有效文件。

仲裁程序是指仲裁机构在进行仲裁审理过程中，仲裁机构、各方当事人以及其他参与人从事仲裁活动必须遵循的程序。一般而言，国际商事仲裁的基本程序大体如下：双方协商一致同意提交仲裁后，向有关仲裁机构提交申请；双方按照有关约定或者仲裁机构的仲裁规则确定仲裁员，组成仲裁庭；双方进行书面证据材料的交换，明确有关的证据和事实；仲裁庭进行有关审理，双方出示有关证据；仲裁庭经过审理最终作出仲裁裁决。

在国际商事仲裁中存在外国裁决的承认与执行问题，《纽约公约》对仲裁裁决的承认原则和条件有详细的规定，加入《纽约公约》的国家达 140 余个，奠定了国际商事仲裁发展的基础。

国际商事仲裁的机构，根据其设置的不同，可以分为临时仲裁机构和常设仲裁机构。国际上影响较大的常设仲裁机构有国际商会仲裁院、瑞典斯德哥尔摩商会仲裁院、英国伦敦国际仲裁院、瑞士苏黎世商会仲裁院、美国仲裁协会、中国国际经济贸易仲裁委员会等。

思考题

1. 国际商事活动的当事人为什么会选择仲裁方式解决争议？
2. 国际商事仲裁协议的主要内容是什么？
3. 中外有哪些有影响的仲裁机构，它们的仲裁规则是怎样的？
4. 外国仲裁裁决必须具备什么条件才可以得到我国法院的承认与执行？

案例分析题

我国万盛公司于 2009 年 9 月与美国多奇公司签订服装买卖合同，合同规定：“如双方发生任何纠纷，可将纠纷提交法院或有管辖权的仲裁机构仲裁。”合同订立后，在履行中，双方因货物质量问题发生纠纷，经协商双方同意解除合同，解除合同时多奇公司未提出任何异议。但不久之后，多奇公司向中国某仲裁委员会提出仲裁申请，万盛公司接到仲裁通知后参加了仲裁，某仲裁委员会作出了对万盛公司不利的裁决。事后，万盛公司认为该纠纷案不应通过仲裁解决，理由是：①双方已经解除合同，不应再执行其中的仲裁条款。②万盛公司依照合同规定也可以选择到法院解决。

问题：

1. 合同已经解除，合同中的仲裁条款是否仍然有效？
2. 本案中的仲裁条款是否有效？
3. 万盛公司能否在仲裁后就本案再提起诉讼？

参考文献

[1] 答百洋. 国际商法[M]. 北京:北京理工大学出版社,2010.
[2] 吴建斌,朱娟. 国际商法[M]. 上海:上海财经大学出版社,2010.
[3] 段葳,王玉梅,余松林. 国际商法[M]. 武汉:华中科技大学出版社,2010.
[4] 左海聪. 国际商法[M]. 北京:法律出版社,2010.
[5] 刘惠荣. 国际商法学[M]. 北京:北京大学出版社,2010.
[6] 孙南中. 国际商法[M]. 杭州:浙江大学出版社,2010.
[7] 沈四宝. 国际商法丛论[M]. 北京:法律出版社,2000.
[8] 李永军. 合同法案例[M]. 北京:中国人民大学出版社,2005.
[9] 刘彤. 国际货物买卖法(英文版)/英美法案例精选系列丛书[M]. 北京:对外经济贸易大学出版社,2006.
[10] 林光祖,刘经华. 国际商法[M]. 厦门:厦门大学出版社,2003.
[11] 张淑玲. 国际商法[M]. 北京:北京工业大学出版社,2003.
[12] 吴兴光,黄丽萍. 国际商法[M]. 广州:中山大学出版社,2003.
[13] 向嫣红. 国际商法[M]. 北京:北京交通大学出版社,2004.
[14] 宗艳霞. 国际商法[M]. 大连:大连理工大学出版社,2009.
[15] 邹建华. 国际商法[M]. 北京:中国金融出版社,2006.
[16] 徐康平. 国际商法[M]. 北京:机械工业出版社,2007.
[17] 孙金刚. 国际商法[M]. 北京:电子工业出版社,2007.
[18] 杨立新. 中华人民共和国侵权责任法精读[M]. 北京:知识产权出版社,2010.
[19] 张圣翠. 国际商法[M]. 上海:上海财经大学出版社,2009.
[20] 田东文. 国际商法[M]. 北京:机械工业出版社,2008.
[21] 吕红军,巩丽霞. 国际商法[M]. 北京:中国商务出版社,2008.
[22] 徐春林,李玉香. 国际商法[M]. 北京:清华大学出版社,2008.
[23] 刘艳静. 国际商法[M]. 北京:中国财政经济出版社,2008.
[24] 金晓晨. 国际商法[M]. 北京:中国人民大学出版社,2008.
[25] 李开国,王洪,孙鹏. 合同法[M]. 北京:法律出版社,2007.
[26] 董学立. 商事组织法[M]. 北京:北京大学出版社,2007.
[27] 李俊. 美国产品责任法案选评[M]. 北京:对外经济贸易大学出版社,2007.

图书在版编目(CIP)数据

国际商法/马三生主编.—西安:西安交通大学出版社,2012.2(2013.8 重印)
ISBN 978-7-5605-3468-8

Ⅰ.①国… Ⅱ.①马… Ⅲ.①国际商法-教材
Ⅳ.①D996.1

中国版本图书馆 CIP 数据核字(2011)第 259998 号

书　　名　国际商法
主　　编　马三生
责任编辑　赵怀瀛

出版发行　西安交通大学出版社
　　　　　(西安市兴庆南路 10 号　邮政编码 710049)
网　　址　http://www.xjtupress.com
电　　话　(029)82668357　82667874(发行中心)
　　　　　(029)82668315　82669096(总编办)
传　　真　(029)82668280
印　　刷　陕西元盛印务有限公司

开　　本　787mm×1092mm　1/16　印张 12.75　字数 307 千字
版次印次　2012 年 2 月第 1 版　2013 年 8 月第 2 次印刷
书　　号　ISBN 978-7-5605-3468-8/D·126
定　　价　24.90 元

读者购书、书店添货,如发现印装质量问题,请与本社发行中心联系、调换。
订购热线:(029)82665248　(029)82665249
投稿热线:(029)82668133
读者信箱:xj_rwjg@126.com